KB244527

C H I N A
B R O T H E R S

차이나 브라더스

중국의 新 인해전술, 세계를 집어삼키다

버틸 린트너 지음 | 이은진 옮김

asia network 푸른숲

들어가는 말

1620년 11월, 메이플라워호가 지금의 매사추세츠 주 케이프 코드에 닻을 내리면서 세상은 완전히 바뀌었다. 그리고 1788년 1월, 죄수들을 실은 선단(船團) 퍼스트 플리트가 오스트레일리아 보터니 만에 들어섰을 때 세상은 다시 한 번 바뀌었다. 메이플라워호는 '필그림'이라 불리는 영국의 분리주의자 백여 명을 싣고 신대륙에 도착했고, 예배의 자유를 찾아 영국을 떠난 이들은 플리머스 식민지를 건설했다. 물론 북아메리카 대륙에 정착한 유럽인은 그전에도 있었다. 1607년에 영국인들이 버지니아에 제임스타운을 세웠고, 1614년에는 독일인들이 지금의 뉴욕에 식민지를 건설했다. 그러나 메이플라워호를 타고 온 비국교도들은 이전에 북아메리카 대륙에 정착한 유럽인들과는 태생부터가 달랐다. 거대한 대륙에 정착한 이들은 모국으로 돌아갈 생각이 전혀 없었다. 플리머스 식민지 건설을 계기로 엄청난 인파가 북아메리카 대륙으로 이민을 왔고, 이로써 미국이라는 나라가 탄생했다. 그때까지만 해도 유럽에서 한참 떨어진 이 나라의 구성원은 대부분 백인이었다.

한편, 퍼스트 플리트에는 총 1,373명이 타고 있었다. 752명은 죄수와 죄수의 자녀였고, 나머지는 승무원과 해병이었다. 평범한 승객도 몇 명 있었다. 이들은 뉴사우스웨일스 주에 식민지를 세웠다. 영국 해안에서 수천 마일 떨어진 곳이었다. 물론 처음에는 죄수들의 유배지였다. 그러나 시간이 흐르면서 이곳에 매력을 느끼고 제발로 정착하는 사람이 하나둘 늘어났다. 시간이 갈수록 독립 국가의 면모를 갖춰가던 오스트레일리아 연방은 1901년 1월 대영제국의 자치령으로 선포되었다.

19~20세기에 유럽에서 이주해 온 이민자들은 남아메리카의 여러 국가와 뉴질랜드, 캐나다, 남아프리카공화국 등을 세웠다. 이 외에도 아주 많은 식민지를 건설했다. 이들 식민지는 대규모 정착민을 끌어들일 만큼 매력적이진 않아도 산업혁명 기간에 유럽에 필요했던 다양한 원자재를 공급하는 주요 원산지 노릇을 톡톡히 했다. 어쨌거나 유럽인 이민자들은 세계 지도를 바꾸고 새로운 세력 균형을 이루어 오늘날에 이르렀다.

요즘에는 중국 출신들이 세계 전역으로 뻗어나가고 있다. 역사상 대부분의 이민이 그랬던 것처럼 공식 식민지를 건설하기 위해서가 아니라 더 나은 삶의 터전과 자유를 찾아서 중국을 떠나 전 세계로 흩어지는 중이다. 정확한 숫자를 파악하기는 어렵지만, 서구 정보기관은 1978년 이래 합법적으로든 불법적으로든 중국을 떠난 이민자가 무려 2백만 명에 이르는 것으로 보고 있다. 매년 중국인 3~4만 명이 미국으로 향한다. 미국은 이들이 가장 선호하는 최종 목적지다. 미국 외에 다른 국가로 향하는 인원도 매년 3~4만 명은 된다.

중국 역사를 통틀어 이런 대규모 탈출은 이번이 세 번째다. 첫 번째 이민 행렬은 1644년에 명나라가 몰락하면서 시작되었다. 만주족이 베이징에서 정권을 장악하는 데 반발한 남부 지방 출신으로 대개 푸퉁화가 아닌 방언을 썼다. 중국 대륙을 떠난 이들은 동남아시아 곳곳에서 화교 사회를 형성했다. 두 번째 이민 행렬은 19세기 중후반 태평천국의 난을 비롯해 각지에서 봉기가 이어지면서 일어났다. 청나라가 몰락하면서 군벌들이 들고 일어나 중국 전역이 사실상 무법천지의 개인 영지로 전락한 때였다. 또다시 남부 해안 지방 출신 이민자들이 동남아시아에 있던 기존 화교 사회로 몰려들었다. 새로 발명된 증기선을 타고 중국을 빠져나가 북아메리카 대륙과 오스트레일리아, 태평양 국가로 향하는 이들도 상당했다.

그러나 이번에는 남부 지방뿐만이 아니라 중국 전역에서 이민 행렬이 이어지고 있다. 더욱 편리해진 육로를 통해 윈난 성뿐만 아니라 쓰촨 성, 광둥 성 주민들이 태국, 버마, 라오스, 캄보디아로 끊임없이 몰려들고 있다. 좀 더 멀리 떨어진 러시아 극동 지역부터 태평양 도서국까지 그 어느 곳도 예외가 아니다. 이제 새로운 중국인 이민자들은 세계 곳곳에서 상당한 영향력을 행사하고 있다. 일가족 전체가 남아프리카로 밀입국하는 경우도 있다. 남아프리카에서는 새로 조직된 중국 범죄 조직들이 학생 단체를 가장하여 밀입국 알선 사업을 하고 거액을 챙긴다. 심지어 엄격한 출입국관리법으로 이민을 통제하는 일본과 한국에도 지난 20년간 중국인 이민 행렬이 이어졌다. 유럽에서는 중국인 수천 명이 헝가리와 프랑스, 영국에 정착했다. 특히 헝가리는 최근 아시아 인구가 눈에 띄게 늘었다.

사람들은 대부분 중국인 이민자들이 가난이나 정치적 박해를 피해 피신하는 거라고 생각하지만 실상은 그렇지 않다. 많은 이들이 중국에서도 부유한 지방 출신인 데다 외국에 밀입국하기 위해 거금을 쓴다. 새로 정착한 나라에서 정치 문제에 관심을 보이는 중국인은 거의 없다. 이들이 원하고 꿈꾸는 건 정치적 자유가 아니라 더 나은 삶이다. 이것이 바로 제3의 물결, 즉 3세대 중국인 이민 행렬을 이끄는 동력이다. 중국이 경제적으로 빠르게 성장하고 있는 건 사실이지만, 사람들의 기대치 역시 그에 못지않게 높아졌다. 그리고 많은 이들이 외국에 나가면 꿈을 실현할 수 있다고 믿는 것 같다.

외부 세계와 소통이 활발해지고 들을 수 있는 정보가 다양해지자 중국인 이민도 세계화되었다. 러시아 극동 지역과 태평양 지역에서는 이미 기존의 인구 구성이 바뀌기 시작했다. 소수의 반체제 학생들과 지식인들을 제외하면, 새로운 이민자들은 중국 정부에 적대적이지 않다. 오히려 그 반대다. 대부분의 중국인 이민자는 애국심이 강하고 여전히 중국을 자신의 조국이라 여긴다. 1999년에 미군 폭격기가 세르비아 베오그라드 주재 중국 대사관을 폭격하자 중국인들이 세계 곳곳에서 들고일어나 항의한 사건이 이런 성향을 단적으로 보여준다.

화교 사회가 전 세계에서 새롭게 떠오르고 있고, 더욱이 중국 정부는 이런 현상을 긍정적으로 바라본다. 일본 니가타대학교 이고르 사벨리에프는 이렇게 말한다. "이민을 보내는 국가로서 중국은 해외 중국인과의 유대 관계를 강화하는 정책을 추진하고 있습니다. 해외에서 보내오는 송금과 투자를 유인하기 위해서죠. 여기에는 새로운 이민자들뿐 아니라 옛 이민자들까지도 모두 포함됩니다." 사벨리에프에 따르면 중국 정부는 이민자들이 해외에서 벌이는 활동에도 많은 관심을 갖고 있다. 이런 관심은 다양한 행사를 마련해 이민자들을 대사관과 영사관 앞에 모음으로써 외교상의 사명을 표출하게 하는 데서 자주 드러난다. 헝가리인 중국학자 니이리 팔은 늘어나는 해외 이민과 기승을 부리는 민족주의가 초강대국으로 부상하려는 중국 정부의 야심과 분명히 관계가 있다고 말한다.

중국의 공식 이민 정책은 상하이 신新이민 연구 프로젝트 팀이 일찍이 1995년에 발표한 바 있다. "개혁·개방 정책 이래 중국 대륙을 떠나 해외에 거주하는 신이민자들이 꾸준히 늘고 있다. 이들은 현재 화교 사회에서 중요한 세력으로 부상하고 있다. 향후 이들은 미국과 여타 서구 선진국에서 친중국 세력을 이루는 근간이 될 것이다. 신이민자 네트워크를 강화하는 일은 중요하고도 실제적인 의미가 있다. 이는 우리나라의 현대화 작업을 촉진하고, 조국 통합을 실현하고, 영향력을 확대하고, 이민국과의 관계를 진전시키는 데 근본적이고 지대한 영향을 끼칠 것이다."

이 문서를 토대로 판단하건대, 중국 정부가 이민을 긍정적으로 바라보고 있는 건 분명한 사실이다. 그래서 불법 이민을 규제하기 위해 서구 국가들 및 일본, 한국과 협력하겠다고 다짐하고도 대규모 인파가 중국을 빠져나가는 것을 막지 않는다. 여기에는 크게 세 가지 이유가 있다. 첫째, 중국 내 인구압(人口壓)을 감소시키고 실업률을 낮추기 위해서다. 2008년 세계 경제위기가 닥치기 전에도 중국은 모든 지역의 유동 인구가 3천만 명에서 1억 명에 육박했다. 이런 국가에서 이민은 사회 안전판으로서 중요한 기능을 한다. 그런 와중에 세계 경제위기가 터졌고 수백만 명 이상이 일자리를 잃었다. 이들이 이민을 고려하는 것은 당연했다. 다시 경기가 회복 국면에 들어서긴 했지만 상황은 크게 달라지지 않고 있다.

둘째, 신이민자는 물론 구(舊)이민자들이 해외에서 보내오는 송금이 중국 경제의 중요한 수입원이기 때문이다. 특히 푸젠 성은 마을 전체가 해외 송금에 기대어 생활하는 곳도 간혹 있다. 필라델피아 주에 있는 아시아 기업 범죄 연구소 소장으로 이민 문제 전문 변호사로 활동한 바 있는 윌리엄 메이어스는 이렇게 이야기한다. "늘어나는 이민 수요에 발맞춰 밀입국 알선업자들이 활발하게 움직인 덕분에 1986년에서 1994년 사이에 미국에 거주하는 푸젠 성 출신 인구가 두 배로 늘었다. 당연히 푸젠 성 인구는 같은 비율로 감소했다. 장러 현 호유 마을의 경우 주민의 85퍼센트가 미국에서 살고 있다. 사실상 생식 연령에 속하는 모든 주민이 미국에 거주하고 있다고 보아도 무방하다. 다른 마을도 평균 잡아 주민의 50퍼센트가 미국에서 살고 있다. 미국에 사는 친척이 하나도 없는 가정을 찾기 어려울 정도다. 남자들은 다 해외로 나가고 여자들만 남은 마을도 부지기수다. 이민을 가지 않고 남은 주민은 미혼 여성이거나 결혼한 여성, 노인이 대부분이다." 가난한 시골 지방의 경제는 젊고 재능 있는 남자들이 해외에서 송금하는 돈을 기반으로 굴러가는 게 보통이다.

셋째, 세계 곳곳에 뿌리를 내린 화교 사회가 각국에서 중국 정부의 든든한 지원군 역할을 하기 때문이다. 물론 이 때문에 중국계 인구가 늘어나는 나라에서는 갈등이 불거질 여지도 크다. 니이리 팔은 2000년 5월에 이렇게 썼다. "화교를 국제분쟁 시 중국 정부가 동원할 수 있는 정치적 볼모로 바라보는 제5열 이론(내부에 있으면서 외부 세력에 호응해 그것에 정치적, 군사적 원조를 주기 위해 교묘하게 위장한 집단. 단순히 스파이란 뜻으로 쓰이기도 한다)과 더불어 중국의 계획적인 인구 팽창론이 곳곳에서 떠오르고 있다. 러시아 극동 지역 정치인들과 동남아시아 기자들 사이에서 이런 이야기가 자주 오가고 있으며, 미국 언론에서도 이런 이야기가 종종 나온다. 최근 중국계 미국인 물리학자 리원허의 스파이 사건이 대표적인 예다."

중국이 미국에서 벌인 수많은 산업 스파이 행위를 감안하면, 1990년대 후반에 터진 리원허 사건은 빙산의 일각에 지나지 않는다. 어쨌거나 이 사건은 미국의 인종 정책에 지대한 영향을 끼쳤고, 이후 수십 년간 중국계 미국인은 차별을 감내해야만 했다. 대만에서 태어난 리원허는 로스앨러모스 국립연구소에서 연구원으로 일했다. 그런데 1999년 12월, 연방대배심이 미국의 핵무기 관련 기밀을 중국에 유출한 혐의로 리원허를 기소했다. 하지만 수사관들은 스파이 혐의를 입증하지 못했고, 결국 기밀 자료를 제대로 처리하지 못한 책임을 묻는 것으로 만족해야 했다. 무죄로 석방된 리원허는 정식 기소가 이뤄지기 전에 언론에 그의 이름을 누설한 책임을 물어 민사 소송을 제기했고, 2006년에 연방 정부와 다섯 개 언론사로부터 160만 달러를 배상받았다. 심지어 제임스 파커 판사는 정부의 직권남용으로 피해를 입은 리원허에게 공개적으로 사과해야 했다.

무혐의로 풀려나긴 했지만, 사건은 중국인 이민자들에 대한 대중의 인식에 좋지 않은 영향을 끼쳤다. 최근에 온 이민자들뿐 아니라 몇 대에 걸쳐 미국에서 살며 삶의 터전을 닦아온 기존 중국계 주민들까지 불온한 시선을 피할 수는 없었다. 중국계 주민 대다수가 노골적인 인종차별을 받았다. 홍콩 태생의 중국계 미국인 저술가 프랭크 칭은 1999년 7월 유명 경제 월간지 〈파 이스턴 이코노믹 리뷰〉에 이런 상황을 다음과 같이 지적했다. "관광객, 학생, 외교관, 사업가 할 것 없이 사실상 모든 중국인에게 낙인이 찍혀 있다. 미국인들은 자국에 있는 모든 중국인이 혹시 스파이는 아닐까 하고 의심의 눈초리를 보낸다. 그뿐 아니라 미국에서 합법적으로 사업을 하는 중국계 회사는 하나도 없다고 생각한다. 모두 다 중국군이나 정보기관의 앞잡이들로 사업체는 위장에 불과하다고 의심한다. 또한 중국 외교관은 모두 첩보 임무를 수행한다고 믿는다. 중국인 유학생들 역시 이런 시선에서 자유롭지 못하다."

이런 반反아시아 히스테리는 2차 세계대전 시절을 연상시킨다. 당시 미국에 살던 모든 일본인은 스파이라는 의심을 받았다. 전쟁이 벌어지는 내내 거의 모든 일본인이 잡혀 갔고 수용소에 억류되었다. 그러므로 인종차별 정서가 조성되지 않게 하려면, 이 문제를 아주 조심스럽게 다루어야 한다. 워낙 예민한 문제라 사실에 기반을 두고 신중에 신중을 기해도 어느 한쪽에서는 적대적인 반응을 보이기 십상이다. 2007년 4월, 나는 〈아시아 타임스 온라인〉에 세 번에 걸쳐 중국인 이민 행렬에 관한 기사를 기고했다. 그런데 이 기사를 읽은 중국계 독자 몇 사람이 아주 날카로운 반응을 보였다. 인종차별적인 기사라고 매도하는 이들도 있었다. 스스로 진정한 아시아인이라고 자부하는 한 말레이시아인은 신문사 편집부에 이런 편지를 보냈다. "특정 인종이 북아메리카와 오스트레일리아, 뉴질랜드 대륙을 차지하는 과정은 부당하기 짝이 없었습니다. […] 가장 큰 패배자는 인구과잉으로 신음하는 아시아 제국들입니다. 중국과 인도 같은 나라죠. 그러나 애국적이고 민족적인 아시아인들은 역사상 가장 중요한 시기에 힘이 없어 천재일우를 놓쳐버린 우리 조상들의 어리석음을 한탄하며 현 상황을 숙명처럼 받아들이지는 않을 것입니다. 우리 아시아인들은 진심으로 당혹스러움을 감출 수 없습니다. 오스트레일리아와 뉴질랜드를 예로 들어볼까요.

거대한 아시아 대륙 사이에 난데없이 백인들이 끼어든 격이죠. 이게 말이 됩니까? 세계 정의를 위해 이 두 땅덩어리를 중국과 인도, 인도네시아, 일본같이 인구가 차고 넘치는 아시아 국가들에 적절히 배분하는 게 더 공평하지 않을까요? [⋯] 오스트레일리아에 사는 백인들은 더 늦기 전에 결단을 내리고 짐을 꾸려 북아메리카와 유럽으로 돌아가는 게 현명할 것입니다!"

이 정도로 공격적이지는 않지만 중국인 이민자들이 영국이나 이스라엘, 미국 출신 이민자들과 다른 게 뭐냐고 따지는 독자도 있었다. 그러나 사실 내가 하고 싶은 말이 그 말이었다. 과거에는 유럽인들이 다른 세상을 찾아 이민을 갔고 지금은 중국인들이 똑같이 이민을 가고 있을 뿐이다. 그리고 과거에 유럽인 이민자들이 세계지도를 바꿨던 것처럼, 이제는 다른 지역으로 건너간 중국인 이민자들이 인구 구성 면에서나 정치적인 면에서나 지대한 영향력을 행사하게 될 것이다.

나는 이에 대해 옳다 그르다 얘기한 적이 없다. 그저 일어나는 현상을 관찰할 뿐이다. 더구나 중국인 이민 행렬과 그로 인한 파급효과를 부정적으로만 볼 이유도 없다. 1991년에 소련이 몰락한 뒤 미국은 유일한 초강대국으로 부상했다. 따라서 좋든 싫든 최근 세계적인 강대국으로 급부상한 중국은 미국의 세계 지배를 견제하고 균형을 맞추는 평형추 역할을 할 수 있다. 대부분의 사람들은 양극체제가 유일한 초강대국이 헤게모니를 장악하는 단극체제보다 낫다고 말한다. 예전 소련과 마찬가지로 중국은 자유와 민주주의로 안내하는 신호등이 되지는 못할 것이다. 그러나 적어도 미국은 냉전시기에 소련의 이해관계를 고려해야 했던 것처럼 이제 중국의 이해관계를 고려해야만 하는 상황이 되었다. 어떠한 초강대국의 지배도 받지 않고 자국의 중립과 독립을 지키고 싶어 하는 더 작은 국가들 역시 이런 견제와 균형의 관계를 지지할 것이다.

확실히 단극체제보다는 양극체제가 나을지 모른다. 그러나 그렇다고 해서 양극체제의 중요성을 강조하다가 새로운 제국주의를 받아들이도록 오도하는 우를 범해서는 안 된다. 새롭게 떠오른 초강대국이 아시아 국가라는 이유로 아시아인들이 무비판적인 태도로 중국을 옹호한다면 이전의 과오를 되풀이하고 말 것이다. 2차 세계대전 전에 아시아 민족주의자들에게 일본은 이상적인 존재였다. 아시아 국가로서 용감무쌍하게 영국, 프랑스, 독일, 미국 제국주의에 맞선다는 사실만으로 충분히 매력적이었다. 이 때문에 독립운동 지도자 아웅 산을 위시한 버마 민족주의자들은 청년 서른 명을 일본에 보내 훈련받게 했다. 그리고 이들은 1942년에 일본이 버마를 침략했을 때 버마 독립군이라는 이름으로 고국에 돌아왔다. 인도 수바스 보스는 영국에 맞서 싸우기 위해 일본의 지원을 받아 인도 국민군을 조직했다. 수카르노와 모하마드 하타 같은 인도네시아 민족주의자들은 일본이 네덜란드령 동인도로 진군하는 것이 자기들에게 이득이 될 거라고 공공연히 말했기도 했다.

초기에는 일본이 세계 무대에 등장하는 것을 모두 이렇게 긍정적으로 바라보았다. 이들과 다른 시선을 보여준 국가는 한국과 중국처럼 일본 제국주의의 맹공격을 받은 몇몇 국가뿐이었다. 그러다 버마 민족주의자들도 일본군이 영국군보다 원주민을 훨씬 더 잔인하게 대한다는 것을 알게 되었다. 이에 1945년 3월, 아웅 산과 그의 동지들은 그때까지 자신들을 후원해온 일본군과 관계를 끊고 영국군과 동맹 관계를 구축했다. 그리고 3년 뒤 버마는 모든 제국주의자들의 손아귀에서 벗어나 독립 공화국이 되었다.

오늘날 중국은 20세기 초중반에 일본이 그랬던 것처럼 공격적인 행동을 하지는 않는다. 하지만 중국의 영향력은 넓게 퍼져나가고 있고, 아시아 국가든 서구 유럽 국가든 약소국을 지배하는 초강대국은 언제든 약소국의 주권을 위협할 수 있다는 사실을 분명히 기억해야 한다. 과거 유럽인 이민자들과 마찬가지로 중국인 이민자들은 새로 정착한 이민국의 원주민들과 인종 갈등을 일으키기 마련이다. 그러나 이런 인종 갈등은 어떤 이들이 상상하는 것과 같이 이민자들의 스파이 행위 때문이 아니다. 그보다는 외부인이 자기네 땅을 차지하고 상권을 장악하는 것을 보고 원주민들이 분노하기 때문이다. 이런 인종 갈등은 남태평양 도서국 파푸아뉴기니, 솔로몬제도, 통가, 그리고 버마 북부에 있는 부족 마을에서 이미 일어나고 있다. 수많은 태평양 도서국이 폭력적인 반중국 폭동에 몸살을 앓는가 하면, 2010년 4월 버마 북부 카친 지역에서는 카친족이 중국 수력발전 사업에 반대하는 폭탄 공격을 벌이기도 했다. 버마 동쪽 국경을 가로질러 중국에 전기를 공급할 예정인 이 수력발전소는 말리카 강과 은마이카 강이 만나는 지점에 건설 중이다. 그런데 이 지역은 다름 아닌 카친족의 성지다. 댐이 들어서는 지역에 거주하던 주민 1만 명은 건설회사들이 마을에 들어오기도 전에 강제로 쫓겨났다.

중국인 이민 행렬이 미치는 파급효과를 조사하면서 나는 특별히 세 지역에 초점을 맞추기로 했다. 주로 중국인 이민자들이 인구 구성이나 정치 변화를 이끌어내는 지역이다. 첫째는 러시아 극동 지역, 둘째는 태평양 도서국, 셋째는 동남아시아에 있는 버마, 라오스, 캄보디아 같은 국가들이다. 자료를 조사하고 취재하기 위해 러시아 극동 지역에 있는 블라디보스토크, 하바롭스크, 블라고베셴스크를 여행했고, 태평양에 있는 뉴질랜드, 하와이, 파푸아뉴기니, 솔로몬제도, 바누아투, 피지, 사모아, 아메리칸사모아, 통가, 마셜제도, 쿡제도, 프랑스령 폴리네시아, 누벨칼리도니, 괌, 북마리아나제도를 돌아다녔다. 내가 살고 있는 동남아시아 지역도 둘러보았다. 태국 북부 지방에도 갔었고 라오스에 들렀다가 캄보디아도 둘러보았다. 하지만 버마는 방문하지 못했다. 버마 군사정부에 대한 비판적인 기사를 쓴 전력 때문에 아직도 블랙리스트에 올라 입국이 허용되지 않는 탓이다. 하지만 다행히 태국에서 버마 출신들을 여럿 만나서 취재할 수 있었다. 이들은 버마 북부 지방에서 최근에 일어난 사건들에 관한 중요한 정보와 탁월한 통찰력을 나눠주었다.

그 밖에도 여권 매매, 밀입국, 마약 밀매에 관한 정보를 수집하고자 일본, 한국, 대만은 물론이고 중국 남부에 있는 윈난 성과 다른 지역들을 수년에 걸쳐 방문했다.

직간접적으로 이 책을 쓰는 데 도움을 준 많은 이들에게 감사의 마음을 전하고 싶다. 정보원들 중에 많은 이들은 이 자리에서 이름을 밝힐 수 없는 이들이다. 특히 중국과 버마 출신 정보원들이 그러하다. 이들 국가에 사는 사람들은 외부 연구자들과 정보를 공유하다 걸리면 수년간 옥살이를 해야 한다. 어쩌면 그보다 심한 형벌을 받을 수도 있다. 다행히 이름을 밝힐 수 있는 이들 중에는 나의 동료 코린 친이 있다. 중국인 불법 이민과 북아메리카 지역에서 활동하는 중국계 범죄 조직에 관한 한 세계에서 첫손에 꼽히는 전문가로서 버마와 골든트라이앵글에 관해 나와 이야기를 나누며 도움을 주었다. 국내외 중국인이 바라보는 중국인 이민자에 관해 폭넓은 글을 써온 내 오랜 친구 판 링에게도 고마움을 전한다. 판 링은 상하이에서 태어나 북보르네오에서 자랐고 지금은 말레이시아 사바 주에서 살고 있다.

동남아시아와 러시아 극동 지역, 태평양 국가에서 중국인 이민자들에 관해 이야기를 들려줄 사람을 찾는 게 쉽지 않았다. 특히 태평양 국가에서는 돈 많고 권세 있는 외지인이 자국에 대거 유입되는 것에 격한 감정을 표출하는 이들이 많았다. 훨씬 더 어려웠던 건 중국인 이민자들을 만나 어떻게 새로운 나라에 들어와서 정착하게 되었는지 솔직한 이야기를 듣는 것이었다. 불법 이민을 단속하겠다고 공언하는 중국 정부가 비공식적으로는 이민을 용인하고 있다고 실토할 리도 만무했다. 이런 면면을 포함해 중국인 이민 행렬을 다각도로 조사하고자 나는 기존 연구자들이 이뤄놓은 다양한 연구 자료를 활용했다. 그중에는 미국 러트거스대학교의 저명한 범죄학자 코린 차이나도 있다. 코린 차이나는 버마 태생의 중국인이다. 다른 중국학자들에게도 많은 도움을 받았다. 니이리 팔은 중국 내부 문서를 번역해주었다. 덕분에 중국 국가 안보 및 초강대국으로 부상하려는 중국의 야심을 보여주는 방대한 자료는 물론이고 이민에 대한 중국 정부의 비공식 방침에 관한 귀중한 자료를 얻을 수 있었다.

러시아에서는 나의 오랜 친구 예브게니이 블렌키가 인터뷰를 통역하고 문서를 번역해주었다. 남태평양 지역에서는 바누아투의 벤 보헤인, 피지의 고(故) 로버트 키스 리드가 많은 정보를 주었다. 파푸아뉴기니 포트모르즈비의 스티브 마셜, 쿡제도의 론 크로콤에게도 많은 도움을 받았다. 태평양의 역사와 문화에 관한 한 첫손에 꼽히는 전문가들이다.

조국 바누아투의 국정 운영을 개선시키려고 지칠 줄 모르고 뛰어다니는 사회운동가 마리 노엘 패터슨은 내게 태평양 지역에 흘러든 아시아 및 비(非)아시아 투자 기금이 이들 국가에 끼치는 나쁜 영향에 대해 알려주었다. 행정감찰관으로 일했던 패터슨은 최근 국제투명성기구 지역 대표로 활동하고 있다. 크레이그 스케한은 오스트레일리아 기자들 중에서 태평양 국가를 가장 잘 아는 인물일 것이다. 그는 내가 파푸아뉴기니와 태평양 지역 다른 국가들을 제대로 취재하고 조사할 수 있게 도와주었다. 뉴질랜드인 안나 파울스 교수 역시 자신의 전문 분야인 태평양 지역 중국인 이민자들에 관한 귀중한 정보를 공유해주었다.

원고 교정을 봐주고 문장을 깔끔하게 정리해준 친구 에드워드 록스턴에게도 감사하고 싶다. 록스턴은 태국 치앙마이에 살고 있다.

또한 무엇보다도 연구비를 지원해준 맥아더재단에 마음 깊이 감사한다.■ 덕분에 기자의 일상 업무에서 벗어나 흥미로운 국가들을 둘러보고 이 책에 필요한 자료를 모으는 시간을 낼 수 있었다. 이 책이 중국인 이민자들을 이해하고 세계지도가 다시 한 번 바뀔 거라는 사실을 냉철하게 받아들이는 데 도움이 되길 바란다.

2011년 12월 태국 치앙마이에서

■ 맥아더재단(The John D. and Catherine T. MacArthur Foundation)은 미국 및 여타 국가의 개인 연구자들에게 아무 조건 없이 연구비를 지원하는 독립 기관이다. 존 맥아더와 캐서린 맥아더는 미국 자유주의자로 유명하며, 한국전쟁으로 명성을 얻은 보수주의자 더글러스 맥아더 장군과는 아무 관련이 없다

차 례

1장

러시아,
그러나 모스크바보다
베이징이 가깝다

러시아 극동 지역에 다시 밀려드는 중국인들

이곳은 시드니, 샌프란시스코, 밴쿠버처럼 환태평양 대도시가 될 수도 있었다. 좁고 긴 반도의 남단에 자리 잡은 블라디보스토크의 지형은 바다에서 솟아나와 주변 언덕으로 뻗어나간다. 황제가 지배하던 제정러시아 시대에 건설된 시내 중심에는 그 시대에 지은 웅장한 건물들이 아직도 위풍당당하게 서 있다. 건축양식은 고전주의와 바로크부터 고딕과 아르누보까지 꽤나 다양하다. 시베리아 횡단철도 종착역인 블라디보스토크 중앙역은 9,288킬로미터나 떨어진 모스크바 중앙역과 비슷한 양식으로 1912년에 지은 것이다. 푸시킨 극장과 오래된 미술관, 알베르스 백화점같이 멋진 건물들도 러시아 극동 지역 황야 끝에 자리 잡은 블라디보스토크에 독특한 분위기를 더한다. 중국 국경과는 불과 백 킬로미터밖에 떨어져 있지 않다.

블라디보스토크에는 70여 년에 걸친 공산주의가 휩쓸고 간 흔적도 적지 않게 남아 있다. 금각 만 남쪽은 스탈린 시대의 흔적이 고스란히 남아 있는 조립식 주택이 손때 묻은 수집품처럼 옹기종기 모여 있는 페르보마이스키 구에 걸쳐 있다. 도로는 움푹 파여 있고 교외 지역도 페르보마이스키 구만큼이나 황폐하다. 이 지역 환경 기구 에코센터에 따르면 블라디보스토크 교외의 3분의 2가 건강 장해로 분류될 정도로 심하게 오염되어 있다. 몇몇 지역은 생태학적 재해 구역으로 지정될 정도로 심각한 상태다. 오염의 주범은 환경에 치명적인 영향을 끼치는 조선, 발전소, 모피 공장, 채굴 사업이다. 모두 소련 시대에 활발하게 추진된 산업들이다.

블라디보스토크에는 환태평양 도시 중 유일하게 차이나타운이 없다. 이오시프 스탈린이 소련을 통치하던 시대에 이 지역에 살던 아시아인을 대부분 추방했기 때문이다. 그나마 초창기에 짐을 꾸린 중국인은 고국으로 돌아갈 수 있었지만 때를 놓친 사람들은 강제노동수용소로 끌려갔다. 이 지역에 살던 고려인들도 우즈베키스탄, 카자흐스탄, 그 외 중앙아시아 공화국들로 강제 이주되었다. 그러나 19세기 중반부터 1917년 러시아혁명이 일어나기 전까지만 해도 어마어마한 숫자의 중국인이 극동 지역에서 산림을 개간하고 금 캐는 일을 했다. 중국인 노동자들은 블라디보스토크 항구와 시베리아 횡단철도 일부를 건설하는 일에도 동원되었다. 아무르스카야 주 길우이 강 유역에서 금이 발견된 건 1896년이다. 중국인 수천 명이 아무르스카야 주와 야쿠츠크 금광 지대로 몰려갔다.

1911년에는 러시아 극동 지역에 사는 중국인이 무려 11만 명이나 되었다. 1917년에는 블라디보스토크 인구의 30퍼센트가 중국인이었다. 대부분 사업가나 근로자로서 식당, 대중목욕탕, 빵집을 운영하거나 서비스업에 종사했다. 블라디보스토크 중심에는 집과 마당, 계단으로 이어진 좁은 통로가 미로를 이루고 있다. 눈이 휘둥그레질 정도다. 한때 중국인들이 살았던 곳이다.

그러다 러시아혁명 직후부터 중국인 송환 작업이 시작되었다. 그럼에도 많은 이들이 자발적으로 러시아에 남았다. 새로 정권을 잡은 공산주의자들은 산업을 국유화하고 개인 사업을 금지했다. 남아 있던 중국인들은 1938년에 또다시 추방되었다. 그럼에도 일부는 블라디보스토크 북부와 북서부에 있는 외딴 마을에 남았다. 그러다 1950년대에 소련 정부와 중국 정부의 관계가 악화되자 러시아 땅에 남아 있던 중국인들은 스파이 혹은 제5열이라는 혐의를 받고 잡혀갔다. 당시 중국인들은 소련이 진정한 공산주의자가 아니라 수정주의자라고 비난했다. 사회제국주의자라는 비난도 서슴지 않았다.

그러나 정세는 바뀌기 마련이고 지금은 중국인들이 다시 러시아 극동 지역을 찾고 있다. 아직은 그 숫자가 많지 않고 영주하는 이들도 별로 없다. 대부분 계절 사업을 하는 사업가나 근로자들로서 한 발은 중국에 한 발은 러시아에 담그고 있다. 그러나 중국 상인들이 지금 러시아 극동 지역의 무역과 상업을 장악하고 있는 것만은 분명한 사실이다. 러시아 극동 지역은 이미 경제적으로 유럽 러시아로부터 분리되어 중국 경제에 통합되었다고 해도 과언이 아니다. 이 지역에서 나온 믿을 만한 무역 통계는 하나도 없다. 하지만 이 지역을 방문하는 사람은 어디에서나 중국 기업을 볼 수 있고 모든 시장에서 중국 제품이 넘쳐나는 것을 알 수 있다. 호텔, 카지노, 부동산, 건설업에 흘러든 중국 자본도 어마어마하다. 기차와 트럭에

금속과 목재, 광물 자원을 가득 싣고 러시아 국경을 지나 중국으로 향하는 물결이 이어지고 있다.

1991년 소련이 해체되기 전에 극동 지역은 오호츠크 해에서 잡은 생선과 게를 유럽 러시아와 여타 서구 국가들에 공급했다. 중공업 부문에서는 철강, 항공기, 선박을 만들었고 이국적인 몇몇 소비재도 판매했다.

오늘날 중국산 소비재는 멀리 떨어진 유럽 러시아에서 생산하는 제품보다 값도 싸고 질도 좋다. 심지어 중국에서 생산한 식료품까지 들어와 시장을 장악하고 있다. 목재와 원자재는 남쪽을 따라 국경을 넘어 중국으로 실려간다. 극동 지역에 있던 모든 공장이 해체되고 고철 덩어리로 전락하여 중국에 팔려간다. 소련이 몰락한 이래 중국 상인들은 블라디보스토크 동쪽 교외에 제멋대로 들어선 새로운 시장에 옷과 기구, 장난감, 시계, 기타 소비재를 팔기 위해 국경을 넘었다. 중국에서 건너온 사람들은 교외에 흩어지거나 우수리스크와 블라고베셴스크 같은 다른 극동 지방에 모여들었다. 포그라니친이라는 작은 읍도 예외가 아니었다. 지금 이 마을에는 유럽인보다 중국인이 더 많이 산다.

이들 중 불법적으로 러시아에 온 사람은 거의 없다. 러시아 극동 지역은 극심한 인력 부족에 시달리고 있고, 그 때문에 이 지역에는 항상 중국인 계약직 근로자가 1만 명에서 1만 2천 명 정도가 상주한다. 러시아 회사가 고용한 이들이거나 중국계 기업에서 일하는 이들이다. 내가 블라디보스토크에서 만난 한 러시아인에 따르면, 중국인 근로자들은 현지 근로자들보다 인기가 좋다. 한 러시아인 교수는 극동 지역 노동시장에서 중국인이 차지하는 위치를 연구한 논문에서 이렇게 썼다. "중국인들은 조직화가 아주 잘 되어 있고 교육 수준도 우수한 편이다. 현지인들과 비교할 때 중국인 근로자들은 술도 덜 마실 뿐더러 최저 생활비만 지급하면 임금을 조금 늦게 줘도 재촉하지 않는다." 중국인들은 러시아 극동 지역에서 많은 이들에게 환영을 받는다. 일도 열심히 하는 데다 러시아인들이 꺼려하는 일자리도 마다하지 않기 때문이다.

그러다 2003년 5월 27일, 블라디미르 푸틴 러시아 대통령과 후진타오 중국 주석이 채택한 공동성명에서 불법 이민 문제가 중요한 안건으로 부각되었다. 불법 이민 문제에는 한 나라에서 범죄를 저지르고 다른 나라로 도주하는 범죄자들의 문제가 따라붙기 마련이다. 이에 러시아와 중국은 불법으로 국경을 넘는 사람들을 단속하는 공동 규제 위원회를 구성하기로 합의했다. 이로써 인종차별과 강제 추방의 위협에 직면한 많은 이들은 중국계 범죄 조직에 가담하는 길을 선택했다. 그 길밖에는 뾰족한 대안이 없었다. 일명 삼합회라 불리는 범죄 조직은 러시아 극동 지역 전역으로 영향력을 확장하고 있다. 처음에는 사람들이 법망을 피할 수 있게 도움을 주거나 지역 출입국관리소 직원과 경찰들에게 뇌물을 건넬 수 있는 다리를 놓는 역할을 주로 했다. 그러나 시간이 흐를수록 이민자들과 범죄 조직의 관계는 더 긴밀해졌고, 여러 은밀한 활동에서까지 손을 잡기에 이르렀다.

불법 이민과 조직범죄가 늘어나면서 러시아 사회에서 중국인 전체를 향한 인종차별도 심해졌다. 심지어 보호료 명목으로 돈을 갈

취하는 삼합회 때문에 실질적으로 피해를 입는 평범한 중국인 사업가들까지 러시아인들에게 인종차별을 받아야 했다. 삼합회의 표적이 되는 희생자들은 대개 그들과 동족인 중국인들이다. 러시아인 교수 빅토르 라린이 보고한 바에 따르면, 갈취, 강도, 살인, 그 밖의 범죄 행위가 중국인에 의해 중국인을 대상으로 행해지고 있다. 그리고 이런 유형의 범죄가 러시아 극동 지역에서 공식적으로 보고된 전체 범죄의 3분의 2를 차지한다.

그러나 중국인 이민자를 향한 인종차별이 해일처럼 일고 있다는 견해는 지나치게 과장된 측면이 있다고 주장하는 이들도 있다. 2001년 1월, 캘리포니아 샌디에이고주립대학교 미하일 알렉세예프 교수는 한 논문에서 러시아 극동 지역으로 건너온 중국인들은 뉴욕이나 샌프란시스코에 사는 중국인들과 성격이 전혀 다르다고 강조했다. 심지어 모스크바에 거주하는 중국인들과도 상당히 다른 부류라고 지적했다.

그러나 그들이 다른 지역 중국인 이민자들과 어떻게 다르든 잠시 돈을 벌려고 건너온 중국인들이 결국에는 이 지역 인구 구성을 바꿔놓을 가능성이 다분하다. 중국과 러시아를 왔다 갔다 하는 중국인 상인과 근로자들이 어느 날 러시아 극동 지역에 아예 눌러앉기로 마음을 먹는다면 결국 그렇게 될 것이다. 면적이 무려 621만 5천9백 제곱킬로미터에 달하는 러시아 극동 연방관구는 인구가 670만 명에 불과하다. 인구밀도가 1제곱킬로미터당 한 사람이 조금 넘는 수준으로 세계에서 인구가 가장 희박한 지역에 속한다. 게다가 소련이 몰락한 이래 인구가 급격히 줄고 있다. 공장은 문을 닫고 군사시설은 철수했다. 1991년에 극동 지역에 사는 인구는 9백만 명에 불과했다. 2015년에는 4백만~5백만 명으로 감소할 것이라는 예측까지 나왔다. 이 때문에 러시아 정부는 지금 이 지역의 인구를 늘릴 방안을 진지하게 논의 중이다.

그런데 국경만 건너면 바로 보이는 중국 동북 지방의 헤이룽장 성, 지린 성, 랴오닝 성에는 1억 명이 살고 있다. 이 지역은 중국 기준으로 봐도 실업률이 대단히 높다. 거기다 2008년 세계경제가 붕괴하면서 상황은 훨씬 더 나빠졌다. 이래저래 사회적 압력이 높을 수밖에 없다. 만일 중국 동북 지방 주민 20만 명 정도가 러시아 극동 지역으로 이민을 온다면, 또는 러시아 언론에서 자주 거론하는 수치대로 중국 전체 인구의 3퍼센트 정도가 이민을 온다면 어떻게 될까? 많은 이들이 이민을 하나의 추세로 받아들이고 있으니 10년 안에 혹은 20년 안에 이민자 수는 크게 늘어날 것이다. 들리는 말에 따르면 극동 지역 공식 인구통계는 실제 인구수보다 훨씬 낮게 측정된 것이라고들 한다. 대부분의 이민자가 지방정부에 소재지를 등록하지 않기 때문이다. 게다가 많은 이들이 국경을 왔다 갔다 하기 때문에 신뢰할 만한 인구조사 자체를 기대하기 어렵다.

러시아 극동 지역은 워낙 가난한 지방이고 한겨울에는 기온이 영하 40도까지 떨어지는 등 기후 조건이 열악하기 때문에 대규모 이민 근로자를 끌어들이기에는 역부족일지 모른다. 하지만 땅은 아주 넓다. 이미 국경 지대에 정착해서 채소와 다른 작물을 재배하는 중국인 농부도 수천 명에 이른다. 현지 러시아인들은 내게 자기네 땅이 농사를 짓기에는 적합하지 않다고들 말했다. 일 년 중 대부분이 너무 추워서 농사를 지을 수 없다고 했다. 그러나 국경 지대에 터를 잡은 중국인들은 바로 그 땅에 농사를 짓고 농작물을 수확해서 현지 러시아인들에게 판다. 공식적으로 중국인은 러시아에서 땅을 소유할 수 없다. 하지만 블라디보스토크주립대학교 연구원 류드밀라 예로히나에 따르면, 중국인 사업가들은 지방 공무원에게 뇌물을 주고 러시아 농부에게서 땅을 넘겨받는 것으로 드러났다. 땅을 손에 넣은 다음에는 중국에서 농사를 지을 일꾼들을 데려온다. 사회주의가 막을 내렸음에도 불구하고 러시아가 안고 있는 가장 큰 문제는 여전히 토지의 사유를 정의하고 규제할 법이 없다는 것이다. 옛날과 똑같이 모든 땅은 국가에 귀속되어 있고, 농부 개개인이 손에 넣을 수 있는 거라고는 토지 사용권이 전부다.

이곳에서 중국인 농부가 재배하는 작물도 있지만 대부분의 채소, 과일, 돼지고기, 달걀 등 많은 식료품을 중국에서 들여와야 한다. 러시아 극동 지역에서 식량 안보를 걱정하는 것도 이 때문이다. 블라디보스토크에 있는 류드밀라 예로히나의 연구실을 방문했을 때 그는 내게 이렇게 말했다.

"지금 중국인들은 러시아 극동 지역의 농업과 식량 공급을 장악하고 있습니다. 우리는 그들에게 전적으로 의존하고 있습니다."

러시아 극동 지역에 있는 시장을 조금만 둘러보면 류드밀라 예로히나의 이런 염려가 절대로 기우가 아니라는 것을 알 수 있다. 전자기기와 소비재뿐 아니라 사과, 딸기, 감자 같은 식품까지 모든 물품이 중국 국경을 넘어온 것이었다. 모든 슈퍼마켓에서 쉽게 구할 수 있는 보드카를 제외하고는 러시아인이 직접 만든 식료품은 찾아볼 수 없었다.

더 중요한 것은 사업 기회가 아주 많다는 점이다. 특히 지하경제가 빠르게 발전하고 있다. 홍수를 이루고 있다고 말하기는 아직 이르지만 극동국립대학교 법학대학원에 있는 조직범죄연구소 비탈리 노모코노프 소장은 이제 국경을 넘는 움직임을 막을 수 없는 단계에 이르렀다고 말한다. 따라서 러시아 정부는 국경을 오가는 이들로 말미암아 러시아의 국익이 훼손되지 않도록 제대로 대응해야 한다는 것이다. 좀 더 정확히 말하면 극동 지역에서 외국인들이 무역과 상업을 장악하지 못하게 규제해야 한다는 말이다.

중국계 범죄 조직과 지하 은행 네트워크

중국인 범죄 조직은 이 지역에서 상당히 많은 카지노를 운영하고 있다. 블라디보스토크 주변에만 십여 개가 넘는 도박장이 있다. 중국 식당은 물론이고 러시아 호텔과 음식점에도 중국인 범죄 조직의 손이 닿아 있다. 극동 지역은 항상 러시아 범죄 집단의 근거지였다. 그런데 최근 이들 범죄 집단의 우두머리들이 사업을 접거나 불가사의한 죽음을 맞는 경우가 빈번해졌다. 조직을 잃은 러시아 삼류 깡패들은 중국계 범죄 조직을 위해 일한다. 지역 업체들과 거래를 위해 접촉하거나 카지노에서 경비원으로 일하는 경우가 태반이다.

지금 러시아 극동 지역에서 가장 힘 있는 범죄 조직의 우두머리는 러시아인 '대부'가 아니라 국경을 건너온 중국인 '라오다'로 리더 촨 또는 량촨난이라 불리는 인물이다. 중국어로 '라오다(老大)'는 큰형님이라는 뜻이다. 리더 촨은 늑대파, 뱀파, 미친개파라는 범죄 조직 셋을 거느리고 있는데, 예전 러시아 암흑계를 주름잡던 대부들을 단숨에 제압하고 지금은 이 지역 도박, 관광, 성매매 사업을 관장하고 있다. 이들은 불법 이민을 주선하는 것은 물론이고 생선부터 목재, 마약까지 모든 것을 밀수출한다. 생선은 특히 러시아 극동 지역에서 이문이 많이 남는 품목이다. 이 외에도 정기적으로 러시아 사업가들과 중국인들에게 보호료 명목으로 돈을 갈취한다. 비탈리 노모코노프는 830만 달러의 값어치가 있는 1만 5천~1만 7천 톤의 해산물이 매년 일본과 한국으로 수출되는데, 그중 약 70퍼센트가 밀반출된다고 추정한다. 가난한 러시아 극동 지역에서 830만 달러는 엄청난 거액이다. 그런데 중국인 범죄 조직은 무역을 통해 벌어들인 수익을 러시아 은행이 아니라 일본과 한국 은행에 예치함으로써 세금까지 떼먹는다. 어선들이 오호츠크 해에서 킹크랩을 발견하는 족족 잡아 올리는 탓에 이 지역 특산물로 유명한 킹크랩은 이제 거의 씨가 말랐다. 그뿐 아니다. 매년 3백만 입방미터에 달하는 목재가 하바롭스크 지방에서 중국으로 밀반출되고 있다. 심지어 멸종 위기에 처한 시베리아호랑이와 이 지역 황야에서 볼 수 있는 매머드 상아까지 국경 너머로 팔려간다.

지난 몇 년 사이에 중국인이 운영하는 지하 은행 네트워크가 국경 지역에서 새롭게 떠오른 밀수업자들과 거래를 트기 위해 러시아 극동 지역에까지 손을 뻗쳤다. 이들 지하 은행은 중국 내부는 물론이고 해외 화교 사회에서 시중 은행들보다 훨씬 많은 금전 거래를 하고 있다. 중국에서는 지하 은행을 훼이콴(匯款) 또는 차오훼이(僑匯)라고 부른다. 교포가 국내로 송금하는 돈이라는 뜻이다. 혹자는 이 돈을 날아다니는 돈이라는 뜻으로 페이첸(飛錢)이라고도 부른다. 이런 비공식 은행 시스템은 일반 은행보다 일을 진행하는 속도가 빠르고 안전하며 자유로울 뿐 아니라 효율적이기까지 하다. 이들이 거래하는 돈은 마약이나 다른 밀수품을 팔아 벌어들인 돈이 대부분이다. 이렇게 불법 무역을 통해 돈을 거래할 때는 비밀 유지가 무엇보다 중요하다. 그래서 지하 은행 시스템은 철저한 신뢰 관계를 바탕으로 이뤄진다. 국제 단속 기관에 꼬리가 잡힐 수 있는 서류 작업은 아예 생략한다. 2003년에는 이르쿠츠크에 있는 중국인 가게 '상하이'의 일일 매상이 30만 달러에 달했다. 러시아와 중국 화폐가 섞여 있긴 했지만 모두 현금 거래였고, 이 돈은 지하 은행을 통해 송금되었다. 한편, 어선을 운영하는 러시아인들은 어업으로 거둬들인 수익을 키프로스에 있는 은행 계좌로 빼돌린다. 이들 역시 러시아 정부에 세금을 납부하지 않는다. 이런 검은 돈과 해산물 무역으로 러시아 정부가 매년 놓치는 세입이 수백만, 어쩌면 수십 억 루블에 이를 거라고 전문가들은 입을 모은다.

이제까지 블라디보스토크에 세 번 방문했지만, 극동 지역에서 아직 사업을 하는 러시아 범죄 조직과 악명 높은 중국계 범죄 조직 두목들의 관계를 추적하는 데는 실패했다. 하지만 중국계 범죄 조직의 조직력이 훨씬 좋아 보였다. 덕분에 중국계 범죄 조직은 러시아 범죄 조직을 쉽게 누를 수 있었다. 높은 자리에 있는 우두머리와 부하들이 얼마나 잘 연결되어 있는지를 알아볼 방도는 없었다. 어쨌거나 러시아의 외딴 지역에서 법을 집행하고 지역 경찰과 공무원 사회에서 부패를 근절하는 건 절대로 쉽지 않다. 2002년 말에 실제로 경찰은 '라오다'와 조직원 십여 명을 체포했지만, 사건은 흐지부지되고 법정에 선 사람은 아무도 없었다. 늘 그렇듯이 2001년과 2002년에 러시아 극동 지역에서 보고된 뇌물 수수 사건 151건 중 법정까지 간 사건은 20건에 불과했다. 용의자 중에서 형을 선고받은 사람은 한 명뿐이었다. 2007년 3월, 블라디보스토크 시장이자 통일러시아당 지지자인 블라디미르 니콜라예프가 지방법원에 의해 공직에서 쫓겨나는 사건이 터졌다. 법원은 그에게 권력을 남용했다며 유죄 판결을 내리고 4년 6개월의 집행유예를 선고했다. 전하는 바에 따르면 니콜라예프가 횡령한 돈이 자그마치 3백만 달러에 달한다고 한다.

그러나 이런 유죄 판결은 극히 드문 예에 속한다. 모스크바에 있는 러시아 중앙 정부는 정치적으로나 경제적으로나 극동 지역에 대한 통제권을 서서히 잃어가고 있다. 2008년 12월 20일에는 러시아 정부가 외제차에 높은 수입 관세를 매기자 이에 반발하여 천여 명이 넘는 시민이 시위를 벌이기도 했다. 극동 지역에 사는 대부분의 사람들은 일본 자동차를 몬다. 동해를 건너 니가타 현에서 밀수입한 차량들이다. 수입 관세를 한 푼도 내지 않고 들여오는 경우가 비일비재하다. 심지어 경찰차 중에도 자동차 핸들이 우측에 있는 예가 더러 있었다. 원래 우측 핸들 차량은 좌측통행을 하는 일본 같은 나라에서나 타는 차가 아닌가. 이 지역의 전투경찰들은 시위대를 진압하길 꺼렸다. 시위에 참가한 사람들에게 심정적으로 동의했기 때문이다. 이에 러시아 중앙 정부는 즉시 모스크바에서 충성스런 경찰 부대를 추가로 공수해야 했다. 모스크바 경찰은 "푸틴은 사임하라!"라고 외치는 시위자 몇 명을 잡아 가뒀다. 시위자들은 도로를 봉쇄하고 블라디보스토크 도심에 모닥불을 피웠다. 잠깐 동안이지만 블라디보스토크 공항을 봉쇄하기도 했다.

중국 정부가 러시아 극동 지역에서 중국계 범죄 조직이 벌이는 일련의 일들을 모두 주시하고 있는지는 확실치 않다. 그러나 라오다가 자신의 고향인 랴오닝 성 선양을 방문하기 위해 국경을 오가는 데는 전혀 문제가 없어 보인다. 라오다는 러시아 극동 지역에서와 마찬가지로 선양에서도 좋은 연줄을 많이 가지고 있다. 물론 이를 공직자들의 부패 문제로 설명할 수도 있을 것이다. 그러나 블라디보스토크를 비롯한 극동 지역 도시들이 모두 19세기에 러시아인이 중국을 침략하여 획득한 땅에 건설되었다는 사실 역시 간과해서는 안 된다.

러시아는 1858년에 체결한 아이훈조약과 톈진조약을 통해 아무르 강 북쪽에 있는 모든 영토에 대한 통치권을 갖게 되었지만, 당시 청나라를 다스리던 문종은 크게 반발했다. 현대의 중국이 19세기에 이뤄진 불평등조약을 대하는 일반적인 태도를 감안할 때, 많은 중국인이 러시아 극동 지역의 드넓은 영토를 자기네 땅으로 간주한다고 추정하는 것도 설득력이 전혀 없지는 않다. 극동 지역을 공식적으로 합병하는 건 불가능하겠지만, 중국인들이 이 지역으로 계속해서 이주하고 있고, 중국인 사업가들이 모든 지역 경제를 장악하고 있다. 게다가 모스크바에서 가장 멀리 떨어진 연방관구에 대한 중앙 정부의 통제력은 점점 더 느슨해지고 약해질 게 뻔하다.

블라디보스토크에 자리를 잡은 최초의 러시아인은 1859년에 해군기지를 건설한 니콜라이 무라비요프아무르스키 백작이다. 무라비요프아무르스키는 캅카스에 있는 러시아 요새의 이름을 따서 이 땅에 블라디캅카스라는 명칭을 붙이고 항구 중의 항구라 불렀다. 더 많은 러시아인이 이곳에 정착하자 황제는 다른 아시아 국가들에게 새로운 지배자가 누구인지 보여주고 싶었다. 그리하여 이 지역은 동방의 지배자를 뜻하는 블라디보스토크라는 새 이름을 얻었다. 그러나 중국인들은 이 지역을 언제나 하이선웨이(海蔘威)라 불렀다. 문자 그대로 풀이하면 해삼 절벽이라는 뜻이다. 러시아인이 도착하기 전까지 이곳은 제대로 된 마을이 아니었다. 하지만 금각 만(금각 만을 최초로 발견한 이들은 이 작은 만이 이스탄불에 있는 골든혼을 닮았다 하여 이런 이름을 붙였다)을 지나던 프랑스 포경선 한 척이 1852년에 금각 만 갯가에서 중국인 또는 만주인이 사는 어촌을 하나 발견했다는 이야기가 있다. 이 때문에 중국인들은 이 지역에 원래 거주하던 주민이 중국인이라고 주장한다. 러시아 극동 지역에 있는 다른 도시들도 중국식 이름을 가지고 있다. 하바롭스크 지방의 중심 도시인 하바롭스크는 보리(伯力)라 부르고, 블라고베셴스크는 부스(布市) 또는 하이란파오(海蘭泡)라 부른다.

수십 년간 블라디보스토크는 폐쇄적인 도시였다. 평범한 러시아인들조차도 블라디보스토크에 들어가려면 통행증이 있어야 했다. 이민은 꿈도 꿀 수 없었다. 블라디보스토크는 소련 태평양 함대의 본부였고, 이 때문에 외부인의 출입은 허용되지 않았다. 그런데 1991년에 공산주의가 몰락하자 해군이 관리하던 블라디보스토크 통제권이 구소련의 일부였던 여러 지방 출신의 다양한 범죄 조직에게 넘어갔다. 아제르바이잔, 아르메니아, 조지아, 체첸, 그 밖의 캅카스 산간 지역에 살던 폭력배들이 블라디보스토크에 흘러 들어왔다. 무시무시한 일본의 야쿠자도 바다를 건너와 사업을 시작했다. 먼저 총을 산 다음 한때 초강대국으로 군림하던 소련 군대가 철수하고 폐허가 된 땅에서 하나라도 건질 만한 게 있는지 샅샅이 뒤졌다. 일본에서 중고차를 들여오기도 했다. 중국인들도 하나둘 블라디보스토크를 찾아왔다. 법을 준수하는 평범한 시민도 있었고 범죄자도 있었다. 이들은 먼저 온 다른 집단들에게 배척을 받았다. 사실 중국인 이민자들이 러시아 법을 준수하지 않는다고 무작정 비난하기도 어렵다. 중국 전문가 알렉세이 마슬로프에 따르면, "중국에서는 관료들의 재량권과 중앙 정부 및 지방정부가 부과하는 세금 부담이 엄청나서, 합법적으로 사업을 할 마음이 있고 혹여 법을 준수하는 공무원을 찾아냈다손 치더라도 사업 전체를 합법적으로 운영하는 게 사실상 불가능하다. 무언가를 하려면 받아야 할 허가도 정말 많고 뇌물을 바쳐야 할 대상도 아주 많기 때문이다"라고 한다.

1990년대 초반만 해도 사람들은 단순히 러시아에서 일자리를 찾기 위해 국경을 넘었다. 그러나 1990년대 후반에는 일자리를 주선하는 회사가 생기고 필요한 서류가 생겨나면서 조금 더 조직적으로 이민이 이뤄졌다. 어쩔 수 없이 공무원들에게 뇌물도 줘야 했다. 이르쿠츠크 시베리아 마을에 있는 화교 사회의 지도자 겸 중국어로 발행되는 러시아 신문 〈룽바오〉의 지역 통신원으로도 활동하는 쭈이제가 이런 일을 주도한 대표적인 인물이다. 그는 중국인들이 이르쿠츠크에 한 달이나 일 년간 머무를 수 있도록 주선하는 일을 한다. 또한 이민자들이 복수 비자와 국제운전면허증, 기타 필요한 서류를 발급받을 수 있게 돕는다. 러시아인들은 쭈이제를 비롯한 화교 사회가 이르쿠츠크에 있는 중국 영사관으로부터 특별 대우를 받는 것을 즐긴다고들 말한다.

내가 러시아 극동 지역을 처음 찾은 때는 2003년 5월이었다. 그 후 2006년 4월과 7월에 다시 방문했다. 세 번의 방문을 통해 나는 블라디보스토크가 대단히 흥미롭고 신나는 곳이란 걸 알게 되었다. 활기차고 에너지가 넘쳤다. 하지만 한편에서는 범죄와 검은 돈이 풍기는 악취가 코를 찔렀다. 해가 진 다음에 거리를 돌아다니는 건 위험천만한 행동이다. 어디에서 잡범들이 튀어나와 강도 짓을 할지 모른다. 블라디보스토크 거리에 모습을 드러내진 않았지만, 덩치가 큰 범죄 조직의 대부들도 꽤 많았다. 블라디보스토크에서 검은 강이라는 길을 따라 북쪽으로 반도를 횡단하면 동쪽에 사람들로 붐비는 해변이 나온다. 길 양옆에는 높은 담장에 둘러싸인 호화 주택이 늘어서 있다. 검은 돈이 흘러드는 곳이다. 검은 강이라는 별명도 그래서 붙었다. 호화 주택 대문 너머로 깔끔하게 손질된 정원을 볼 수 있었다. 사이프러스 나무와 분수, 그리스와 로마 조각상을 본떠 만든 모조품도 보였다. 교외에 자리 잡은 지저분한 주택단지와는 전혀 딴판이었다. 검은 강을 따라 늘어선 모든 주택에는 무장한 경비원이 보초를 서다가 침입자가 건물에 접근하면 주저 없이 방아쇠를 당긴다는 이야기를 들었다. 이곳 호화 주택에는 사회주의에서 자본주의로 바뀌는 과정에서 이득을 본 약탈형 정치가들이 살고 있다. 모두 러시아인이다. 최근에는 중국계 대부들이 훨씬 더 힘을 얻고 있지만, 러시아인 두목들도 여전히 한국과 일본에 해산물을 밀수출하고 중국에 목재와 고철을 몰래 반출하는 일에 관여하고 있다. 러시아 루블이 아니라 외화 덕분에 이들은 엄청난 부자가 되었다. 중국과의 국경무역의 중요성을 감안하여 지금 러시아 범죄 조직 두목들은 중국계 두목들과 상호 호혜 계약을 맺고 있다.

호텔과 카지노에서는 국경을 넘어온 중국인 단체 관광객을 쉽게 볼 수 있었다. 하지만 블라디보스토크 거리에는 중국인이 별로 눈에 띄지 않았다. 내가 만난 러시아 출입국관리소 직원에 따르면 합법적인 절차를 밟아 입국했든 밀입국했든 중국인 근로자 대부분은 극동 지역에 있는 폐쇄된 공동체에서 생활한다고 한다. 외국인을 혐오하는 혈기왕성한 폭력배들에게 해코지를 당할 위험을 무릅쓰고 거리를 활보하는 이는 거의 없다. 모스크바를 제외하면 러시아에서 극동 지역만큼 난폭한 곳도 없다.

중국인 근로자들은 대개 기숙사에서 생활한다. 기숙사는 공장 건물 안에 있는 게 태반인데, 경비원을 빼면 러시아인은 찾아볼 수 없다. 농업 근로자들 역시 담장과 울타리로 둘러싸인 농장에서 생활한다. 최근까지는 중국인 근로자 대부분이 계약이 끝나자마자 중국으로 돌아갔다. 그러나 모스크바주립대학교 교수이자 중국 전문가인 빌야 겔브라스가 2005년 블라고베셴스크에서 열린 세미나에서 지적한 대로 지금은 상황이 바뀌고 있다.

"지금 2세대 중국인들은 중국으로 돌아가지 않겠다는 확고한 의지를 가지고 러시아에 온다. 대부분 '자유 이주자'로만 분류할 수 없는 이들이다. 이들 중 대다수가 문서를 위조하고 심지어 가짜 시민권까지 손에 넣는다. 여기에는 당연히 자국민보다 중국인을 비롯한 외국인에게 뇌물을 받는 데 익숙한 부패한 지방 공무원이 연루되어 있다."

백 년이 지나면 하바롭스크는 중국의 영토가 된다?

나는 블라디보스토크에서 야간 기차를 타고 중국 국경을 따라 757킬로미터를 달려 하바롭스크에 도착했다. 상당히 색다른 곳이었다. 아무르 강과 우수리 강이 만나는 지점에서 멀리 떨어진 내륙에 자리 잡은 하바롭스크는 사람들로 북새통을 이루는 항구도시 블라디보스토크와는 사뭇 달랐다. 도로를 따라 잎이 무성한 가로수가 빼곡히 늘어 서 있고 19세기에 지은 벽돌집도 몇 채 보였다.

하바롭스크 북쪽에 있는 광대한 산림은 지금 벌목이 한창이다. 여기에서 나온 목재는 알다시피 중국으로 실려 나간다. 그리고 다른 극동 지역에서와 마찬가지로 이곳에서도 사람들이 하나둘 떠나고 있다. 하바롭스크 시는 1858년에 군사기지로 건설되었다. 최초의 주민은 러시아와 우크라이나 출신의 카자흐족이었다. 이들은 제정러시아 시대에 러시아 중앙부에서 변두리로 이주하여 자치적인 군사 공동체를 형성한 농민 집단으로서 이 지역 토착민인 타타르족과 전투를 치르며 땅을 넓혀나갔다.

17세기에 들어 러시아인들은 실제로 동쪽 광활한 황야로 제국을 확장하기 시작했다. 그리고 유목을 하며 순록을 치는 목동들과 사냥꾼들, 스칸디나비아 북부 라플란드인의 먼 친척들, 러시아 북극 지방에 사는 사모예드족을 이 지역으로 이주시켰다. 한나라(BC 202-AD 220) 때 쓰인 중국 역사서에는 어피족(魚皮族, 나나이족을 가리키는 듯하다), 털북숭이 사람(사할린 남부와 쿠릴열도, 일본 북부 홋카이도 섬에 살아남은 아이누족을 가리키는 듯하다), 소변을 받아 몸을 씻는 등 기묘한 관습을 보인 이러우(Yi-lou) 사람들 등 이 지역에 사는 소수민족들에 관한 기록이 나온다.

아니나 다를까 러시아인들은 해당 영토에 대한 관할권을 주장하는 중국인들과 충돌했다. 결국 모스크바와 청나라 황실에서 파견한 대표단이 1689년 8월에 네르친스크에서 만났다. 몇 주에 걸친 협상 끝에 두 나라는 9월 6일에 "아르군 강과 실카 강, 고르비차 강, 싱안링 산맥을 경계로 동쪽은 중국, 서쪽은 러시아의 영토다. 아무르 강을 경계로 남쪽은 중국, 북쪽은 러시아의 영토다"라는 합의를 했다. 이로써 러시아인의 영토 확장은 중단되었지만, 이들은 북쪽과 동쪽 지방 정복을 단념하지 않았다. 강력한 화력 무기로 무장한 러시아인을 막을 수 있는 건 아무것도 없었다. 결국 1858년에 청나라는 패배를 인정하고 아무르 강 이남으로 물러날 수밖에 없었다.

정복 사업이 끝나자 유럽 러시아에 살던 가난한 소작농들이 땅을 무료로 나눠준다는 약속을 믿고 황무지로 이주했다. 러시아 황제는 온갖 범죄자들을 시베리아와 극동 지역으로 강제 추방하기도

했다. 1800년과 1914년 사이에 최소 백만 명이 제정러시아에서 가장 동쪽에 위치한 황무지로 추방되었다. 러시아가 새로 손에 넣은 영토에는 러시아인이 살아야 했다. 토착 원주민은 러시아인들에 의해 쫓겨났으며 많은 수가 질병과 기아로 사망했다.

온갖 도망자들과 비국교도들이 미지의 땅이나 다름없는 아메리카 대륙으로 이민을 왔던 것과 비슷하다. 황폐한 극동 지방으로 이주해온 카자크(15세기 말부터 20세기 초까지 우크라이나와 러시아 남부에 있던 군사 집단. 구성원의 출신 국가는 다양하다)를 미국인 개척자에 비유한다면, 타타르족은 아메리카 인디언이고, 러시아군은 미국 기갑부대인 셈이다. 하바롭스크라는 지명은 '예로페이 하바로프'라는 초창기 러시아 탐험가의 이름에서 따왔다. 예로페이 하바로프 일행은 17세기 중반에 이곳에 도착했고 얼마 안 되어 중국군과 맞닥뜨렸다. 하지만 19세기 중반, 이 지역이 실질적으로 러시아의 지배를 받게 되면서 이 새로운 도시는 하바로프를 기리는 뜻으로 하바롭스크라는 이름을 얻고 식민지가 되었다.

이 말은 곧 러시아 극동 지역에 정착한 유럽인들이 정착민인 동시에 식민국 주민이었다는 뜻이다. 하바롭스크에서 내가 만난 지방 공무원은 극동 지역 주민들을 뿌리가 없는 꽃에 비유했다. 그리고 주민 모두가 유럽 러시아에 조상들이 살던 고향이나 마을이 있다고 덧붙였다. 이 때문인지 극동 지역의 새로운 정착지 이름은 대부분 유럽 러시아에 있는 도시와 마을 이름을 따서 지었다. 물론 하바롭스크처럼 러시아 탐험가의 이름을 따서 지은 경우도 더러 있다. 그런데 극동 지역에서 내가 만난 많은 러시아인은 지금으로부터 백 년쯤 뒤에는 이 지역이 러시아의 영토가 아닐 거라고 생각했다. 그들은 중국인이 이 지역에서 지배권을 행사하고, 19세기에 서구 제국주의 세력에게 빼앗겼던 모든 땅을 회복하는 것이 중국인들의 궁극적인 목표이자 자연스러운 귀결로 여기는 듯했다.

모든 것이 중국인의 손아귀에 들어갔다

중국의 경제적 지배는 블라고베셴스크에서 한층 더 분명하게 드러난다. 아무르 강 위쪽에 자리 잡은 블라고베셴스크는 별다른 특색도 없고 특별히 매력적이지도 않은 하항(河港)으로 20만 명 남짓의 주민이 산다. 블라고베셴스크 경제는 하바롭스크와 블라디보스토크 경제보다 발전도 덜 된 데다 사업도 다각화되어 있지 않다. 시베리아 횡단철도마저 블라고베셴스크를 우회하여 지나간다. 블라고베셴스크는 벨로고르스크 교차로에서 갈라져 나온 지선 끝에 위치해 있다. 한편 중국과 러시아 국경을 가르는 아무르 강둑에 자리 잡은 블라고베셴스크 건너편에는 중국 헤이허 시가 있다. 상품을 들여오는 중국 상인들로 가득 찬 수중익선이 30분마다 블라고베셴스크와 헤이허 시를 오간다. 물론 러시아 상인도 더러 있다. 이들 역시 중국으로부터 가정용품과 신발, 도구를 들여온다. 유럽 러시아로 물건을 사러 가기에는 너무 먼 탓이다. 블라고베셴스크와 헤이허 시를 오가는 상인들은 블라고베셴스크뿐 아니라 아무르 주 전역에 소비재를 공급하는 역할을 한다. 중국 국경과 인접한 탓에 블라고베셴스크 시장에는 하바롭스크와 블라디보스토크보다 중국계 상인들이 훨씬 더 많이 눈에 띈다.

관세 규정은 수중익선에서 일인당 면세를 받을 수 있는 수화물을 50킬로그램으로 제한하고 있다. 이 때문에 상인들은 대학생들과 직장이 없는 청년들을 고용해 강을 오가는 운반책으로 활용하곤 한다. 이들은 강을 건널 때마다 50킬로그램에 달하는 상품을 운반한다. 러시아 무역 보고서에 따르면, 왕복 운반책을 고용하는 회사들은 법률상으로는 러시아인이 운영하는 걸로 되어 있지만 사실상은 중국인이 운영하는 경우가 많다. 그리고 규정에 걸려 관세가 부과된다 하더라도 그 자리에서 현금으로 해결할 수 있다. 역시 러시아 무역 보고서에 따르면, 승진을 가장 꺼리는 부류가 세관원들이라고 한다. 고위직으로 올라가 사무실에 틀어박히면 돈을 챙길 수 있는 기회도 사라지기 때문이다.

블라고베셴스크에서 중국인의 손아귀에 들어간 것은 소비재 무역뿐만이 아니다. 이 지역 건설업 역시 중국계 기업 화푸가 장악하고 있다. 2006년부터 화푸는 러시아 극동 지역에서 가장 높은 건물을 짓기 시작했다. 크레인 기사 한 명과 경비원 두 명을 빼면 모든 근로자가 국경을 넘어온 중국인이다. 러시아에서 음력설인 중국 춘절을 공휴일로 지키는 곳은 어디에도 없지만, 블라고베셴스크에서는 불꽃과 북, 사자춤으로 거창한 기념행사를 치른다.

이 행사에는 블라고베셴스크 시장과 아무르 주지사까지 귀빈으로 참석하는 게 상례다. 아무르 주는 살금살금 들어가 상권을 장악하는 중국인들의 침략에 가장 취약한 곳인지도 모른다. 이 지역의 면적은 36만 3천7백 제곱킬로미터로 일본 전체 면적에 필적하는 어마어마한 넓이다. 하지만 인구는 90만 명에 불과하다. 그런데 아무르 강 건너편에 있는 헤이룽장 성에는 3천5백만 명이 넘는 인구가 살고 있다.

아무르주립대학교 안드레이 자비야코 교수가 나를 데리고 블라고베셴스크 시를 구경시켜주었다. 러시아 카자크 후손인 자비야코 교수는 조상이 남긴 유산을 자랑스러워했으며 지역 역사에 해박했다. 블라디보스토크와 마찬가지로 블라고베셴스크도 만주족을 무찌르고 이 지역을 정복한 니콜라이 무라비요프아무르스키 백작의 명령에 따라 러시아인들이 건설한 도시다. 블라고베셴스크라는 이름도 그가 지었는데 '좋은 소식'이라는 뜻이다.

그러나 지금은 들려오는 소식이 그리 좋지 못하다. 안드레이 자비야코 교수도 유럽 러시아와 아시아 러시아 사이의 간극이 심해지고 있다고 인정했다. 러시아 문화는 하찮은 취급을 받고 있고, 많은 이들이 이곳에 자기 뿌리가 없다고 느낀다. 많은 중국인이 러시아어를 구사하지만, 중국어를 구사하는 러시아인은 거의 없다고 한다. 중국인들은 경제적으로 주도권을 잡고 있을 뿐 아니라 언어에도 능통해 문화적으로도 주도권을 쥐고 있다. 그러니 지역 안에서나 국경을 넘어서나 거래를 할 때 중국인들이 우위에 서는 건 당연한 노릇이다.

자비야코 교수는 아무르 강에 있는 어떤 곳에 나를 데려갔다. 백년도 더 전에 중국인 대량 학살이 벌어졌던 곳이다. 이 지역에 사는 중국인들은 당시 사건을 아직까지 잊지 않고 있다. 1900년대 초,

의화단(義和團)이라는 비밀단체가 중국 북부 전역에서 외국인과 외국인이 영향을 끼친 모든 것을 공격하기 시작했다. 의화단은 베이징까지 밀고 들어갔다. 1901년 6월 13일, 이들은 베이징에 있는 외국 공사관 4분의 1을 포위했다. 영국, 미국, 러시아, 프랑스, 이탈리아, 일본 군대가 들어와 폭도들로부터 베이징을 방어했다. 결국 의화단은 격파되었지만, 국수주의의 씨앗이 중국 전역에 뿌려진 뒤였다. 의화단 운동은 당시 중국을 지배하던 외세에 크나큰 충격을 주었다.

의화단 운동은 북쪽 끝에 있는 헤이허와 강 건너편에 있는 러시아 블라고베셴스크까지 퍼져 나갔다. 당시 블라고베셴스크에는 많은 중국인이 살고 있었다. 몇몇 의화단원들은 총을 쏘고 교도소를 습격하기도 했다. 의화단이 대포까지 사용할 거라는 소문이 퍼지자 지방 언론은 그 소문을 그대로 옮긴 다소 무책임한 보도를 내보냈다. 그리하여 블라고베셴스크에서는 중국에 반대하는 폭동이 일어났다.

당시 많은 중국인이 폭 10킬로미터, 길이 60킬로미터 규모의 아무르 강가에 있는 소수민족 거주지에서 살고 있었다. 분노한 카자크와 러시아 정착민들이 바로 그 중국인 거주지를 공격했다. 폭도들은 몰려다니며 중국인 가정을 약탈했다. 설상가상으로 모든 중국인을 한곳에 모아 추방하라는 명령이 떨어졌다. 명령을 받고 나타난 6천 명이 안드레이 자비야코 교수가 차를 세운 아무르 강둑으로 행진했다. 군인과 민간인들이 중국인들을 강으로 밀어 넣었다. 강에는 배도 한 척 없었고 헤엄을 칠 수 있는 중국인도 거의 없었다. 총성이 울렸고 총에 맞아 죽지 않은 사람은 물에 빠져 죽었다. 현장에 없었던 사람들도 며칠 뒤 같은 운명에 처했다. 그러나 안드레이 자비야코 교수에 따르면 모든 러시아인이 외국인 혐오증에 빠진 편협한 인물은 아니었다. 군중이 미친 듯이 날뛸 때 많은 러시아 가정이 중국인 하인을 숨겨주었다.

대학살 이후에도 블라고베셴스크 지역에 남은 중국인들은 결국 일본이 만주국이라는 괴뢰 국가를 세우고 스탈린이 모든 아시아인을 일본이 심어둔 제5열이라 여기던 1930년대에 강제로 이주되었다. 중앙아시아로 이주한 고려인들과 달리 블라고베셴스크에서 살던 중국인들은 시베리아 강제노동수용소에서 죽거나 처형당했다. 블라고베셴스크에 남은 사람은 극히 드물었고 대부분은 혼혈이었다. 당시 중국인들이 살던 장소는 지금까지도 황폐한 채로 방치되어 있다. 아무도 그곳에서 살고 싶어 하지 않는다. 과거의 유령이 아직도 출몰하는지는 모르겠다. 2006년 5월, 안드레이 자비야코 교수와 함께 도착했을 때 풀이 무성한 제야 강변에는 차갑고 으스스한 바람이 불고 있었다.

1960년대 중반, 중국과 소련 사이에 불화가 생기자 중국은 블라고베셴스크 대학살에 관한 정보를 수집하고자 학술 단체를 조직했다. 이때 수집된 자료 일부와 전시품은 헤이허 시에 있는 박물관에서 볼 수 있다. 1960년대 후반, 문화대혁명 기간에 중국과 소련의 관계는 한층 더 악화되었다. 중국은 아무르 강변에 대형 확성기를 설치하고 러시아 땅을 향해 하루 24시간 반소련 선전을 해댔다. 강을 따라 걸으면서 자비야코 교수는 내게 그 당시 학교에 가는 길에 중국이 내보내는 대러 선전을 들을 수 있었다고 말했다. 귀청이 찢어질 정도로 큰 소음이었다고 한다. 1969년, 중국과 소련은 하바롭스크 근처 아무르 강에 있는 몇몇 섬에 대한 영유권을 놓고 접경지대에서 잠시 전쟁을 벌이기까지 했다.

그러나 문화대혁명 기간에 몇몇 중국인은 러시아로 몸을 피했고, 그들 중 일부는 소련 정보기관에 고용되었다. KGB 베이징 본부 최고책임자였다고 고백한 유리 우핌체프는 자신의 책에서 문화대혁명이 절정에 달했을 때에는 한 달에 47명의 난민이 러시아에 도착했다고 기록했다. 이 때문에 KGB 국장이었던 유리 안드로포프는 당시 극동 지역에 심사 기관을 설치하기도 했다. KGB는 낡은 교도소를 개조해서 중국인 난민들을 심사하는 수용소로 사용했다. 심사를 통해 경제적 난민이라 판단되는 사람들은 중국으로 송환하고, 진정한 정치적 난민들은 하바롭스크에 있는 '소브초제스'라는 국영 농장으로 보냈다. 대부분은 그곳 농장에서 생활했지만, 일부는 중국에서 간첩 활동을 하는 데 동원되기도 했다. 일부는 극동 지방 마가단 주에 있는 해안 마을 근처 다른 수용소로 보내졌다. 이 수용소는 1970년대에 세워졌으며, 유리 우핌체프가 '리틀 차이나타운'이라 부르는 중국인 정착지로 발전했다. 위치는 콜리마 산맥에 자리 잡은 엘겐이란 곳으로 아직까지 당시 모습을 보존하고 있다.

1960년대 후반에 건너온 중국인 난민들은 소련 시민권을 받았다. 지금은 그들과 그들의 자녀들까지 모두 러시아 시민이 되었다. 이들은 2개 국어를 구사하는 까닭에 중국인 사업가들에게 고용되어 전면에 나서서 부동산을 매입하거나 정부로부터 허가를 받는 일을 처리하곤 한다. 해묵은 악감정은 잠시 접어두었다. 피가 정치보다 강하다는 사실에 변함은 없으니까.

모스크바를 대체한 베이징

아무르 강을 사이에 두고 적개심을 불태우던 시대는 끝났고 확성기는 이미 오래 전부터 침묵에 잠겼다. 그런데 요즘 강 건너편에서 또 다른 메시지가 들려오고 있다. 심지어 이 메시지는 러시아 쪽에서 나오는 소리다. 헤이허에 들어선 현대적인 신축 건물들은 헤이허가 블라고베셴스크보다 훨씬 더 풍요롭다는 걸 명료하게 보여준다. 마오쩌둥 시대에 쓰던 옛날 방식이 아니라 상업과 무역이라는 완전히 새로운 선전을 통해 헤이허로부터 메시지가 퍼져나가고 있다. 러시아 극동 지역은 이제 중국에 원자재를 공급하는 산지이자 저렴한 소비재를 내다파는 시장이 되었다. 한때 초강대국이었던 러시아는 지금 훨씬 더 부유하고 훨씬 더 강한 중국의 그늘에서 비틀거리고 있다.

그러면 중국인들이 러시아 극동 지역을 넘겨받게 될까? 블라디보스토크에 사는 중국인들은 블라디보스토크 중국인 연합회를 설립하고 화교 사회를 조직했다. 이들이 수행한 여론조사에 따르면 극동 지역에 사는 러시아인의 47퍼센트가 진심으로 극동 지역 영토가 중국에 합병될 가능성이 있다고 여겼다. 응답자의 28퍼센트는 상업과 무역을 통한 중국인의 진출(또는 평화적 침략)을 보고 그런 위협을 느낀다고 답했다. 블라디보스토크에 사는 중국인 43퍼센트, 하바롭스크에 사는 중국인 34퍼센트가 자신들을 대하는 러시아 주민들의 태도가 나쁘다 혹은 우호적이지 않다고 응답했다. 이들은 러시아 정부에 대해서도 적대적이다, 도움이 안 된다, 부패했다 등의 의견을 보였다.

양국 관계를 개선하고 서로에 대한 태도를 바꾸기 위해 중국은 2005년 3월에 하바롭스크에 있는 기존의 총영사관과 별개로 블라디보스토크에 영사관을 하나 더 세웠다. 풍선과 불꽃을 동원해 영사관 개관을 축하하는 행사도 열었다. 프리모르스키 주지사 세르게이 다르킨은 블라디보스토크 영사관이 2010년 러-중 무역량을 세 배로 끌어올리는 데 이바지할 것이라고 말했다. 당시 공식 무역 규모는 총 8억 2천9백만 달러였다. 비공식 무역까지 포함시켰다면 액수는 훨씬 더 올라갔을 것이다. 세르게이 다르킨은 그 말을 할 당시 자신이 대형 어업회사 관리자이기도 했다는 사실을 인식했어야 했다. 그는 이 지역에서 가장 영향력이 있는 실세이자 백만장자다.

러시아 극동 지역에서 실질적인 경제력은 2002년에 설립된 중러상공업협회가 쥐고 있다. 중러상공업협회 헌장에는 법적 수단을 동원해 회원들의 권리를 보호하고, 러시아 극동 지역에 영주하는 중국인 사업가 및 화교들이 러시아인 사업가들과 더 편리하게 계약을 체결할 수 있게 돕고, 지역 경제와 사회 발전에 이바지하는 것을 주요 목적으로 한다고 명시되어 있다. 머지않아 동방의 실질적인 지배자는 모스크바가 아니라 베이징이 될 것 같다.

극동주립대학교 법학대학원의 비탈리 노모코노프 교수가 말한

대로 이미 변화는 일어나고 있고 막을 방법도 없다. 언젠가 블라디보스토크는 다시 하이선웨이라는 이름으로 불릴지도 모른다. 아마도 이는 많은 러시아인이 두려워하는 일인 동시에 많은 중국인이 고대하는 일일 것이다.

2장

통 큰 원조, 그러나 **중국**은 **손해** 보는 **거래**는 하지 않는다

개발도상국들을 사로잡는 통 큰 원조

포트모르즈비에 있는 중국 음식점 앙스는 음식에 관한 한 이상하거나 특이할 게 전혀 없는 곳이다. 솔직히 이곳 오리구이는 아주 훌륭하고, 쏸라탕은 세계적인 여행 가이드북《론리 플래닛》에서도 강력히 추천할 정도다. 그러나 식당 전경이 여느 음식점과 사뭇 다르다. 마당은 레이저 철조망과 감시 카메라가 설치된 높은 담장으로 둘러싸여 있다. 경비원 둘이 입구를 지키다가 순수하게 식사를 하러 오는 손님이 탄 차가 나타나면 미닫이 철문을 열어준다. 경비원들을 통과하여 차를 문 안쪽에 세운 손님들은 더 많은 경비원이 지키고 있는 철문을 또 하나 맞닥뜨리게 된다. 경비원들은 손님들이 진짜 식당 건물에 들어서면 문을 그냥 닫는 게 아니라 단단히 걸어 잠근다. 그 후에야 손님들은 앙스에서 내놓는 동양 음식을 편안히 즐길 수 있다.

파푸아뉴기니의 수도 포트모르즈비에 오신 걸 환영한다. 이코노미스트 산하 경제 조사기관 EIU(Economist Intelligence Unit)가 2005년에 조사한 바에 따르면, 포트모르즈비는 전 세계 130개 수도 및 대도시 중에서 가장 살기 안 좋은 곳으로 뽑혔다. 오스트레일리아의 한 조사 결과를 봐도 역시 이 암울한 평가를 다시 한 번 확인할 수 있다. 2005년 1월부터 5월까지 포트모르즈비 전체 가정의 3분의 2가 범죄 피해를 입었다. 이 중 태반이 무기를 사용한 범죄였다. 살인율은 모스크바의 3배, 런던의 23배에 달한다. 파푸아뉴기니가 1975년에 오스트레일리아로부터 독립한 이래 11년간 파푸아뉴기니에서 근무한 영국 기자 로언 칼릭은 2005년에 파푸아뉴기니를 다시 찾았다. 그리고 예전에 함께 일했던 인쇄업자, 타자수, 운전사 등 십여 명을 불러 외식을 했다. 로언 칼릭은 예전 동료들에게 권총 강도를 당한 사람이 있느냐고 물었다. 열 명 중 여덟 명이 손을 들었다.

포트모르즈비에서 내가 묵었던 크라운플라자 호텔은 시내 중심가가 내려다보이는 언덕에 있었는데, 무장한 경비원 세 명과 기골이 장대한 독일 셰퍼드 두 마리가 정문을 지키고 있었다. 레이저 철조망과 감시 카메라가 설치된 높은 담장은 기본이고 밤에는 사방에 조명이 환하게 켜졌다. 호텔 직원은 내게 백주 대낮이라도 걸어서 돌아다니는 모험은 하지 말라고 충고했다. 크라운플라자 호텔은 포트모르즈비 중심가에서 가장 호화호운 지역에 자리 잡고 있는데도 그러했다. 포트모르즈비는 1870년대에 뉴기니 해안을 탐험했던 영국 해군 장교 존 모르즈비 대령이 교역 거점으로 쓰려고 만든 도시다. 그래서 지명도 설립자의 이름을 따서 지었다. 한때 자연항이 있는 멋진 마을이었던 포트모르즈비는 이제 모두가 불안에 떠는 끔찍한 도시가 되었다. 법과 질서를 기대할 수 없는 곳이다. '라스콜스'라 불리는 악명 높은 악당들은 파푸아뉴기니 어디에나 있다. 이들은 범죄가 곧 삶이 되어버린 나이 어린 폭력배들이다. 고지대나 시골 지역에서 포트모르즈비로 상경한 이들은 결국 실업률이 70~90퍼센트에 육박하는 빈민가와 교외 지역에 흘러든다. 이들은 부족 전쟁과 피의 복수, 폭력이 깊이 뿌리박힌 문화에서 태어났다. 거기에다 도시에 오니 소총이나 권총 같은 소형 화기를 손에 넣을 기회도 생겼다. 상황이 이러하니 포트모르즈비가 일급 보안을 자랑하는 교도소와 비슷한 모양새를 하고 있다 해도 그리 놀랄 일이 아니다. 옛 식민국 시민인 오스트레일리아인과 다른 서구인들이 서둘러 이곳을 빠져나간 이유도 충분히 이해할 만하다. 1975년에 파푸아뉴기니가 독립했을 때만 해도 외국인 수가 5만 명에 육박했다. 그러나 지금은 남아 있는 오스트레일리아인과 영국인, 독일인 수를 다 합해도 몇천 명에 불과하다. 그러나 중국 음식점 앙스에서 오가는 말소리가 전해주듯이 중국 본토에서 막 도착한 중국인 사업가, 하청업자, 수출입업자들이 상황을 바꾸고 있다. 전(前) 파푸아뉴기니 자위대 사령관 제리 신기록은 2005년 지역 신문에 이렇게 썼다. "오스트레일리아는 파푸아뉴기니를 항상 자기 뒷마당으로 여겼다. 그러나 2000년 이래 파푸아뉴기니는 무역, 투자, 군사 등 모든 분야에서 중국과의 관계를 강화했다. [···] 앞으로도 중국은 이곳을 떠나지 않을 것이다."

실제로 많은 중국인이 파푸아뉴기니에 영주하고 있다. 다양한 추정치에 따르면 파푸아뉴기니에 사는 중국계 시민은 1만 명에서 3만 명에 이른다. 대부분 밀입국한 사람들이지만, 파푸아뉴기니 여권과 시민권을 획득하는 건 하나도 어렵지 않다. 정부와 지방 행정 기관에 속한 모든 이들이 속속들이 부패한 탓이다.

오스트레일리아 같은 나라들이 부패와 정실 인사, 권력 남용을 비판하며 원조를 중단하겠다고 위협할 때 중국에서 보내는 원조는 꽤 쓸모가 있다. 2005년 중국의 건국기념일인 10월 1일에 파푸아뉴기니 외무성 고위 관리 타시 엘리는 경제 강국으로 떠오른 중국의 위상이 파푸아뉴기니 같은 개발도상국들의 대들보가 될 것이라고 말했다. 그리고 유엔에서 중국이 개발도상국의 목소리를 대변한다고 덧붙였다.

제리 신기록은 이렇게 지적했다. "강대국들은 파푸아뉴기니의 무역과 군사에 대한 중국의 막대한 영향력을 걱정스런 눈으로 주시하고 있다." 그러나 강대국들 중 누구도 포트모르즈비에서 주도권을 잡기 위해 먼저 나서기는 어려울 것이다. 이곳에서는 밤이나 낮이나 레이저 철조망으로 둘러싸인 높은 담장과 무장한 경비원, 맹렬한 경비견을 먼저 준비하지 않고는 아무것도 할 수 없기 때문이다. 《론리 플래닛》이 지적한 대로, 라스콜스는 "어두운 밤뿐 아니라 백주대낮에도 활개를 치고 다닌다."

포트모르즈비에서 나흘 넘게 머문 적은 없지만, 이곳이 어떤 곳인지 실감하기에는 그 정도로도 충분했다. 도시 구석구석에 위험이 도사리고 있는 게 느껴졌다.

그러나 그 모든 것도 파푸아뉴기니에 새로 온 중국인 이민자와 정착민을 막지는 못하는 것 같았다. 광물과 목재, 석유, 가스 등 천연자원이 풍부한 파푸아뉴기니는 개인 사업가뿐 아니라 중국 국영 기업에게도 충분히 매력적인 나라다. 1990년대 중반, 파푸아뉴기니에서 중국에 수출하는 통나무는 전체 수출량의 0.5퍼센트에 불과했다. 그런데 요즘에는 전체 수출량의 80퍼센트가 중국으로 향한다. 1990년대에 파푸아뉴기니 광업은 거의 대부분 오스트레일리아, 영국, 캐나다 회사가 장악했다. 지금은 중국이 광업까지 움직이고 있다. 파푸아뉴기니에는 니켈, 코발트, 구리가 있고 고지대로 올라가면 금까지 캘 수 있다. 2003년, 중국야금과공집단공사는 라무니코의 대주주가 되었다. 파푸아뉴기니 북동 해안에 자리 잡은 마당 시 근처에 니켈 광산을 소유하고 있는 회사다. 캐나다 기자 제프리 요크는 2009년 1월 2일자 〈글로브 앤드 메일〉에 이런 글을 썼다. "예상 채굴 가능 기간이 20~40년에 이르고 14억 달러가 투자될 라무 광산은 중국이 해외에서 벌인 채굴 사업 중에서도 규모가 가장 크다. 중국야금과공집단공사는 당장 사업을 시작하기로 결정했다."

중국 오성홍기가 마당 시에서 가장 높은 신축 건물 위에서 펄럭인다. 라무 니코의 본사 건물이다. 이 회사는 몇몇 건설 사업에 자금을 대고 이 지역에 흐르는 강 위에 다리를 건설하기도 했다. 하지만 모든 일이 일사천리로 진행되지는 않았다. 2007년 초, 파푸아뉴기니 노동부 장관 데이비드 타이부가 라무 광산을 불시에 방문했다. 그리고 현지 근로자들이 이 광산에서 노예 취급을 받고 있다는 걸 알게 되었다. 임금은 하루에 3달러도 채 안 되고 초과근무 수당 대신 생선 통조림을 받았다. 이 지역 주민 대부분이 기독교인인데도 광산 근로자들은 일요일에 교회도 갈 수 없었다. 근로자들이 어단가를 갈 때마다 회사에서는 봉급에서 하루 급료를 제했다. 데이비드 타이부 노동부 장관은 근로자들이 밥을 먹는 구내식당은 돼지들이 밥을 먹기에도 적합하지 않으며 화장실도 아주 더럽다고 비난했다. 노동부 장관의 말은 파푸아뉴기니에서 발행되는 신문들의 헤드라인을 장식했고, 위기감을 느낀 중국인들은 대대적인 홍보 운동에 착수했다. 중국인 소유의 라무 니코는 바로 의료 시설과 학교, 교회를 짓고, 럭비 및 야구팀, 지역 축제와 농민들을 지원하는 데 거액을 투자하겠다고 약속했다.

파푸아뉴기니의 반중국인 폭동

그러나 2008년 말, 〈글로브 앤드 메일〉의 제프리 요크가 이 지역을 방문했을 때 마을 주민들은 여전히 불행해 보였다. "때때로 긴장감은 폭력으로 분출되었다. 8월에 한 중국인 경비원이 마당 시에서 배로 2시간 거리에 있는 니켈 공장 근처에서 시위를 벌이는 마을 주민들과 다투다 중상을 입었다. 경비원들은 직원들이 지주들로부터 더 이상 공격을 받지 않도록 공장 주변을 돌며 보초를 선다."

제프리 요크에 따르면, 중국인 소유의 이 회사에서 일하는 기술자들 대다수가 합법적인 노동 허가를 받지 못한 문제도 논란이 되고 있다. 2008년 11월, 경찰은 라무 광산에서 일하는 중국인 근로자 213명을 밀입국 혐의로 체포했다. 라무 니코는 노동법 위반으로 72만 달러의 벌금을 선고받았고 전국 언론으로부터 맹비난을 받았다. "파퓨아뉴기니 대중매체들은 라무 니코가 현지인도 충분히 할 수 있는 일에 중국인 근로자를 불러들였다고 비난했다." 논란이 끊이지 않는 채굴 사업을 밀착 취재한 보고서에서 제프리 요크는 이렇게 썼다.

파푸아뉴기니에서 중국인들이 문서 위조에 연루된 건 이번이 처음이 아니다. 2000년, 파푸아뉴기니 외무부 직원들이 몇몇 외국인과 함께 대형 여권 사기에 연루되었다는 사실이 드러났다. 파푸아뉴기니 국가정보기관 NIO는 외무부 특별 보고서에 밀입국, 허위 입국허가, 여권 위조를 포함한 다양한 신용 사기 수십 건에 관해 보고했다. 이 문서에는 2000년 11월 날짜와 함께 기밀 도장이 찍혀 있다. 그러나 NIO는 이런 신용 사기 중 부패한 공무원이 연루되지 않고 이뤄질 수 있는 사건은 하나도 없다고 결론을 내렸다. 보고서에는 중국인뿐 아니라 스리랑카인, 다른 아시아인, 심지어 아프리카인까지 파푸아뉴기니 여권을 구할 수 있게 손을 써준 정부 관리 두 명의 이름이 올라 있다. 일단 여권을 손에 넣으면 파푸아뉴기니에 체류하는 것은 물론이고 오스트레일리아나 뉴질랜드에도 갈 수 있다.

중국인이 운영하는 가게와 작은 음식점이 파푸아뉴기니 전역에 속속 생겨났다. 대부분 여권과 노동 허가를 위조한 이민자들이 운영한다. 러시아 극동 지역에서처럼 때로는 현지인을 얼굴 마담으로 내세우기도 한다. 마당 시와 수도 포트모르즈비에서는 패스트푸드 매장과 상점의 절반가량을 이제 막 들어온 중국인 이민자들이 소유하고 있다. 당연히 파푸아뉴기니 사람들은 이런 상황이 기분 좋을 리 없다. 2005년 7월 22일, 〈포스트 쿠리어〉가 중국인 상점 주인들이 매상을 대부분 외국 은행에 송금하고 파푸아뉴기니에 예치하는 돈은 거의 없다고 보도하자 여기저기서 성난 목소리가 터져나왔다.

이렇듯 이민자들에 대한 분노는 점점 더 격해지고 있다. 2007년 9월, 경찰은 포트모르즈비, 라에와 함께 파푸아뉴기니 3대 도시에 속하는 마운트하겐에서 중국인 소유의 사업체를 약탈하고 들쑤시고 다닌 현지인들을 향해 경고 사격을 가했다. 9월 21일, 영국 BBC는 초등학생들까지 옷과 식료품, 주방용품을 들고 도망치는 모습이 목격되었다고 보도했다. 수많은 상점과 창고가 전소되었다. 약탈자들은 떼를 지어 다니며 경고 사격을 한 경찰들에게 돌 세례로 응수했다.

2009년 5월, 반중국인 폭동이 파푸아뉴기니를 다시 한 번 뒤흔들었다. 폭동은 중국인 소유주들이 이미지 제고를 위해 홍보 활동을 시작한 라무 니켈 광산에서 시작되었다. 파푸아뉴기니인들과 중국인 근로자들 사이에 싸움이 일어났다. 중국인 3명이 아수라장에서 부상을 입었고 파푸아뉴기니인 70명이 폭행 혐의로 입건되었다. 며칠 뒤에는 포트모르즈비 시민들이 '아시아인 이민자 수'를 제한하라고 정부에 요구하며 시위를 벌였다. 이들이 말하는 아시아인은 주로 중국인을 가리킨다. 2009년 5월 23일, 로언 칼릭은 〈오스트레일리언〉에 중국인이 운영하는 상점이 약탈을 당해 쑥대밭이 되었다고 보도했다. "'터커 박스'라 불리는 패스트푸드 매장들과 아시아인들이 운영하는 영세 업체들이 포트모르즈비를 비롯해 시위가 번져가는 다른 도시들에서 속속 문을 닫고 있다. 이런 소매업들은 원래 파푸아뉴기니 사람들이 가게를 처음 시작할 때 주로 하던 사업이다. 그런데 최근 몇 년간 아시아인들이 훨씬 값이 싼 물건으로 상권을 장악했다."

로언 칼릭은 처음에는 폭동이 파푸아뉴기니의 2대 도시인 라에로 번지더니 나중에는 마당과 카이난투, 고로카, 워바그, 마운트하겐 등 고지대로 퍼져나갔다고 보도했다. "도시에 있는 상점들이 이틀간 문을 닫자 기본 식료품 값이 급등했다. 폭동이 벌어지는 동안 최소한 약탈자 3명이 총에 맞아 사망했고 1명은 사람들에게 밟혀 죽었다."

구(舊) 이민자들과 신(新) 이민자들 사이의 반목

중국에서 몰려든 신출내기들에게 반발하는 이들은 파푸아뉴기니 원주민들만이 아니다. 파푸아뉴기니에는 원래 태평양 도서국에서 가장 오래된 화교 사회가 일찌감치 자리 잡고 있었다. 19세기 후반, 뉴기니 섬은 서부 지역 반을 지배하던 네덜란드인과 북동 지역 4분의 1을 식민지로 만든 독일인이 나눠 가지고 있었다. 그리고 오스트레일리아에서 온 영국인들이 파푸아라 불리는 남동부를 지배했다. 유럽에서 지도를 펼쳐놓고 자기들 마음대로 직선을 그어 식민지를 나눈 것으로 자연 지형과는 아무 상관없는 인위적인 구분이었다.

영국과 네덜란드는 중국인 이민을 그리 장려하지 않았다. 그러나 독일은 매년 중국인 근로자 수백 명을 중국 남부 광둥 성에서 데려왔다. 이들은 담배와 코코넛 농장에서 일하거나 독일인 관료 및 기업가들의 집에서 요리와 허드렛일을 했다. 일부 중국인은 나중에 상인과 목수, 재단사가 되었다. 모두 식민지 경제에 필요한 직업이었다. 1914년 유럽에서 1차 세계대전이 발발하자 영국과 오스트레일리아 군대가 독일 식민지를 점령했다. 이때 중국인 일부가 본국으로 송환되었고 남아 있는 사람들에게는 제한 조치가 취해졌다. 그러나 많은 이들이 중국으로 돌아가지 않았고 일부는 지금처럼 통합된 파푸아뉴기니의 다른 지역으로 이주했다. 1940년대 후반, 2차 세계대전이 끝나자 많은 중국인이 늘어나는 도시 인구의 수요를 채우는 중간 상인으로서 중요한 역할을 했다. 그리고 영국이 영토를 오스트레일리아에 이양하자 파푸아뉴기니는 독립 국가로서의 모습이 점점 강해졌다.

1975년에 독립하기 전까지 파푸아뉴기니에는 약 3천 명의 중국인과 중국 혼혈이 살았다. 그러나 많은 중국인이 파푸아뉴기니인이 다스리는 나라에서 자신들의 미래를 걱정했다. 설사 파푸아뉴기니 시민권을 획득한다 해도 안전한 미래를 장담할 수 없었다. 이 때문에 중국인 대부분이 오스트레일리아로 이민을 갔고, 1990년대에 라스콜스가 폭력 사태를 야기하자 더 많은 이들이 파푸아뉴기니를 빠져나갔다. 남아 있는 사람은 천 명 남짓이었다. 그러는 동안 중국 혼혈 줄리어스 챈이 1980~82년, 그리고 1994~97년에 총리를 역임했다. 그러나 파푸아뉴기니 전체 인구 630만 명 중에 중국인은 극소수에 지나지 않았다. 그런데 몇 년 전부터 새로운 중국인 이민자들이 몰려왔다.

새로 이민 온 중국인들과 대대로 파푸아뉴기니에서 살았던 중국인들 사이에는 커다란 간극이 있다. 시드니대학교 크리스틴 잉글리스는 이렇게 말한다. "예전부터 파푸아뉴기니에 살던 중국인과 이제 막 이민 온 중국인들을 구분하는 것은 출생지와 정착 기간만이 아니다. 파푸아뉴기니에서 태어나 광둥어를 구사하는 중국인들은 오스트레일리아인 및 다른 유럽인들과 접촉하며 많은 영향을 받은 탓에 이제 막 이민 온 중국인들과 문화적으로나 사회적으로도 확연히 구분된다. 새로 이민을 온 중국인들은 광둥어를 구사하는 사람도 별로 없고 중국 전통문화에 길들어 있다. 게다가 파푸아뉴기니에서 오래 산 중국인들은 공산주의 체제의 중화인민공화국보다는 중화민국, 즉 대만에 더 친밀감을 느낀다."

이런 차이는 태평양에서 훨씬 복잡한 문제에서도 그대로 나타난다. 이를테면 중국과 대만의 경쟁을 바라보는 시각에서 둘의 차이가 확연히 드러난다. 대만을 중국의 합법적인 정부로 간주하는 나라는 전 세계에서 20여 개가 채 안 되는데, 그중 6개 국가가 태평양의 작은 섬나라 키리바시, 나우루, 마셜, 팔라우, 투발루, 솔로몬제도다. 나머지는 아프리카와 라틴아메리카에 있는 몇몇 국가와 카리브해에 있는 섬나라들이다. 중국에 속한 영토가 아니라 어엿한 독립 국가라는 사실을 입증해야 하는 대만으로서는 이렇게 몇 안 되는 국가에게라도 합법 정부로 인정받는다는 사실이 매우 중요하다.

그러므로 중화민국에 대한 공식적인 지지를 얻으려는 대만 정부의 노력은 항상 넉넉한 지원과 함께 이뤄졌다. 가난한 태평양 도서국에 필요한 물품을 후원하는 방식이다. 중국 역시 대만의 존재를 부인하기 위해 비슷한 전략을 채택했다. 중국은 태평양에서 가장 크고 자원이 가장 풍부한 파푸아뉴기니를 지원하고 있는데, 지원 규모가 오스트레일리아에 이어 두 번째로 크다. 중국 정부는 또한 바누아투, 사모아, 쿡제도에 정부청사를 짓고, 피지, 사모아, 키리바시, 미크로네시아에 스포츠 경기장을 새로 짓는 데 자금을 지원했다. 지금 중국은 이 지역에 다른 어떤 나라보다 많은 외교관을 두고 있다. 또한 피지, 통가, 바누아투, 파푸아뉴기니 등 태평양 국가들이 군대를 양성할 수 있도록 군사적 지원도 아끼지 않는다. 이들 국가의 장성들은 베이징에 있는 중국 국방연구소에서 연수를 받는다. 2005년에는 중국과 파푸아뉴기니가 대사관부 육군 무관을 교환하기로 합의했다. 중국은 설비, 컴퓨터 시스템, 텐트, 군복, 체육관, 기타 보급품, 무술 사범, 통역까지 지원하고 있다.

좀 더 규모가 큰 계획도 진행 중이다. 9·11 사건 후 미국 정부가 아프가니스탄과 이라크에 모든 관심을 집중시킨 틈을 타 중국은 오랫동안 미국의 홈그라운드로 간주되던 이 지역에서 영향력을 키우기 시작했다. 일부 분석가들은 태평양이 새로운 냉전의 격전지가 되고 있다고까지 말한다. 미국과 중국이 이곳에서 자기편을 하나라도 더 확보하고 경제적, 전략적 이점을 얻기 위해 경쟁할 거라는 말이다. 거대한 태평양은 경제적으로 아주 중요한 지역이다. 세계에서 가장 풍부한 어장 일부가 태평양에 속해 있기 때문이다. 태평양을 지배하는 국가는 아시아 대륙과 아메리카 대륙 사이에 있는 필수 항로를 지배하게 되어 있다. 역시 세계에서 가장 붐비는 항로 일부가 이곳에 속해 있다.

태평양에 대한 중국의 폭넓은 관심사

미국은 19세기 중반 국경이 태평양에 이르면서 이 지역에 관심을 쏟기 시작했다. 캘리포니아를 멕시코로부터 할양받고 1867년에는 제정러시아로부터 알래스카를 매입하는가 하면, 현재 캐나다인 영국령 북아메리카와 라틴아메리카를 제외한 아메리카 대륙 대부분에 대한 지배를 공고히 했다. 그러나 미국의 확장은 태평양 연안에서 멈추지 않았다. 1893년, 미국과 유럽 사업가들은 하와이제도에서 왕을 타도했다. 하와이는 그로부터 5년 뒤 미국에 합병되었고 1900년에 공식적으로 미국 영토가 되었다. 이어 1959년에는 미국의 50번째 주(州)가 되었다.

1898년에 터진 스페인-미국전쟁은 미국이 아시아 대륙에 더 가까이 가게 해주었다. 스페인은 필리핀과 괌을 미국에 이양할 수밖에 없었다. 이로써 미국은 아시아의 식민국이 되었다. 그 후 태평양에서 미국의 패권에 도전한 나라는 1930~40년대의 일본뿐이었다. 그런데 최근 중국이 미국에 도전장을 내밀고 있다.

캔버라에 있는 오스트레일리아국립대학교 부교수 벤저민 라일리는 중국이 미국을 밀어내고 태평양에서 주도적 역할을 하기 위해 장기 계획을 수립하고 세력을 확장하고 있다고 믿는다. 그래도 오세아니아만큼은 비교적 유순한 미국의 우방국으로 남지 않을까? 사실 이제는 이것마저도 당연한 사실로 받아들이기 어려운 상황이다. 허약하기 짝이 없는 태평양 도서국은 천연자원을 노리는 중국의 전략적 접근에 매우 취약하다고 벤저민 라일리는 지적한다.

대만이 태평양에 관심을 보이는 이유는 한두 가지로 압축할 수 있을 만큼 분명하다. 외교적으로 인정받는 것과 경제적 이득 말고 다른 데에는 별로 관심이 없다. 중서부 태평양 유역에서 고기를 잡는 대형 어선 중에는 대만 어선이 꽤 있다.

이와 달리 중국은 태평양에 아주 폭넓은 관심사를 가지고 있다고 모한 말릭은 지적한다. 인도 출신의 중국 분석가로 호놀룰루 아시아·태평양 안보연구소에서 일하는 그의 말을 들어보자. "단기적으로 중국은 국제사회에서 대만을 고립시키고 싶어 한다. 그러나 중장기적으로 중국의 목표는 태평양의 후견인 겸 보호자를 자처하는 미국에 도전하는 것이다. 미국을 밀어낸 뒤 그 자리를 차지하는 것이 중국의 궁극적인 목표다."

다른 분석가들은 태평양에서 미국의 역할을 후원자보다는 식민국으로 묘사한다. 그러나 미국에 있는 대부분의 시사평론가들은 모한 말릭의 견해를 따른다. 모한 말릭은 또한 중국이 태평양 지역의 주요 공여국(供與國) 겸 경제 동맹국으로 부상하고 싶어 한다고 분석한다. 그렇게 되면 태평양에서 미국의 영향력은 약화될 것이고 오세아니아와 미국 정부의 특별한 관계도 약화되고 말 것이다. 모한 말릭은 중국인 관광객과 이민자 수가 증가한 것도 오세아니아에 대한 중국의 경제 침투 전략이라고 주장한다. 최근 몇 년 사이에 중국인 수천 명이 파푸아뉴기니뿐 아니라 태평양 전역에 정착했다. 대개는 식료품점과 음식점, 기타 영세 사업체를 운영하고 있다. 세계적인 맥락에서 보면 미미한 숫자일지 모른다. 하지만 아직은 중국인 수가 적은 파푸아뉴기니는 예외로 치더라도 여타 태평양 국가들로 흘러드는 중국인 이민자들은 결국 기존의 민족적, 경제적 패턴을 뒤집어엎고 말 것이다.

넓은 대양을 항해할 수 있는 해군을 양성하려는 야심 때문에라도 중국은 태평양에 더욱더 관심을 기울일 것이다. 최근의 이런 변화에도 불구하고 현재 태평양 지역은 중국의 안보 목록에서 최우선 순위는 아니다. 중국에게 가장 중요한 지역은 여전히 대만과 남중국해에 있는 난사군도(南沙群島)다. 그러나 중국은 역사적으로 일본과 다른 국가들이 태평양 제국을 건설하기 위해 태평양 도서국을 어떻게 활용했는지 똑똑히 지켜보았다. 19세기에 태평양 지역은 사실상 영국과 프랑스, 독일이 나눠 가졌다. 그 후 미국이 하와이를 점령하고 스페인으로부터 괌과 필리핀을 양도받고 나서 1년 뒤에는 미국과 독일이 사모아 섬을 나누었다.

1차 세계대전 후 일본은 독일 식민지 마셜제도, 북마리아나제도, 팔라우, 캐롤라인제도, 땅덩어리는 작지만 방대한 영해가 딸린 지금의 미크로네시아를 점령함으로써 태평양으로 영토를 확장했다. 그리고 이는 결국 미국과의 전쟁으로 이어졌다. 알다시피 1941년 12월 7일, 일본군이 하와이의 진주만을 공격함으로써 두 나라 사이에 불꽃이 튀었다. 중국이 전쟁을 감수하면서까지 세력을 확장할 거라는 증거는 어디에도 없지만, 태평양 지역에서 중국의 경제적, 정치적, 전략적 이해관계는 장기적으로 미국의 이해관계와 충돌할 게 뻔하다. 미국이 현재 중국의 활동에 일일이 대응하지 않는 것은 중동 지역에서 벌어진 난국에 정신이 팔려 있어서만은 아니다. 사실 미국으로서는 태평양 지역과 북한 문제에서 중국의 지원이 절실하다. 부인할 수 없는 사실이다. 심지어 미국은 태평양에서 외교관들을 철수시키고 이 지역에서 자국의 영향력을 약화시키고 있다. 덕분에 지금 중국이 십분 활용하고 있는 진공상태가 만들어졌다.

국가나 국민에 대한 개념이 별로 없는 탓에 멜라네시아는 언제나 외부 침략에 취약했다. 파푸아뉴기니에서 사용되는 언어만 8백 개가 넘고, 그보다 훨씬 작은 바누아투에 사는 주민 19만 2천 명은 114개의 각기 다른 언어를 사용한다. 유럽인들이 17세기와 18세기에 서태평양에 처음 도착했을 때 그들은 서태평양에 있는 섬을 새로운 땅이라 여겼다. 뉴기니라는 지명은 1545년에 스페인 탐험가 오르티스 레테스가 지은 이름이다. 그는 오늘날의 인도네시아에 해당하는 몰루카제도에서 멕시코로 돌아가는 길에 이 지역을 발견했다. 오르티스 레테스는 그곳 사람들을 보고 아프리카 기니 해안에 사는 사람들을 떠올렸고, 그래서 이름을 뉴기니라 지었다.

식민지 건설 과정은 대부분 아주 잔혹했다. 19세기 중후반에 도착한 선교사들은 토착 문화를 이교 문화라 정죄하고 토착민들을 함부로 대했다. 유럽인 선원들이 섬에 들어오자 홍역과 임질, 매독, 천연두도 함께 들어왔다. 부도덕한 상인들은 원주민들을 납치해서 오스트레일리아 퀸즐랜드에 있는 농장에 팔았다. 흑인 노예 유괴라 불리는 이런 관행은 19세기 내내 이어졌고, 덕분에 이 '신' 세계에 속한 섬에서는 주민 수가 급격히 감소했다.

뉴기니나 누벨칼리도니보다 더 어울리지 않는 이름이 솔로몬제도라는 지명이다. 솔로몬제도는 파푸아뉴기니 동쪽 멜라네시아에 속한 가장 큰 섬나라다. 스페인 탐험가 알바로 데 멘다나 데 네이라는 이 섬에 상륙한 최초의 유럽인이다. 그는 1567년에 배 두 척에 선원, 군인, 성직자, 노예 150여 명을 싣고 전설의 솔로몬 섬을 찾아 페루에서 출발했다. 솔로몬 섬은 성경에 나오는 솔로몬 왕이 보물을 숨겨두었다는 전설이 전해 내려오는 섬이었다. 남아메리카의 잉카족이 방문했었다는 이야기도 있었다. 솔로몬 왕이 태평양 건너 머나먼 땅에 보물을 숨긴 이유와 방법에 대해서는 이렇다 할 설명이 없었다. 하지만 그 당시에는 그런 보물섬이 남아메리카 서쪽 어딘가에 있다고들 믿었다.

보물섬을 찾아다니던 데 멘다나는 결국 금붙이 하나도 찾지 못했다. 그 대신 그는 자기가 발견한 섬에 산타이사벨, 과달카날, 말레이타, 산크리스토발이라는 이름을 붙였다. 그곳에 사는 원주민과는 아무 상관없는 이름이었다. 스페인식 이름이 붙은 이 섬들, 솔로몬제도라는 총칭으로 유명한 이 섬들은 1893년에 영국의 보호국으로 선포되었다가 1978년에 독립했다. 그러나 아직도 솔로몬제도와 파푸아뉴기니의 국가원수는 영국 여왕이다.

이해관계의 격전지가 된 솔로몬제도

파푸아뉴기니에서 사흘간 괴로운 나날을 보낸 뒤 나는 솔로몬제도로 날아갔다. 자그마한 수도 호니아라는 포트모르즈비보다 훨씬 편안했다. 호니아라는 멘다나 가(街)를 따라 몇 킬로미터에 걸쳐 있다. 멘다나 가는 호니아라의 유일한 주요 도로로 이 섬에 방문한 최초의 유럽인의 이름을 딴 길이다. 호니아라에서 내가 묵은 호텔 역시 스페인 탐험가의 이름을 따서 키타노 멘다나라 불렀다. 해안가 오른쪽에 있어서 시원한 바닷바람을 만끽할 수 있었다. 카페가 몇 군데 있고 가게가 더러 보이고 차이나타운도 한 군데 있긴 했지만, 호텔을 제외한 다른 지역은 상당히 허름해 보였다. 그리고 솔로몬제도 정부는 중국이 아니라 대만을 합법 정부로 인정한다.

뉴질랜드 교수 안나 포울스의 안내를 받아 호니아라 차이나타운을 둘러보았다. 안나 포울스의 할아버지 가이 포울스는 사모아가 1962년에 독립하기 전 사모아의 뉴질랜드 총독을 지낸 인물이다. 2차 세계대전 기간에는 솔로몬제도에 있는 과달카날 섬과 누벨칼리도니에서 뉴질랜드의 남태평양 포병연대를 지휘하며 일본군과 서구 연합군이 격전을 벌이는 것을 지켜보기도 했다. 전쟁을 치른 옛 전투지는 이제 관광객을 끌어들이는 명소가 되었다. 솔로몬제도를 찾은 관광객이라면 으레 이곳에 들른다. 내가 솔로몬제도에 머무는 동안에는 관광객이 별로 많지 않았다.

우리는 멘다나 가를 따라 걸어 내려가다가 식민지 시대에 가정집 겸 가게로 지은 볼썽사나운 건물들을 지나 마타니코 강에 놓인

다리를 건넜다. 얼마 안 가서 차이나타운이 나왔다. 중국인이 운영하는 잡화점들이 쭉 늘어서서 갖가지 식품과 비누, 옷, 솥, 냄비, 즉석 면류, 포테이토칩, 소금에 절인 소고기, 음료, 맥주, 공구, 아이들 장난감 등 소비재를 팔고 있었다. 판매원은 대부분 현지인이고, 중국인 주인들은 해변에서 흔히 볼 수 있는 높은 의자에 앉아서 가게를 내려다보며 손님들에게 돈을 받았다. 그 모습을 보고 있자니 조금 불편했다. 중국인 주인들에게 조금만 배려하는 마음이 있다면 저 높은 곳에서 내려와 같은 눈높이에서 가게를 지킬 텐데 하는 생각이 들어서였다. 살결이 흰 중국인 대 살결이 검은 멜라네시아인! 인종적 차이는 아주 명확했다.

물론 그들이 그렇게 조심하고 또 조심하는 이유가 있을 것이다. 솔로몬제도는 인구가 50만 명에 불과하지만, 분열이 심하고 사회 분위기는 난폭하기 그지없다. 1990년대 후반, 각기 다른 섬에서 온 사람들 사이에 인종 갈등이 폭력 사태로 번졌다. 수도 호니아라는 솔로몬제도에서 가장 부유한 과달카날 섬에 자리 잡고 있다. 독립 이후 과달카날 섬에는 훨씬 더 가난한 말레이타 섬 사람들이 이민을 오기 시작했다. 그러나 과달카날 섬에 사는 부족들은 이를 못마땅해 했다. 1999년, 과달카날 혁명군이라 불리는 지역 민병대가 말레이타 섬에서 온 정착민들을 공포에 떨게 했다. 이에 말레이타인들은 말레이타 독수리부대를 결성하여 대응했다. 둘 다 마체테, 도끼, 총으로 무장하고 똑같이 인정사정없었다.

수백 명이 전투 중에 사망했다. 폭력 사태는 2000년 10월에 오스트레일리아와 뉴질랜드가 두 무장 세력을 중재하고 나서야 비로소 사그라졌다. 파푸아뉴기니처럼 솔로몬제도는 국민의 단결을 거의 또는 전혀 기대할 수 없는 부족 사회다. 두 나라 다 공통어는 피진어다. 인근에 있는 바누아투도 마찬가지다. 피진어는 원주민들을 아이 대하듯 하며 아이들이나 쓰는 언어로 의사소통을 하던 유럽 상인들의 영어를 조악하게 조합한 혼성어를 말한다. 예를 들어 파푸아뉴기니 공중 화장실 밖 표지판에는 '화장실을 바르게 사용합시다'라는 문구가 피진어로 'No kan bagarapim haus pek-pek'이라고 쓰여 있다. 직역하면 '화장실 밖에 쉬하면 안 돼'라는 뜻이다. 황태자는 'Nambawan pikinini blong King mo Kwin(왕과 왕비 아이들 중 최고)'이라고 하고, 그랜드 피아노는 'Bigfela bokis yu kilim emi singout(크고 비슷한 상자 툭툭 노래 나와)'이라고 하고, 바이올린은 'Smal sista blong bigfala bokis i krae(크고 비슷한 상자 여동생, 울어)'이라고 한다. 외지인들에게 피진어는 횡설수설로 들리기 십상이다. 하지만 인종 간의 분열이 심한 사회에 공통어가 존재한다는 사실은 비록 약하고 허술할지라도 국민이라는 의식을 형성하는 데 도움이 된다.

솔로몬제도에서 긴장과 갈등이 완전히 잦아든 것은 절대로 아니다. 2003년 7월, 오스트레일리아와 태평양제도 군대가 '솔로몬제도의 치안 유지를 위한 지역원조단(Regional Assistance Mission to the Solomon Islands, RAMSI)'의 후원 아래 솔로몬제도에 입성했다. 그때부터 많은 이들은 솔로몬제도를 내부 문제도 제힘으로 해결하지 못하고 법과 질서 유지를 외국 군대에 전적으로 의존하는 파탄 국가라 여겼다. 그러나 솔로몬제도를 비롯한 태평양 도서국에 개입하는 오스트레일리아의 행동을 순수하게 이타적인 행동으로만 볼 수 없다고 말하는 이들도 많다. 오스트레일리아 역시 초대강국이 되려는 야심을 품고 있기 때문이다. 최소한 아시아·태평양 지역에서만큼이라도 패권을 장악하고 싶은 야심이 있다는 것을 부인하지 못할 것이다. 오스트레일리아는 이미 수차례 자국의 경제적, 안보적 이해관계를 위해 동티모르 내정에 간섭한 바 있다. 1976년, 오스트레일리아는 인도네시아가 한 해 전에 침략한 옛 포르투갈 식민지를 합병하는 데 동의했다. 서구 국가 중에서 인도네시아의 합병을 인정한 나라는 오스트레일리아가 유일했다. 당시 오스트레일리아의 주요 관심사는 북부 해안과 티모르 섬 사이, 바다 깊은 곳에 자리한 석유, 가스 매장 층이었다. 따라서 오스트레일리아는 좌파 정부가 동티모르를 접수하지 못하게 막아야 했다. 수년이 지났지만 기존의 이해관계는 여전히 변하지 않았다. 오늘도 오스트레일리아는 태평양에서 자기보다 작고 약한 이웃 섬나라들을 지배하려는 열망에 따라 움직이고 있다.

한편, 솔로몬제도는 양심 없는 벌목 회사들에게 심하게 착취당했다. 주로 말레이시아 회사들이지만 한국과 다른 나라 회사도 여럿 된다. 솔로몬제도의 약 80퍼센트에 해당하는 27,540제곱킬로미터가 열대 우림으로 덮여 있다. 아니, 최근까지는 그랬다. 1990년대 초부터 목재 산업은 솔로몬제도 경제에서 중요한 부분이었다. 연간 정부 세입의 20퍼센트를 차지했고 수출 세입의 50퍼센트 이상이 목재 산업에서 나왔다. 벌목 산업을 규제하는 법이 제정되었지만, 사회 전체가 부패한 탓에 규제 자체가 별 의미가 없다.

말레이시아 기업들은 솔로몬제도의 숲을 파괴하고 그곳에 사는 사람들에게 사기를 치기 시작했다. 정도가 너무 심해서 말레이시아 정부까지 무언가 잘못되었다는 생각을 할 지경이었다. 1996년, 전례가 없는 조치가 취해졌다. 당시 말레이시아 부총리였고 지금은 야당 연합 대표인 안와르 이브라힘이 말레이시아 기업들을 불러서 환경문제에 세심한 주의를 기울이고 지나친 벌목을 하지 말라고 당부했다. 그러나 누구 하나 귀담아듣는 이가 없었다. 2005년에 솔로몬제도 정부가 의뢰한 조사를 통해 벌목 회사들이 거액을 탈세한 정황이 포착되었고 불법 세금 공제를 받으려고 지역 정치인들에게 일상적으로 뇌물을 주었다는 사실이 밝혀졌다. 엄청난 양의 목재가 지금도 계속해서 솔로몬제도를 빠져나가고 있다.

2007년에는 크리스천케어센터라는 비정부기구가 훨씬 더 비판적인 보고서를 발간했다. 마을 아이들이 겪은 끔찍한 성적 학대에 말레이시아 벌목꾼들이 연루된 것으로 드러났다. 아이들은 강간당하고, 돈에 팔려 결혼하고, 포르노그래피를 찍는 데 이용당했다. 보고서에는 다음과 같은 내용이 담겨 있다. "11세에서 19세 사이 아이들이 있었으며 그 중 대다수가 13세에서 15세 사이였다. […] 가해자는 대부분 외국에서 온 벌목꾼이었다. […] 방문한 모든 마을에서 아동 성매매가 보고되었다." 이 보고서는 또한 돈이나 술을 미끼로 어린 소년들을 시켜 소녀들의 성매매를 주선하게 하거나 메시지를 전달하게 했다고 밝혔다. 사람들은 솔로몬제도 국영항공사의 이름을 따서 어린 심부름꾼들을 '솔에어(solair)'라 불렀다.

말레이시아에서 온 벌목꾼은 대부분 중국계 혈통이다. 이 때문에 솔로몬제도에는 자연스럽게 반중국인 정서가 생겨났다. 이는 곧 모든 중국인을 착취자로 취급한다는 뜻이다. 지역 주민들에게는 그가 평범한 가게 주인이냐 정말로 아이들을 강간한 흉악범이냐는 중요하지 않다. 호니아라에 사는 5만 명 중 2만 명이 중국계 주민이다. 이들은 대부분 몇 대에 걸쳐 평화롭게 호니아라에서 살았다. 어떤 이들은 20세기 초반에 뉴기니에서 살다가 솔로몬제도로 이민왔고, 또 어떤 이들은 중국과 오스트레일리아에서 바로 건너왔다. 식민지 시대에 이들은 영국인 관료와 농장 주인 밑에서 일꾼으로, 요리사로, 세탁업자로 일했다. 열심히 일한 덕분에 몇 년 후에는 어렵사리 작은 가게를 마련하거나 사업을 시작할 수 있었다. 지금은 바로 이들이 호니아라에서 도매업과 소매업을 장악하고 있다. 그리고 1990년대부터 중국 대륙에서 새로운 정착민이 속속 도착했다. 솔로몬제도에서 인종 갈등이 폭발할 날도 멀지 않은 듯하다.

중국, 자국민을 보호하려 전세기를 띄우다

결국 2006년 4월, 내가 솔로몬제도를 방문한 지 1년 만에 말레이시아와 중국 본토에서 새로 온 중국인들은 물론이고 예전부터 이곳에서 살았던 중국계 인물들을 포함하여 경제적으로 힘이 있는 중국인들에게 오랫동안 품어왔던 분노가 드디어 난폭한 폭동으로 터져 나왔다. 새로 선출된 스나이더 리니 총리가 의원들에게 돈을 주고 표를 매수하기 위해 중국인 사업가에게 뇌물을 받았다는 혐의가 폭동의 도화선이 되었다. 칼과 도끼로 무장한 시위대는 리니가 사임하지 않으면 수도 전체를 쑥대밭으로 만들겠다고 협박했다. 폭동의 주요 목표물 겸 희생자는 당연히 중국인이었다. 호니아라 차이나타운은 잇따른 약탈과 방화로 무너져내렸다. 폭도들은 호니아라 시내와 공항 사이 해안가에 자리 잡은 퍼시픽 카지노도 공격했다. 중국인들이 돈을 세탁하는 곳으로 유명한 곳이었다. 여기에서 중국인은 중국이 아니라 대만 사람이었다.

그러나 피해자들은 중국 본토에서 온 중국인이 대부분이었다. 대만은 호니아라에 대사관이 있었기에 대만 사람들은 대사관으로 피하면 되었다. 할 수 없이 중국인들은 포트모르즈비에 있는 중국 사절단에게 도움을 청했다. 중국 정부는 자국민 수백 명과 홍콩 시민 21명을 대피시키기 위해 전세기 4대를 보냈다. 이들은 전세기를 타고 포트모르즈비로 갔다가 다시 중국 광저우로 이동했다.

오스트레일리아와 뉴질랜드, 피지는 솔로몬제도가 다시 평화를 되찾도록 돕기 위해 보충부대를 파견했다. 그리고 솔로몬제도에서 영국 여왕을 대신하는 너대니얼 와에나 총독이 화교 사회에 정식으로 사과했다. 총독은 또한 솔로몬제도를 떠난 중국인들에게 아직 이 섬을 고향이라고 생각한다면 돌아와 달라고 호소했다. 스나이더 리니는 결국 사임할 수밖에 없었다.

대만 사람들은 자신들이 솔로몬제도의 내정에 간섭한 일이 전혀 없다고 주장했지만, 중국뿐 아니라 대만의 '금전 외교'가 솔로몬제도는 물론이고 태평양 전체를 속속들이 부패시켰다는 사실만은 부인하지 못했다. 대만은 솔로몬제도 정부에 자금을 대는 주요 공여국이다. 농촌 개발계획과 장학금, 사회기반시설 개발에 수백만 달러를 원조했다. 대만 정부는 또한 호니아라에 병원과 농업연구소를 짓는 데 자금을 지원했으며 대만 사람들을 직원으로 파견했다. 2007년에는 솔로몬제도 경찰 20명이 타이베이에서 연수를 받았다. 대만은 솔로몬제도 안보 문제에도 깊이 관여하고 있다. 아마도 중국 본토에서 새로 온 이민자들을 감시하기 위해서일 것이다.

지금은 파괴된 퍼시픽 카지노를 들여다보면 더 지저분한 구석도 보인다. 퍼시픽 카지노는 돈 많은 중국인 사업가 로버트 고가 운영하던 곳이다. 그는 스나이더 리니의 전임자이자 부정부패로 얼룩졌던 앨런 케마케자 총리 시절에 고문으로 활동한 경력이 있는 인물이다. 앨런 케마케자 역시 중국계 사업가와 긴밀한 관계를 유지했다. 그들 중에는 케마케자 행정부에서 외무부 장관을 지낸 로리 챈의 부친 토머스 챈도 있다. 토머스 챈은 차이나타운에 있는 호니아라 호텔을 소유하고 있었다. 스나이더 리니와 추종자들이 선거 캠프를 차렸던 곳이다. 토머스 챈은 독립의원연합이라는 영향력 있는 의원 모임의 대표이기도 했다. 스나이더 리니도 이 모임의 회원이었다.

공식적으로 중국보다 대만과 돈독한 관계를 맺고 있긴 하지만, 솔로몬제도 주민들은 두 개의 중국이 무슨 차이가 있는지 잘 알지 못한다. 그들에게는 중국인이든 대만인이든 말레이시아에서 온 벌목꾼이든 자기 나라 경제를 장악하고 내정에 간섭하는 '외부인'이라는 점에서 모두 한통속일 뿐이다. 솔로몬제도에서 아시아인들의 평판은 땅에 떨어졌다. 해결책은 없는 것일까? 2006년 4월에 폭동이 일어나고 얼마 안 되어 솔로몬제도 노동당 당수 조제스 투하누쿠는 오스트레일리아 일간지 〈오스트레일리안〉에 2006년의 인종 위기는 1999~2000년에 있었던 과달카날 혁명군과 말레이타 독수리부대의 충돌보다 훨씬 더 심각했다고 말했다. "국민들은 본인들이 나라를 잃었다고 생각합니다. 솔로몬제도는 이제 더 이상 솔로몬제도 주민들의 것이 아닙니다. 지금 솔로몬제도는 이 나라 경제를 쥐락펴락하는 중국인들의 손아귀에 있습니다. 그리고 이제 그들은 이 나라 정치까지 손을 대려고 합니다."

솔로몬제도 주민들 대다수가 자기 나라를 보고 조제스 투하누쿠와 똑같은 생각을 했다. 오랜 공직 생활로 잔뼈가 굵은 조지 마니무도 지역 신문 〈솔로몬 스타〉에 폭동에 관한 글을 썼다. 사설에서 그는 국민들이 그동안 어업, 무역, 벌목 사업을 하는 외국인들, 특히 아시아인들에게 특별 대우를 하는 지도자들에게 분노했다고 지적했다. "상업 지역, 때로는 국영지로 보호해둔 구역까지 아시아 기업가들이 장악했다. 비록 범죄이긴 하지만 폭동 기간에 드러난 국민들의 행동은 더 이상은 억누를 수 없는 불만과 분노가 마침내 터져 나온 것이다." 포트모르즈비와 마찬가지로 이곳에서도 인구의 대다수를 차지하는 젊은이들이 일자리를 찾지 못해 빈곤 속에 허덕이고 있다. 호니아라에 라스톨스는 없지만, 몸이 근질근질한 젊은이들이 떼를 지어 거리를 어슬렁거리는 모습을 흔히 볼 수 있다. 폭동에 불이 붙는 건 순식간이다.

중국과 대만의 경쟁 구도, 그리고 태평양에 몰려드는 중국인 사업가와 이주민들은 언제든 2006년 4월에 호니아라에서 있었던 폭동과 비슷한 사건을 폭발시키는 원인이 될 수 있다. 그러면 중국은 호니아라 폭동 때 했던 전세기 작전보다 훨씬 더 직접적인 행동으로 폭력 사태에 개입할지도 모른다. 피난민들을 본국으로 송환하자마자 중국 국가주석 후진타오와 총리 원자바오는 솔로몬제도에 있는 "중국 국민들의 안전을 위해 필요한 조치를 취하라"고 외무부에 지시했다. 2003년과 2006년에는 오스트레일리아가 이끄는 군대가 법과 질서를 회복했다. 그런데 중국이 이 지역에서 중국 국민과 중국의 이해관계를 보호하고자 군대를 파견하기로 결정한다면 어떻게 될까?

파푸아뉴기니 전 사령관 제리 신기록은 2005년에 이렇게 말했다. "앞으로도 중국은 이곳을 떠나지 않을 겁니다. 멜라네시아의 광물자원과 방대한 산림은 포기하기에는 너무 아까운 것들이니까요. 그 외에 장기적인 전략도 고려하고 있을 겁니다. 하지만 솔로몬제도의 반중국 폭동이나 파푸아뉴기니의 치안 문제 때문에 안보 전략 자체를 재고하기는 쉽지 않을 겁니다."

3장

돈으로 쌓은, 중국의 신(新) 만리장성

성공적으로 자리 잡은 화교 사회

사모아의 수도 아피아를 통과하는 중심가 비치로드에는 건물 두 채가 우뚝 서 있다. 첫 번째는 아피아에서 역사적인 의미를 지닌 시계탑 근처에 있는 낡은 건물이다. 여전히 사람들의 눈길을 끄는 이 건물은 챈 머우 쇼핑센터로서 1934년에 번스필립스 백화점이라는 이름으로 처음 문을 열었다. 비치로드를 건너면 이번에는 중화인민공화국으로부터 수백만 달러짜리 무이자 차관을 들여와 1994년에 현대식으로 지은 7층짜리 정부청사가 눈에 들어온다. 첫 번째 건물이 사모아에서 오래 터를 잡고 산 중국인들의 경제력을 상징한다면, 두 번째 건물은 인구수가 18만 5천 명에 불과한 이곳 폴리네시아 국가에서 점점 세력을 불려가는 중국의 영향력을 상징한다. 사모아는 작은 나라지만, 이곳에서 경제적으로 성공한 화교의 이야기는 1차 세계대전 이전까지 거슬러 올라간다. 그리고 1975년 11월 6일, 사모아는 중국과 외교 관계를 수립했다. 사모아보다 하루 먼저 외교 관계를 수립한 피지에 이어 태평양 도서국 중 중화인민공화국을 합법 정부로 인정한 두 번째 국가다.

1990년대 중반, 죽기 1년 전에 쇼핑센터를 인수했을 때 챈 머우는 사모아에서 첫손에 꼽히는 부자였다. 그러나 그의 인생을 들여다보면 사모아가 식민 제국들의 지배를 받을 때 중국인들이 극심한 인종차별을 당했음을 알 수 있다. 20세기에 접어들 무렵 사모아에 도착한 독일인들은 이 섬을 차지한 최초의 외부인이었다. 독일인들은 중국에서 데려온 인력들을 코코넛 농장 일꾼으로 쓰거나 집안일을 돌보는 하인으로 활용했다. 1903년부터 1913년 사이에 총 6천 명이 넘는 중국인이 사모아로 떠났다. 대부분은 중국 남부에 있는 광둥 성과 푸젠 성 출신이었다. 배를 타고 사모아에 도착하기까지 약 3주가 걸렸다. 3주간 쉬지 않고 항해를 계속했다. 객실 환경은 처참하기 그지없었다. 여러 모로 몹시 힘든 여정이었다. 한 중국인 근로자는 나중에 이렇게 회상했다. "선상 생활은 지루했다. 쓸데없는 공상을 하며 보내는 시간이 많았다. 하다못해 태풍을 만나 배가 흔들리는 일도 없었다. 장난기 많은 돌고래나 고래, 매머드 같은 해양 생물 하나 보이지 않았다. 지나가는 화물선조차 보이지 않았다. 배 안은 사람들로 가득 차서 발 디딜 틈이 없었다. 뜨겁고 답답한 짐칸의 2층 또는 3층 침대에서 잠을 청했다. 환기도 안 되고 조명은 침침한 데다 가끔씩 배멀미로 토하는 사람들 때문에 악취가 진동했다. 안락함은 기대하기 어려웠다."

많은 이들이 사모아로 오는 도중에 죽었다. 비참한 여정을 견디고 살아남은 사람들은 고용주들이 중국에서 일꾼을 모집할 때 내걸었던 계약 조건을 지키지 않는 것을 보고 낙담했다. 사모아는 광둥 성과 푸젠 성에 나붙은 포스터에서 보았던 열대의 낙원이 아니었다. 농장의 근로 환경은 혹독했고, 사모아 역사학자 피투나이 벤히우아나가 지적한 대로 독일 정부가 태형을 허가하면서 상황이 더 악화되었다. 독일 정부는 형벌이 그나마 덜 야만적이도록 태형을 집행할 때는 정부 관료가 지켜보는 앞에서 일주일에 한 번, 한 번에 20대 이상 때리지 못하도록 제한을 두기는 했다.

그러다 1914년 1차 세계대전이 터지자 이번에는 뉴질랜드가 사모아를 차지했다. 대부분의 독일인과 중국인은 각자의 고국으로 송환되었다. 하지만 사모아에 그대로 남은 중국인이 8백 명이 넘었다. 모두 남자였다. 그런데 1921년, 뉴질랜드 정부가 중국인과 사모아인의 결혼을 금지하는 법안을 도입했다. 그럼에도 불구하고 많은 중국인이 사모아 여자와 살림을 차리고 아이를 낳았다. 그러자 1931년에 식민국은 중국인이 사모아인의 집에 들어가는 것 자체를 불법으로 규정했다. 사모아 여자들도 중국인의 집에 들어갈 수 없었다. 사모아인들은 순수 혈통을 보존해야 했고, 정부는 뉴질랜드 정부 관리가 '황색 얼룩'이라 부른 중국인의 혈통이 태평양에 뿌리내리지 못하게 해야 했다.

그러나 사모아에는 여전히 인력이 필요했다. 어쩔 수 없이 뉴질랜드는 1920년부터 1934년 사이에 총 여덟 번에 걸쳐 중국에서 3,116명을 데려왔다. 마지막 배를 타고 사모아에 온 중국인 중에는 광둥 성 장먼 시 타이산 출신도 있었다. 이 지역은 당시 극심한 가난 때문에 이민 행렬이 끊이지 않던 곳이다. 타이산 출신 이민자 대부분은 뉴욕으로 향했지만, 사모아에 온 이들도 꽤 되었다. 이들 역시 일꾼을 모집하는 중개인의 감언이설에 속아 모든 사실을 있는 그대로 밝히지 않은 계약서에 사인했다는 걸 얼마 안 되어 알게 되었다. 낸시 톰은 1986년에 《서사모아의 중국인들(The Chinese in Western Samoa, 1875-1985 : The Dragon Came From Afar)》이라는 연구서에 이렇게 썼다. 중개인들은 "투실투실하게 살이 오른 행복한 중국인 이야기를 날조하곤 했다. 이 이야기에는 눈이 찢어진 동양인 아이를 안고 위풍당당한 코코야자 나무 그늘 아래서 한가롭게 쉬는 갈색 피부의 어여쁜 미인이 덤으로 나왔다."

그러나 실제 상황은 완전히 달랐다. 사모아에 도착한 중국인들은 무자비한 노동 조건뿐 아니라 중국계 범죄 조직의 테러 위협까지 견뎌야 했다. 범죄 조직들은 중국인 근로자들에게 보호비를 갈취하는 한편 돈을 안 내는 사람들은 흠씬 두들겨 패주겠다고 위협했다. 이들은 중국에서 아편도 수입했다. 때로는 당시 중국인들이 많이 살던 하와이를 통해 들여오기도 했다. 사모아에 있는 중국인들은 아편 중독으로 고생했다. 정부가 아편 수입을 불법으로 규정하긴 했지만, 결국 암시장만 키우는 꼴이 되고 말았다. 밀수업자가 다 중국인이었던 것은 아니다. 많은 뉴질랜드인 역시 배로 중국에서 아편을 들여왔다. 여가 시간을 즐길 여유도 거의 없었지만, 혹시나 그런 여유가 생기면 많은 중국인이 범죄 조직의 소굴에서 도박을 하며 시간을 보냈다. 도박으로 많은 중국인이 범죄 조직에게 빚을 지거나 마약중독에 빠졌다.

거의 모든 중국인이 2차 세계대전 후에 송환되었다. 1948년 9월에는 마지막 중국인 송환자들이 배우자와 자녀들을 뒤로 하고 말 그대로 질질 끌려가다시피 배에 올랐다. 사모아인 가족들과 친구들이 항의를 해도 소용없었다. 그러나 개중에는 사모아인 가족과 함께 간신히 섬에 남은 이들도 더러 있었다. 챈 머우도 그중 하나였다. 챈 머우는 1934년에 빈손으로 사모아에 왔다. 태평양 도서국에 관한 한 세계적인 전문가로 꼽히는 론 크로콤베가 이 지역 아시아인에 관한 연구서에 쓴 대로 챈 머우는 "관리인 겸 농장 일꾼으로 사모아 생활을 시작했다. 밤늦게까지 농장에서 일하고 일요일에는 자전거를 타고 돼지고기를 팔았다." 그렇게 고생하면서 차근차근 음식점, 식료품점, 농장, 빵집, 도매업을 할 수 있는 돈을 모았고, 결국에는 사모아에서 제일 큰 쇼핑센터를 세웠다.

1996년 그의 장례식 날 아피아는 그대로 멈춰선 듯했다. 조문객 수가 수천 명에 달했다. 사모아의 국가원수 말리에토아 타누마필리 2세와 토필라우 에티 알레사나 총리, 내각 전체, 야당 당수들까지 참석했다. 가톨릭 신자였던 챈 머우를 위해 추기경 피오 파오피누가 진혼곡을 연주했다. 식민지 시대에 중국인과 사모아인의 성관계를 금지했던 법의 무익함을 증명이라도 하듯 챈 머우는 사모아인 부인과 13명의 자녀, 37명의 손주, 그리고 8명의 증손주를 남겼다.

2005년 5월, 사모아에 도착했을 때 나는 이곳에서 어떠한 인종차별이나 편견도 찾아볼 수 없었다. 중국인과 사모아인을 떼어놓던 법은 오래 전에 폐지되었고 상당히 많은 이들이 혼혈이다. 잡화점과 음식점은 대부분 중국인 혈통을 지닌 사람들이 소유하고 있지만, 반중국인 정서는 찾아볼 수 없다. 덕분에 많은 중국인과 중국인-사모아인 혼혈들이 공무원이 되고 의회 의원으로 선출되었다.

심지어 1997년에는 중국인과 사모아인의 혼혈인 베로나 아 칭이 미스 사모아로 뽑혔다.

중국인에게 반감을 품고 있는 이들도 더러 있긴 하다. 2005년에 야당 정치인 아에우 페니아미나는 중국의 진짜 의중이 무엇인지 모르겠다며 사모아인들에게 어느 분야든 중국인이 경쟁에 뛰어들면 자신들의 사업을 접어야 할 수도 있으니 중국인을 조심하라고 경고했다. 이에 대해 투일라에파 사일레레 말리에레가오이 총리는 이렇게 반격했다. "이는 인종차별적 발언이며, 나는 의회 안에서 어떠한 인종차별도 좌시하지 않을 것입니다." 페니아미나의 발언은 사모아 야당에 자금을 지원하는 것으로 알려진 대만이 중국 본토와 사모아의 긴밀한 관계를 약화시키려는 시도와 관계가 있다는 점에서 주목할 만하다.

이민자들과 원주민들과의 갈등

인종차별은 이따금 인근의 아메리칸사모아에서 수면으로 올라오곤 한다. 사모아 동쪽에 있는 이 작은 섬나라는 합병되지 않은 미국 영토라는 공식 지위를 가지고 있다. 미국에 어류 가공품을 수출하는 참치 통조림 공장 두 곳을 제외하면 일자리도 많지 않다. 이에 많은 주민이 미군에 입대했고, 입대한 숫자에 비하면 균형이 맞지 않을 정도로 많은 이들이 이라크에서 죽어가고 있다. 나는 사모아에서 아메리칸사모아로 건너갔을 때 집 외벽과 커다란 미국 자동차에 달려 있는 노란 리본을 보았다. 리본에는 "우리 부대에 지원해달라"고 쓰여 있었다.

내가 이곳에서 본 사람들은 심각한 비만이었다. 상점에는 소금에 절인 소고기 통조림과 코카콜라 상자, 대용량 마요네즈 통이 가득했다. 아메리칸사모아의 수도 파고파고는 아주 지저분했으며, 덩치가 크고 사나운 잡종견들이 거리를 어슬렁거렸다. 푸른 언덕에 둘러싸인 자연항이 인상적인 이곳은 아름다운 도시가 될 수도 있었다. 하지만 현실은 그렇지 못하다. 참치 통조림 공장에서 흘러나오는 기름과 쓰레기로 오염된 파고파고는 지저분하고 초라하기 이를 데 없다.

뉴질랜드 기자 마이클 필드는 아메리칸사모아를 이 세상에서 행복해질 가망이 전혀 없는 비쩍 마른 부랑아, 비극적인 존재로 묘사했다. 주민들은 정부에서 나눠주는 식권과 기타 지원금으로 삶을 영위하는 것 같다. 그런데 참치 통조림 공장과 수산업체들은 일꾼과 관리자를 채용하기 위해 사모아와 한국을 기웃거려야 할 실정이다. 비교적 최근에 이곳에 온 한국인들과 달리 중국인 혈통을 지닌 사람들은 아메리칸사모아에서 가장 큰 아시아 사회를 형성하고 있다. 그중 많은 이들이 사모아에 친척이 있지만, 미국의 지배 아래 사는 탓에 가까운 이웃 나라 사모아보다 하와이와 더 밀접한 관계를 맺고 있다.

아메리칸사모아에서는 인종차별이 종종 벌어지는데, 이들의 목표물은 이곳에 사는 중국인이 아니라 수산업에 종사하는 2천여 명의 한국인이다. 2003년에 토기올라 툴라포노가 아메리칸사모아 총독으로 취임했을 때였다. 이 지역 기독교 지도자 시아오시 마게오가 이 땅에서 한국인들을 추방해야 한다고 강력히 촉구했다. 그의 발언은 곧 지역 신문과 미국 언론에 대서특필되었다. 사모아인들은 이미 1980년에 모든 식물을 닥치는 대로 집어 삼키는 아프리카 달팽이 문제로 골치를 썩은 바 있다고 시아오시 마게오는 입을 뗐다. "지금 우리는 새로운 위협 앞에 속수무책으로 당하고 있습니다. 바로 한국 달팽이 문제입니다. 이러다가는 어느 날 한국 출신 정치인과 한국인 총독이 나오는 걸 보게 될지도 모릅니다. 우리 국민은 아무 존재감이 없는 처지가 되고 말 겁니다. 사모아인들이여, 이제 그만 잠에서 깨어나십시오! 이곳에 외국인들이 들어와서 우리를 지배하게 하는 건 너무도 수치스럽고 부끄러운 일입니다." 그러나 마이클 필드가 지적한 대로 "그는 자신이 '미국령' 사모아에서 살고 있다는 사실을 간과했다."

이웃 나라 사모아에서 식민지 시대의 인종차별법이 실패한 것에서 알 수 있듯이 평범한 주민들 사이에서는 한 번도 인종차별 문제가 불거진 적이 없다. 작은 땅덩어리에서 사람들은 서로 친밀한 관계를 이루며 어울려 산다. 1930년대에 이미 확인했듯이 민족적 배경이 다르다고 해서 편을 가르는 일은 없다. 1930년대에 사모아에 남았던 독일인 일부가 이곳에 나치당을 설립함으로써 조국에 대한 충성심을 과시하려 한 적이 있다. 비치로드에 자리 잡은 콘코디아 클럽의 모든 방에 아돌프 히틀러의 사진을 걸고, 건물 앞에는 커다란 나치 깃발을 전시했다.

그러나 독일 나치당이 아리아 인종의 순수성을 역설한 것과 달리, 1차 세계대전 전에 이곳에 정착한 사모아 나치당 당수 알프레트 마테스는 통가 출신 여성과 결혼했다. 사모아 나치당 당원으로 활동했던 한 독일인은 아내가 유대인이었고, 농장을 운영하는 한 독일인은 사모아인과 결혼했다. 이들은 혼혈인 자녀들이 사실은 아리아인의 기준에 어긋나지 않는다고 독일에 있는 동지들에게 설명하느라 진땀을 빼야 했다. 독일계 사모아인은 폴리네시아 원주민을 흑색 인종이 아니라 아리아인으로 간주해야 한다고 주장했다. 그러나 베를린에 이런 논리가 통할 리 없었다. 결국 1939년에 알프레트 마테스가 파산하자 사모아 나치당도 해체되었다.

나는 차를 몰고 아피아 시가 있는 우폴루 섬을 둘러보았다. 조금 더 전통적인 사모아인과 폴리네시아인이 살고 있는 사바이 섬보다 크기는 작지만 인구는 훨씬 많았다. 다른 언어를 사용하는 무수한 부족들로 나눠진 멜라네시아인들과 달리 폴리네시아인들은 민족적으로나 언어상으로 비교적 응집력이 있다. 하와이와 뉴질랜드, 이스터 섬이 이루는 삼각형 안에서 비슷한 방언을 사용한다.

우폴루 섬은 사바이 섬보다는 작지만 이 지역에서는 그래도 가장 큰 섬 중 하나다. 산이 많고 태평양에 있는 여러 섬들과 달리 산호섬이 아니다. 태평양에서 가장 산이 많은 섬으로 우폴루 섬 주변 해안을 따라 길이 나 있다. 섬 중심부에는 사람이 거의 살지 않고 열대 우림과 잡목이 뒤덮여 있다. 주민들은 해안 주변에 흩어져 산다. 담이 없고 나무 기둥이 초가지붕을 떠받치는 사모아인의 전통 가옥 '팔레스' 사이에서 무리를 지어 노는 아이들이 보였다. 농사를 짓는 사람은 많지 않고 더러 물고기를 잡거나 작은 농장을 운영하며 근근이 살아간다. 농장에서는 주로 토란, 바나나, 빵나무 열매를 재배한다. 주요 수입원은 해외에서 보내오는 송금이다. 대부분의 가정이 뉴질랜드에 사는 친척들이 보내주는 송금으로 생활한다. 뉴질랜드에는 10만 명이 넘는 사모아인이 살고 있다. 옛 식민국이었던 뉴질랜드는 사모아인 이민 할당 인원을 매년 1천1백 명으로 정했고, 이에 따라 사모아에서는 많은 이들이 매년 서쪽으로 이주하고 있다. 덕분에 뉴질랜드에는 원주민인 마오리인을 제외하면 다른 어떤 폴리네시아인보다 사모아인이 많은 비중을 차지한다. 모두 뉴질랜드에서 돈을 벌어 사모아에 있는 가족을 부양하는 사람들이다.

공무원이나 아피아에 있는 음식점 종업원, 호텔 청소부, 기타 서비스업 외에 고국에 있는 사모아인들 중 정규 직업을 가지고 있는 사람은 거의 없는 것 같다. 한 중국 회사가 아피아 바깥에 많은 인력이 필요한 캐시미어 의류 공장을 세웠는데, 이 회사도 결국 중국에서 직원을 데려와야 했다. 사모아에는 최근에 온 중국인 이민자가 많지 않아서 다른 방법이 없었다. 숫자는 많아봐야 몇백 명을 넘지 않는다. 이들 중에는 사모아 시민권을 기다리고 있는 이들이 더러 있다. 시민권을 얻어야 계속 뉴질랜드에 드나들 수 있고 뉴질랜드에서 정착할 수 있기 때문이다.

사모아는 공화국도 세습 군주국도 아니다. 독립했을 당시에 최고위자 4명 중 2명, 투푸아 타마세세 메아올레와 말리에토아 타누마필리 2세가 공동 국가원수로 임명되었다. 종신직이었다. 그러나 독립 이듬해인 1963년에 투푸아 타마세세 메아올레가 사망했다.

이에 따라 말리에토아 타누마필리 2세가 유일한 국가원수가 되었다. 그는 2007년 6월에 94세의 나이로 사망할 때까지 이 자리를 지켰다. 사실상 말리에토아 타누마필리 2세는 입헌군주였지만, 그의 아들이 직위를 계승하지는 않았다. 대신에 의회에서 투이아투아 투푸아 타마세세 에피를 5년 임기의 국가원수로 선출함으로써 공화국에 가까운 정치체제를 도입했다. 처음에 사모아는 아메리칸사모아와 구분하기 위해 서사모아로 불렸다. 정식 명칭은 사모아독립국이다. 아직까지 독립하지 못하고 미국령으로 남아 있는 이웃 나라보다 강한 국가라는 인상을 풍기는 국호다.

중국이 폴리네시아 국가들의 환심을 사려는 이유

사모아와 중국이 외교 관계를 수립하고 1년이 지나 1976년에 말리에토아 타누마필리 2세는 중국을 국가원수 자격으로 공식 방문했다. 태평양 도서국의 국가원수가 중국에 방문한 건 처음 있는 일이었다. 열렬한 환영과 함께 극진한 대접을 받았다. 중국 정부가 태평양 국가들과의 관계를 얼마나 중요하게 생각하는지를 보여주는 환대였다. 말리에토아 타누마필리 2세는 당시 중국 국무원 총리였던 화궈펑과 만나 이야기를 나누었다. 발표에 따르면 두 사람은 당시 양국의 경제 및 기술 협력에 관한 협정에 서명했다고 한다. 실제로는 사모아에 대한 중국의 원조를 약속한 것으로 사모아가 중국에 주는 것은 아무것도 없었다. 그러나 태평양 한가운데 자리 잡은 사모아는 전략적 요충지로서 큰 의미가 있다.

수도 아피아에 있는 정부청사 외에도 중국은 아피아 외곽에 여성 센터를 건립할 수 있도록 무이자 차관을 제공했다. 2008년 2월, 중국은 호의적인 조건으로 사모아에 또 다른 차관을 제공할 거라고 발표했다. 정부청사와 회의 시설을 증축하는 데 필요한 자금으로 대략 4천4백만 달러였다. 1976년부터 중국은 사모아에 대사관을 두고 활발한 활동을 하고 있다. 태평양 도서국에서 가장 오래된 대사관이다. 아피아 시 남쪽 언덕에 있는 스티븐슨의 대저택 옆에 세워진 복합건물 안에 있다. 중국은 또한 사모아에 텔레비전 방송국을 통째로 지어주기도 했다. 덕분에 이 방송국은 2005년부터 사모아에서 가장 큰 텔레비전 방송국으로 위력을 떨치고 있다. 이리하여 사모아는 남태평양에서 가장 가깝고 충실한 중국의 우방이 되었다.

중국이 태평양 국가들의 환심을 사려고 열을 올리는 이유는 국가 규모와 상관없이 각 국가가 유엔에서 의석을 보유하고 있기 때문이다. 뉴질랜드를 빼면 태평양에는 12개의 독립국이 있고, 이들 모두가 유엔 회원국이다. 제네바의 국제지속개발연구소(IISD)에서 일하는 올리 브라운이 지적한 대로다. "인구수를 다 합쳐도 총 750만 명에 불과한 태평양 독립국들의 국민이 총 35억 명에 이르는 중국과 인도, 일본, 미국의 국민보다 유엔 총회 같은 국제회의에서 더 많은 투표권을 가진다."

그 750만 명 중에서 파푸아뉴기니에 사는 사람이 6백만 명이 넘는다. 그다음으로 가장 인구가 많은 나라는 피지로 총 83만 7천 명의 주민이 산다. 그 뒤를 잇는 나라가 55만 2천 명이 사는 솔로몬 제도다. 중국과 대만 사이의 외교 경쟁이 그렇게 치열한 것도 다 이런 이유 때문이다. 대만은 유엔에서 대만을 외교적으로 인정해주고, 1971년에 중국이 중화민국을 대신해 중국 대표 정부로 인정받으면서 쫓겨난 유엔에 다시 들어갈 수 있도록 제의해줄 지지자들이 필요하다. 이에 중국은 투표권을 가진 모든 나라를 자기편으로 끌어들여 대만이 지지를 받지 못하게 하려고 열을 올리는 것이다. 영토가 26제곱킬로미터인 투발루와 21제곱킬로미터인 나우루는 유엔에서 인구수가 가장 적은 회원국이다. 입헌군주제인 투발루의 인구는 1만 1천 명, 세계에서 가장 작은 공화국인 나우루의 인구는 1만 3천 명이다.

폴리네시아와 미크로네시아

그러나 중국이 폴리네시아와 미크로네시아에 관심을 쏟는 건 대만과의 외교 경쟁 때문만이 아니다. 여기에는 전략적인 이유가 있다. 이들 섬나라에는 멜라네시아에 풍부한 광물자원과 산림이 없다. 땅덩이도 아주 작다. 그러나 이들 섬나라에 속한 해역과 배타적 경제수역은 어마어마하다. 키리바시에서는 주민 10만 명이 726제곱킬로미터의 땅에서 산다. 그러나 키리바시에 속한 환상산호도(環狀珊瑚島) 32개와 높이 솟은 산호섬 1개가 350만 제곱킬로미터가 넘는 지역에 흩어져 있다. 적도 부근 태평양 한가운데에 있는 이 지역은 전략적으로 아주 중요한 곳이다. 통가왕국에는 11만 2천 명이 748제곱킬로미터의 땅에서 산다. 통가의 영해는 70만 제곱킬로미터에 이른다. 쿡제도는 아직 완전히 독립하지는 못하고 뉴질랜드령으로 남아 있지만, 180만 제곱킬로미터에 달하는 영해를 가지고 있다. 영토는 240제곱킬로미터, 주민 수는 1만 5천 명에 불과하다. 이 작은 섬나라들을 자기편으로 끌어들이는 나라는 세계에서 가장 큰 대양이자 아시아 대륙과 아메리카 대륙의 완충제 역할을 하는 태평양을 지배할 수 있다.

태평양에서 가장 아름다운 섬들을 모아놓은 곳이 쿡제도다. 거대한 대양에 떠 있는 작은 진주라 불리는 쿡제도에서 가장 가까운 육지도 수백 킬로미터나 떨어져 있다. 동쪽으로는 프랑스령폴리네시아, 서쪽으로는 사모아가 가장 가깝다. 쿡제도의 중심 섬인 라로통가는 날카롭고 뾰족한 봉우리가 삐죽삐죽 솟아 있는 산악섬으로 가장 높은 봉우리가 해발 653미터다. 라로통가 다음으로 큰 아이투타키 섬은 산호와 화산암으로 만들어진 평평한 환상산호도로서 맑고 투명한 청록색 물을 가득 담은 거대한 석호(潟湖)를 따라 곡선을 이루고 있다. 다른 섬들도 라로통가나 아이투타키와 비슷한 모양을 하고 있지만 크기가 작다. 적도를 기준으로 남쪽으로는 라로통가, 북쪽으로는 하와이가 비슷한 거리에 있어서 기후도 쾌적한 열대기후이다. 기분 좋게 따뜻한 정도지 푹푹 찌게 덥지 않다.

중심지 아바루아는 라로통가 북쪽 해안에 자리 잡고 있는데, 이 마을에도 길이 하나뿐이다. 비록 크기는 작지만 아바루아는 상점과 카페, 미술관이 가득한 생기 넘치는 마을이다. 마을 한쪽에는 맑고 푸른 대양이 펼쳐져 있고 다른 쪽에는 푸르른 봉우리가 장관을 이루고 있다. 휴양지로서는 아주 이상적이지만 눌러앉아 살기에 좋은 곳은 아니다. 현재 쿡제도에 살고 있는 인구의 5배에 해당하는 7만 5천명이 해외로 이민을 갔다. 뉴질랜드로 간 사람이 대부분이고 오스트레일리아로 간 사람도 더러 있다.

쿡제도를 발견한 최초의 유럽인은 솔로몬제도에도 갔었던 스페인 탐험가 알바로 데 멘다나 데 네이라다. 그가 쿡제도를 지나간 건 1595년이지만, 쿡제도가 외국의 지배를 받게 된 것은 19세기에 이르러서다. 1823년에 최초의 기독교 선교사가 도착했다. 그들과 함께 유럽 상인들이 들어왔고, 이들은 사회조직의 기능이 마비될 정도로 무수히 많은 인명을 앗아간 낯선 질병을 몰고 왔다. 1901년까지 모든 섬이 뉴질랜드에 합병되었고 그다음에는 영국의 식민지가 되었다.

기독교 선교사들보다 태평양 도서국 주민들의 삶에 크게 영향을 끼친 세력도 없다. 이 지역에 처음 들어온 기독교인들은 스페인 예수회 사람들이었다. 이들은 17세기에 이곳에 와서 마리아나와 괌에 사는 차모로족을 가톨릭으로 개종시키는 데 성공했다. 유혈 사태 없이 이룬 성과는 아니었다. 처음에 원주민들은 기독교의 맹습에 저항했다. 많은 사제와 전도사들이 죽임을 당했다. 그러자 스페인 군대가 마을에 불을 질렀다. 사람들은 겁을 먹고 항복했고 거의 모든 주민이 가톨릭 교도가 되었다.

1797년에는 런던 선교회에서 타히티에 신교도들을 파송했다. 곧 다른 섬에까지 기독교 신앙이 퍼져 나갔다. 1819년에는 보스턴에 있는 미국 해외 선교국에서 하와이에 선교사를 파송했다. 이로써 폴리네시아에 아주 엄격한 청교도 윤리가 들어왔다. 선교사들은 토속 신앙을 존중하지 않았고 섬 주민들을 계몽해야 할 미개한 야만인으로 보았다. 가슴을 다 내놓고 풀잎으로 만든 치마만 입고 다니는 여자들에게는 꽃무늬가 들어간 헐렁한 드레스를 입게 했다. 긴소매에 옷깃이 목까지 올라왔다. '마더 허버드' 드레스로 알려진 이 옷은 굴곡이 있는 여성의 몸을 가능한 한 많이 가리기 위해 만든 것이다. 허버드라는 이름은 아마도 서양에서 온 여자 선교사의 이름에서 따왔을 것이다. 누벨칼리도니부터 타히티까지 이곳 여성들은 아직도 이런 종류의 옷을 입는다. 어이없게도 요즘 이 지역에서 가슴을 드러내고 다니는 여성들은 해변에서 일광욕을 즐기는 오스트레일리아와 다른 서구에서 온 관광객들이다.

선교사들은 섬 주민들의 느슨한 성적 관습을 보고 또 한 번 아연실색했다. 태평양 섬에서는 그야말로 자유연애가 통용되었다. 젊은이들은 자유롭게 몸을 섞었고 심지어 결혼한 사람들도 혼외정사에 거리낌이 없었다. 인류학자 랠프 린턴은 지금의 프랑스령폴리네시아에 해당하는 마르키즈제도의 생활을 연구한 논문에 이렇게 썼다. "사춘기부터 결혼 전의 젊은이들은 '카이오이'라는 집단을 형성한다. 그리고 이따금씩 가깝게 지내는 다른 카이오이가 사는 마을에 가서 춤을 추며 논다. […] 춤은 항상 성적 결합으로 귀결된다. […] 카이오이에 속한 여자들은 다른 마을에서 놀러 온 남자들과 성관계를 갖기를 고대한다. 여자들은 하룻밤에 자신들이 만족시킬 수 있는 남자의 숫자에 자부심을 갖는다. 근친상간을 금기시하는 것만 빼면, 젊은이들은 성관계에 관한 한 완벽한 자유를 누리고 있다고 해도 과언이 아니다."

성적인 의미도 있지만 원래 이런 춤에는 토착 신들과 신령들에 대한 경배의 의미가 담겨 있었다. 선교사들이 진저리를 쳤던 것도 그 때문이다. 선교사들은 자신들이 이교라 여기는 대부분의 전통을 그만두게 했다. 토속 신앙과 관련된 물건은 불태우거나 땅에 묻었고, 관능적인 춤과 같은 관습도 금지했다. 도발적으로 엉덩이를 흔드는 폴리네시아 춤이 다시 활력을 찾은 건 최근의 일이다. 지금은 관광객들을 즐겁게 하기 위해 춤을 춘다. 이제 사람들은 하와이 하면 거의 동시에 훌라춤을 떠올린다. 전통 음식을 가득 차린 축제와 풀잎으로 만든 치마를 입고 외국 관광객들의 흥을 돋우는 무용수를 보지 않고는 폴리네시아 섬에 다녀왔다고 하기 어려울 정도다. 유일한 차이점이 있다면 요즘 젊은 여성들은 가슴을 내놓고 다니지 않는다는 점이다. 대신에 코코넛으로 만든 브래지어를 착용한다. 물론 과거에 무용수들이 축제에서 으레 하던 공공연한 성교 행위도 기대해서는 안 된다.

점차 교회는 이 지역 사람들의 삶을 지배하는 강력한 기관이 되었다. 일요일에 태평양 섬에서는 모든 삶이 그대로 정지한다. 교회 종이 울리면 사람들은 기도하고 찬송을 드리기 위해 모인다. 그렇다고 선교사들이 이곳에서 모두 부정적인 영향만 끼쳤다고 할 수는 없을 것이다. 선교사들 덕분에 섬 주민들 상당수가 글을 읽고 쓸 줄 알게 되었다. 또한 선교사들은 태평양 섬에 온 백인 남자들 중 음식과 이윤, 여자를 탐하지 않은 유일한 존재였다. 멜라네시아에서 선교사들은 노예 매매를 하는 백인들에게 맞서 싸웠으며 사람 사냥과 인육을 먹는 관습을 없앴다.

그러나 이 섬에 아주 정착하는 유럽인은 많지 않았다. 특히 쿡제도에는 아무도 남지 않았다. 1965년 8월, 쿡제도는 뉴질랜드와 자유 연합 협정을 체결한 자치 정부임을 선언했다. 쿡제도 주민은 모두 뉴질랜드 시민으로서 뉴질랜드에 거주할 수 있는 권한을 지닌다. 많은 주민이 쿡제도를 떠나 뉴질랜드로 향하는 것도 이 때문이다. 쿡제도는 또한 뉴질랜드 통화를 사용한다. 그러나 쿡제도는 자치 정부와 의회를 가지고 있다. 근래에는 반(半)독립국으로서 외교 업무도 직접 해결하고 있다. 그러나 쿡제도는 옛 식민국인 뉴질랜드로부터 수백만 달러의 원조를 받고 있다. 뉴질랜드의 원조가 없으면 학교와 병원, 기타 공공서비스를 제공하지도 못할 형편이다.

그런데 최근 쿡제도가 중국과의 관계를 돈독히 하고 있다. 아바루아에는 최근에 지은 최고층 건물이 두 개 있는데 법원과 경찰서다. 둘 다 중국으로부터 원조를 받아 중국에서 온 근로자들이 직접 지었다. 뉴질랜드 출신의 태평양 연구자로 쿡제도에서 살고 있는 론 크로콤베는 이것이 전형적인 중국의 방식이라고 설명했다. 중국은 늘 수혜국 정부를 위해 권력과 권위를 상징하는 건물을 짓고 수혜국 국민을 위해 스포츠 경기장을 짓는 식으로 태평양 도서국에 손을 내민다.

그런 다음에는 우애를 돈독히 하는 관광이 뒤따른다. 〈쿡 아일랜드 뉴스〉, 〈쿡 아일랜드 타임스〉 같은 그 지역 신문사 기자들과 정부 관료들을 중국에 초청해서 베이징과 다른 도시들을 안내하는 것이다. 관광과 원조는 쿡제도가 1997년 7월에 중화인민공화국과 '하나의 중국' 정책을 인정해준 것에 감사를 표하는 중국만의 방식이었다. 2004년 4월에는 쿡제도에 뉴질랜드 달러로 4백만 달러를 추가로 지원한다고 발표했다. 쿡제도의 전임 총리 로버트 운톤은 당시 베이징에서 이렇게 말했다. "일부에서는 아직도 지원의 대가로 중국이 우리에게 원하는 게 무어냐고 묻습니다. 그러나 중국이 우리에게 원하는 건 대만에 대한 중국의 정당한 소유권을 인정해 달라는 것뿐입니다."

실제로 그것이 유일한 요구 조건일지도 모른다. 하지만 중국이 쿡제도의 방대한 영해에서 어업을 할 수 있도록 자국의 세력권을 확장하고 싶어 하는 것만은 의심할 여지 없는 사실이다. 나아가 중국은 장기적으로는 전략적으로 중요한 태평양의 또 다른 부분을 지배하려는 열망을 품고 있다. 중국은 관광업과 어업을 활성화시키기 위해 쿡제도에 공항과 부두를 지어주었다. 그러나 공황과 부두는 위기 시에 다른 목적으로 사용될 수 있는 기반 시설이다. 2차 세계대전 기간에 미국인들도 쿡제도가 전략적 요충지라는 걸 잘 알았기에 아이투타키에 두 개의 긴 활주로를 건설했다. 1974년까지 이 두 활주로는 라로통가 국제공항에 있는 활주로보다 더 길었다. 1940년대에 아이투타키 비행장은 일본과의 태평양전쟁에서 중요한 역할을 했다. 미군과 뉴질랜드군 모두 이 비행장을 이용했다.

나는 쿡제도와 중국의 관계가 점점 더 가까워지는 상황을 염려하는 사람들을 더러 만날 수 있었다. 쿡제도를 비롯한 폴리네시아 섬은 비교적 높은 생활수준을 누리고 있다. 멜라네시아 섬과 비교하면 훨씬 수준이 높다. 하지만 이들은 아주 작은 나라들이다. 너무 작고 약해서 외세의 압력을 견디거나, 후하게 건네는 금전상의 원조를 거절하지 못한다. 멜라네시아 국가들과 달리 폴리네시아 국가들은 실제로 광물과 다른 천연자원이 없어서 외국의 원조에 크게 의존하고 있다. 외국의 원조 탓에 이들은 결국 경제적으로 독립하지 못한다. 실제로 폴리네시아 국가들은 파푸아뉴기니와 솔로몬 제도보다 경제적인 측면에서 독립성이 떨어진다. 쿡제도 주민들은 중국이 주는 원조를 두 팔 벌려 환영했지만, 법원과 경찰서를 짓는 답시고 중국인 건설 근로자들을 데려오는 문제에 대해서는 크게 우려했다. 다들 같은 의문을 품었다. "왜 현지 근로자를 채용하지 않는 거지?"

2004년 9월 14일, 뉴질랜드 웰링턴 주재 중국 대사관의 장웨이 대변인이 〈쿡 아일랜드 뉴스〉에 이런 글을 기고했다. "중국은 남태평양에서 사사로운 이익을 추구하지 않는다. 내정 불간섭 원칙은 중국과 남태평양 국가들과의 관계에서 가장 기본이다." 그는 또한 중국의 원조에는 "아무런 조건이 없다"고 강조했다. 이 글을 읽고 론 크로콤베는 즉각 반박했다. "모든 국가는 대외 관계에서 자국의 이익을 추구한다. 모든 외교 관계는 내정에 영향을 미치기 마련이고 모든 원조에는 조건이 달려 있기 마련이다. 최근 중국은 자국의 이익을 더 강하게 추구하고, 태평양 도서국의 내정에 더 많이 간섭하고, 다른 어떤 나라보다 더 많은 조건을 달고 있다. […] 중국이 제시하는 주요 조건은 '하나의 중국' 정책을 인정하는 것이다. 그러나 이것은 공개적인 첫 번째 요구일 뿐이다. 이제 쿡제도 주민들은 이미 진행 중인 다음 요구에 보폭을 맞춰야 할 것이다."

거대한 화교 사회, 프랑스령폴리네시아

중국은 세력을 확장하기 위해 프랑스령폴리네시아까지 자애로운 손길을 내밀었다. 프랑스령폴리네시아에는 이미 오래 전에 화교 사회가 뿌리를 내렸다. 남태평양에서 가장 큰 화교 사회로서 북태평양까지 합하면 하와이에 이어 두 번째로 큰 규모다. 8천 명이 넘는 중국인 후손들이 살고 있다. 중국인이 처음 프랑스령폴리네시아의 중심 섬 타히티에 정착한 건 1851년이었다. 그러나 다수의 중국인이 타히티에서 자리를 잡은 건 1907년에서 1914년 사이였다. 황제가 폐위되고 중국이 공화국이 되는 격변의 시기에 중국을 빠져나온 이들은 타히티 농장이나 항구에서 날품을 팔거나 공사장 인부로 일했다.

그러다 프랑스령폴리네시아의 수도 파페에테와 홍콩을 오가는 직항로가 열리면서 중국인들은 더 쉽게 양국을 오갈 수 있었다. 타히티에 도착하는 사람보다 떠나는 사람이 더 적었다. 얼마 안 되어 중국인들이 타히티에서 소매점과 다른 사업체를 운영하기 시작했다. 중국인들은 프랑스령폴리네시아에 속한 투아모투제도, 갬비어제도, 마르키즈제도, 투부아이제도에까지 퍼져나갔다. 개중에는 쿡제도로 건너간 이들도 더러 있었다. 그러나 쿡제도로 간 중국인 숫자는 얼마 안 되었고 거의 대부분이 남자였다. 이들은 현지에서

폴리네시아인 아내를 얻었다. 론 크로콤베는 비록 폴리네시아인으로 완전히 동화되긴 했지만, 오늘날 쿡제도 주민의 4분의 1 정도는 혈통을 거슬러 올라가면 중국인 조상이 한두 명은 있을 거라고 보았다.

프랑스령폴리네시아에 형성된 거대한 화교 사회에는 많은 협회가 있다. 파페에테 시내에는 중국식으로 기와를 올린 건물도 있다. 건물 바깥에는 국민당 깃발이 꽂혀 있고 안에는 중화민국의 창시자 쑨원의 초상화와 지금은 대만에서만 쓰는 공화국 깃발이 걸려 있다. 프랑스령폴리네시아에 사는 중국인들은 중국이 공산당의 손아귀에 넘어갔어도 변절하지 않고 여전히 국민당에 대한 충성심을 품고 있다. 그러나 1980년대 후반, 태평양에서 가장 큰 중국 사원이 파페에테에 건립되자 둘의 경쟁이 수면으로 올라왔다. 중화민국은 조각품과 명판을 기부하는 것은 물론이고 사원을 떠받치는 기둥에 용을 새겨 넣었다. 반면에 중화인민공화국은 돌로 만든 사자상 한 쌍을 기부했다. 중화인민공화국이 프랑스령폴리네시아에 사는 중국인들 사이에서 자국의 입지를 향상시키려고 애쓰는 보기 드문 제스처였다.

사원에는 이 지역에서 순교한 중국인 침수쿵을 기리는 성지도 마련했다. 중국인 순교자가 있었다는 사실은 프랑스가 태평양에 있는 식민지를 냉혹하게 다스렸다는 걸 여실히 보여준다. 미국에서 남북전쟁이 벌어지는 동안 남부연합이 있는 미국 남부에서 영국으로 목화를 실어 나르던 화물선 운행이 거의 중단되었다. 이에 아일랜드 모험가 윌리엄 스튜어드는 1840년대까지 이 섬을 지배했던 프랑스로부터 허가를 받고 타히티에 목화 농장을 세웠다. 그리고 계약을 맺고 중국인 천여 명을 데려왔다. 노동 조건은 비참하기 짝이 없었다. 1865년에 남북전쟁이 끝난 다음부터는 타히티의 목화 수요도 줄어들었다. 미국인들이 다시 유럽에 목화를 수출하기 시작하자 타히티 목화 값은 곤두박질쳤다. 이는 임금 인하로 이어졌고 이 때문에 중국인 근로자들과 윌리엄 스튜어드, 프랑스 정부 사이에 갈등이 생겼다.

1869년, 근로자들 사이에 폭동이 일어나서 한 명이 죽고 여러 명이 다쳤다. 침수쿵은 폭동에 연루된 다른 이들의 목숨을 구하기 위해 주동자를 자처했다. 결국 그는 단두대에 묶인 채 참수를 당했다. 화교들은 그의 시체를 가져다 중국인 묘지에 있는 큰 무덤을 만들어 묻었다. 지금까지도 중국인들은 만성절 연례행사에 그를 기리곤 한다. 그러나 당시 폭동이 벌어졌던 타히티 남부 해안의 아티마오노 목화 농장에는 아무것도 남아 있지 않다. 지금은 거의 모든 땅이 골프장으로 변했다.

시대는 변했다. 원주민인 폴리네시아인과 마찬가지로 프랑스령 폴리네시아에 사는 중국인들은 이제 프랑스 시민으로서 어떤 사업이든 자유롭게 할 수 있고 지역 정치에도 참여할 수 있다. 중국인들을 토착민으로 인정하지 않는 나라들과는 사뭇 다른 대우다. 이 영토가 프랑스령이라는 것은 합법이든 불법이든 이민이 엄격하게 통제되고 시민권을 돈으로 살 수 없다는 뜻이다. 따라서 프랑스령폴리네시아에는 새로운 중국인들이 밀어닥치지 못했다. 대신 오래전에 이곳으로 이민 온 중국인들이 튼튼히 뿌리를 내리고 있다. 프랑스령폴리네시아에서 손꼽히는 부자들 중에는 중국인 후손이 더러 있다. 프랑스령폴리네시아에서 한창 번창하고 있는 흑진주 사업은 중국인 이민 2세대인 로버트 탄이 처음 시작했다. 그는 타히티누이 항공과도 협력 관계를 맺고 있다. 프랑스령폴리네시아에 사는 다른 중국인들도 상점과 선박, 도로 수송, 무역 사업, 음식점, 호텔 등을 소유하고 있다. 종종 이 지역 국민당 당사에서 축하연을 열기도 한다.

프랑스령폴리네시아에서도 프랑스로부터 독립하려는 움직임이 나타나고 있다. 사실 독립운동 지도자 오스카 테마루에게는 세 번의 기회가 있었다. 2004~08년까지 그는 부분적으로나마 자치가 이뤄지고 있는 이 영토의 대통령을 역임했다. 그러나 프랑스의 원조에 지나치게 의존하고 있는 탓에 완전한 독립국가가 되지는 못했다. 오스카 테마루마저 독립은 점진적으로 이뤄져야 한다고 말했을 정도다. 또한 침수쿵을 추모하며 경의를 표하기는 하지만, 오늘날 대다수의 중국인이 충성스럽게 프랑스를 지지한다. 프랑스령폴리네시아가 독립하면 자신들의 처지가 불안정해질 것을 염려하는 것이다.

프랑스는 미국 외에 아직까지 태평양에서 중요한 영향력을 끼치는 유일한 서구 세력이다. 프랑스령폴리네시아 외에도 멜라네시아에 속하는 누벨칼리도니와 폴리네시아에 속하는 월리스푸투나제도 역시 프랑스의 해외 영토다. 영국은 핏케언 섬을 제외하고 태평양에 있던 모든 식민지를 포기했다. 지금 핏케언 섬에는 1798년에 바운티 호에서 모반을 꾀했던 잉글랜드와 아일랜드 선원의 후손들이 아이티 여인들과 내연의 부부로 함께 살고 있으며 그 수는 50여 명 남짓이다. 뉴질랜드는 예전에 지배했던 니우에 섬과 연합 관계를 맺고 있으며, 주민 수가 2천 명이 채 안 되고 작은 산호초 3개로 이뤄진 토켈라우제도와도 동일한 연합 관계를 맺으려고 설득 중이다. 그러나 2006년 2월과 2007년 10월, 유엔이 발의한 국민투표에서 두 번이나 부결되었다. 국민투표에서 부결되긴 했지만 사실 토켈라우제도도 뉴질랜드와 좀 더 단단히 통합되기를 원하는 눈치다. 이곳 정부는 뉴질랜드가 주는 보조금에 거의 전적으로 의존하고 있는 형편이다.

중국과의 끈끈한 군사 관계, 통가

그럼에도 유럽 열강이 태평양에서 쇠퇴하고 있는 것은 사실이다. 반면, 식민지를 건설하려는 의도는 아닐 테지만 지금 중국은 정치, 경제, 외교 모든 부분에서 영향력을 확장하는 중이다. 태평양 도서국에 대한 지배권 싸움은 1998년 통가가 대만과 외교 관계를 끊고 중화인민공화국을 인정함으로써 전환점을 맞았다. 그 전까지만 해도 통가와 대만은 아주 가까운 동맹국이었다. 통가 장관들은 타이베이에서 융성한 대접을 받았다. 열강의 지도자들 못지않은 대우였다. 통가는 170개 섬으로 이뤄진 생기 없고 조용한 후진국이다. 170개 섬 중 36곳에만 사람이 산다. 통가의 중심 섬인 통가타푸는 열대식물이 우거진 산호섬으로 넓은 평지로 이뤄져 있다. 이곳은 고대 문명의 발상지임을 보여주는 오래된 산호석 구조물과 날여우 떼로 유명하다. 산호석 중에는 무게가 40톤까지 나가는 것도 있다.

중국이 어떻게 통가를 자기편으로 끌어들였는지는 확실치 않다. 1998년 11월 1일, 대만 사람들은 중화민국 대사관으로 쓰던 누쿠알로파 해안가 근처 임대 건물을 비워달라는 갑작스러운 이야기를 들었다. 다음날에는 통가왕국과 중화인민공화국이 외교 관계를 수립했다는 발표가 나왔다. 1999년 10월, 중국을 공식 방문한 통가 국왕 타우파아하우 투포우 4세는 원조 약속과 함께 극진한 대접을 받았다. 그 뒤 중국인들이 신속히 통가로 이주했다. 2000년 7월에는 중국인민해방군 부총참모장 우촨수가, 이듬해인 2001년 4월에는 또 다른 부총참모장 웨이푸린이 통가를 방문했다.

한 달 뒤인 2001년 5월에는 중국인민해방군 총참모장 푸촨여우와 통가 군사령관 타우아이카 우타아투가 베이징에서 만났다. 통가는 군대를 보유한 몇 안 되는 태평양 도서국 중 하나다. 중국과 통가가 수교한 이래 양국 군사 관계도 꾸준히 성장했다. 통가와의 관계를 조사한 뉴질랜드 의회 특별위원회에 따르면, 통가군 대위로 복역했다가 지금은 뉴질랜드에 살고 있는 쿨리 타우모에폴라우가 오스트레일리아와 뉴질랜드에 이렇게 경고했다고 한다. “통가와의 군사 관계를 증진하지 않으면 태평양에서 중국의 영향력이 더 커지는 위험을 감수해야 할 것입니다.” 그가 통가군에 있을 때 중국군의 영향력이 통가의 전통적인 동맹국들의 영향력을 대체하기 시작했다고 한다. “중국은 통가를 전략적 거점으로 이용하고 있습니다”라고 쿨리 타우모에폴라우는 말을 이었다. “훈련, 작전, 첩보

부대 대리 지휘관으로 있을 때 나는 중화인민공화국에서 온 지휘관 두 명과 긴밀한 공조 작업을 했습니다. 무술 훈련을 위해 온 장교들이었죠. 다 좋습니다. 하지만 중국이 거기서 멈추지 않을 거라는 건 여러분도 잘 아실 겁니다."

2004년 10월, 통가 국왕 타우파아하우 투포우 4세는 후진타오의 초청을 받아 다시 한 번 중국을 방문했다. 2006년 9월, 88세의 나이로 그는 세상을 떠났고, 왕위를 물려받은 장남 시아오시 투포우 5세가 2008년 4월에 중국을 공식 방문했다. 중국 정부는 작지만 전략적으로 중요한 태평양에 자리 잡은 통가왕국과 우호 관계를 유지하기 위해 노력을 아끼지 않고 있다.

중국이 통가와 친구가 되려는 다른 이유는 없다. 사실 이 커플보다 이상한 커플도 찾기 어렵다. 중국은 공산당이 지배하는 무신론 국가이고, 통가는 왕이 입법부의 70퍼센트를 장악하는 귀족들과 함께 다분히 귀족적인 정부에서 엄청난 정치권력을 행사하는 근본주의 기독교 국가이니 말이다.

다른 폴리네시아 섬들도 기독교 국가이지만 그중에서도 통가는 극단적인 기독교 국가다. 통가는 다른 태평양 도서국과 상당히 다른 역사를 가지고 있다. 1900년부터 1970년까지 영국의 보호 아래 있긴 했지만 식민지였던 적은 없다. 영국은 방위와 외교를 맡고 통가 국왕은 내정을 맡았다. 선교사들이 처음 통가왕국에 도착한 것은 1820년대였다. 영국과 오스트레일리아에서 온 웨슬리교파 선교사들로서 씨족 간의 전쟁을 종식시키는 데 힘을 기울였다. 1879년에는 당시 왕이었던 조지 투포우 1세가 웨슬리교파 선교사 셜리 베이커를 외무부 장관 겸 국무총리로 임명했다. 80대였던 조지 투포우 1세는 자신의 권력이 셜리 베이커의 손에 들어가는 것을 지켜보았다. 그렇긴 해도 셜리 베이커는 왕가의 중요성을 인정하는 인물이었다.

셜리 베이커는 왕이라면 유럽의 군주처럼 왕관을 가지고 있어야 한다고 생각했다. 그래서 오스트레일리아 시드니에서 왕관을 만들어 통가의 국새 및 왕기(王旗)와 함께 조지 투포우 1세에게 바쳤다. 셜리 베이커는 통가의 국가를 정하는가 하면 독립국가로서 통가의 지위를 공고히 하는 법계(法系)를 세우기도 했다.

그러나 다른 유럽인들은 셜리 베이커의 이런 활동을 우스꽝스러운 연극쯤으로 치부했다. 셜리 베이커가 통가자유교회라는 새로운 교회를 짓자 분개하는 통가인도 더러 있었다. 일부 원주민은 계속해서 맨 처음에 생긴 웨슬리교파 교회에 나갔고 이 때문에 섬에 분란이 생겼다. 1887년에 셜리 베이커는 암살 시도를 간신히 모면했다. 하지만 아들과 딸이 부상을 입었다. 통가인 여섯 명이 셜리 베이커를 공격한 죄로 처형되었고 많은 이들이 다른 섬으로 강제 추방되었다. 1890년, 피지 식민장관 존 베이츠 서스턴 경이 통가를 방문했고, 서태평양의 평화와 질서에 해를 끼친다는 이유로 독불장군 같은 셜리 베이커를 뉴질랜드 오클랜드로 추방했다.

셜리 베이커는 1897년에 잠시 통가를 방문했다. 그해 5월, 영국과 통가는 이 섬을 영국의 보호 아래 둔다는 조약에 서명했다. 아마도 셜리 베이커 같은 사람들과 다른 외부 위협으로부터 통가왕국의 주권과 국토를 보호하기 위해서였을 것이다. 셜리 베이커는 모든 권력에서 물러나 평화롭게 여생을 보내다가 1903년 11월에 통가에서 숨을 거뒀다. 하이파이 섬에 있는 그의 무덤은 지금 관광 명소로 사람들을 끌어 모으고 있다. 그리고 그가 남긴 유산은 일상생활과 교회의 지배적인 역할과 군주의 세력 안에 아직도 살아 숨 쉬고 있다.

1970년대 전까지는 통가의 특수한 위치 때문에 선교사들을 제외하고는 통가에 정착하는 외지인이 거의 없었다. 외지에서 온 남성들이 현지 여성과 결합해 혼혈을 낳은 다른 도서국들과 달리 통가인들은 순수한 폴리네시아 혈통을 유지해왔으며, 통가 사회는 놀라울 정도로 전통을 그대로 보존하고 있다. 그러나 일단 독립하자 더 많은 선교사가 통가에 들어왔다. 대다수는 흔히 몰몬교로 알려져 있는 예수 그리스도 후기성도교회 소속으로 통가에서 괄목할 만한 성과를 거뒀다. 몰몬교 성전과 학교, 그리고 깔끔하게 손질된 정원을 갖춘 집을 통가 전역에서 볼 수 있다.

그러나 몰몬교도들과 다른 선교사들은 1980년대에 통가에 들어오기 시작한 중국인 이민자들처럼 전통적인 경제체제를 망가뜨리지는 않았다. 1980년대 전까지 통가왕국에는 중국인이 소유한 식료품점이 하나도 없었다. 그런데 2000년대 초에는 도착한 지 얼마 안 된 중국인 이민자들이 전체 상점의 70퍼센트 이상을 차지하게 되었다. 통가 인구 10만 명 중 중국인 이민자는 3천~4천 명에 불과한데 말이다. 2001년에 통가는 일련의 인종 갈등으로 피해를 입은 중국인 수백 명을 추방하기 시작했다. 그해에 중국인 소유의 상점을 대상으로 통가 원주민이 벌인 폭행, 무장 강도, 절도, 방화 사건이 무려 백 건에 이르렀다.

누쿠알로파 주재 중국 대사관은 자국민이 당한 폭력 사태에 우려를 표했다. 출입국관리국장 수재너 포투는 중국인 상점이 늘어나는 것에 대한 분노와 중국인이 통가 경제를 지배하게 될 거라는 두려움이 확산되어 할 수 없이 추방 조치를 취했노라고 말했다. 통가 원주민들의 주 수입원은 뉴질랜드 등 해외에 사는 친척들이 보내주는 송금이었다. 통가에서 보통 사람들이 취업을 할 기회는 거의 없고, 모든 상점은 근면 성실한 중국인들의 손에 넘어갔다. 현지 주민이 운영하는 가게는 중국인 가게와 경쟁이 안 된다. 일종의 문화 충돌인 셈이다. 통가인 주인들은 대개 느긋하고 태평한 편이고, 이들이 운영하는 가게는 상업 매장이라기보다는 지역 주민들이 담소를 나누는 만남의 장이라 할 수 있다. 반면에 중국인들은 돈을 버는 데 치중한다. 일요일을 제외하고는 밤이고 낮이고 하루 종일 가게 문을 연다. 더욱이 중국인들은 통가 상인들이 파는 뉴질랜드와 오스트레일리아 물건보다 훨씬 싼 중국산 소비재를 들여다 팔 수 있다. 중국 상인들에게 밀려 통가 상인들은 번번이 장사를 그만두어야 했다.

추방 조치로도 폭력 사태는 끝나지 않았다. 2005년 6월에 누쿠알로파를 방문했을 때 만난 한 통가인 여성은 중국인 이민자들이 몰려오자 현지인들이 매우 분노했노라고 말했다. 통가 젊은이들이 중국인이 운영하는 가게를 털고 주인을 두들겨 패는 일이 비일비재하다고도 했다. 날을 잡아 가게를 털기로 여럿이 뜻을 모은 다음 강도 행각을 벌이곤 한다. 중국인이 운전하는 차를 세운 다음 폭행하고 돈을 빼앗기도 한다. 언제나 경찰은 일이 터진 다음에 도착하기 마련이고 강도 현장을 목격했다고 나서는 사람은 아무도 없다.

1년 반이 지난 2006년 11월, 몇 해에 걸쳐 부글부글 끓던 불만이 한계점에 이르렀다. 표면상으로는 민주화 개혁을 요구하는 성난 군중이 중국인이 운영하는 상점을 30곳 넘게 약탈하고 불을 지르는가 하면 자동차를 부수고 뒤집어엎었다. 지역 통신사 〈통가 뉴스〉 리포터는 약탈 행위를 이렇게 묘사했다. "누쿠알로파가 불길에 휩싸였다. 왕립 전력회사 쇼얼라인 본사는 형체도 없이 사라졌고 레이올라 면세점, 퍼시피카로열 호텔, 그리고 중국인이 운영하는 주요 매장에서 연기가 피어오르고 있다. 성난 군중이 화장실용 휴지부터 닭고기 상자까지 모든 물건을 약탈해간 탓에 텅 빈 중국인 상점들은 폐허로 변했다."

오스트레일리아와 뉴질랜드 평화유지군이 도착하고서야 아수라장이 정리되었다. 몇 달 전에 솔로몬제도에서 있었던 일이 똑같이 재현된 셈이다. 통가군과 경찰은 누쿠알로파가 있는 통가타푸 일부 지역에 계엄령을 실시했다. 중국 국영 통신사 신화통신은 누쿠알로파에 있는 중국 대사관이 통가에 있는 모든 중국인의 안전을 확인하기 위해 애쓰고 있다고 보도했다. 솔로몬제도 사태 때처럼 이번에도 오스트레일리아는 군대를 이끌고 와 질서 유지에 힘썼다. 통가를 비롯한 태평양 도서국에서 중국의 영향력이 커지고 있지만, 태평양에서 믿을 수 있는 세력은 오스트레일리아뿐이라는 것을 보여주기 위해서였다.

폭동의 중심에는 일자리를 잃고 잔뜩 화가 난 나이 어린 폭력배들이 있었다. 이들 중 7명이 쇼얼라인에 자신들이 지른 불길에 휩싸여 변을 당했다. 폭동이 진압되자 체포된 인원만 약 천 명에 달했다. 대부분 '통가크립갱'이라는 범죄 조직에 소속되어 있었고 몰몬교 신자였다. 사건이 벌어진 뒤 향후 교육을 위해 젊은이들이 솔트레이크시티로 보내졌지만, 잘 적응하지 못했다. 이들은 결국 몰몬교의 중심지에서 폭력단을 조직하기 시작했다. 범죄를 저질러서 통가로 강제 송환되기 위해서였다. 뉴질랜드에서 돌아온 젊은이들과 힘을 합친 폭력배들은 강한 세력을 형성했다. 2006년에 누쿠알로파를 아수라장으로 만들었던 장본인들이다. 중국인을 멸시하는 통가인이 늘어나면서 중국인은 예전보다 훨씬 많은 공격을 받았다.

통가 정부가 앞으로 비슷한 폭동이 재발하지 않게 예방할 수 있을 것 같지는 않다. 통가 사태는 자국민이 위험에 빠졌을 때 중국 정부가 제때 개입할 준비가 되어 있는지를 시험하는 좋은 시금석이 될 것이다. 방대한 태평양 도서국에 영향력을 유지하려면 꼭 필요한 자질이다.

인도인들이 떠난 자리를 중국인들이 채우다, 피지

중국은 피지에도 상당한 영향력을 끼치고 있다. 중국인들은 지금 피지에서 오래된 아시아 공동체를 빠르게 대체해 나가고 있다. 피지에는 19세기 후반과 20세기 초반에 식민국이었던 영국에 고용되어 일하러 온 인도인들이 다수 살고 있었다. 대부분 벵골과 비하르 출신으로 사탕수수 농장에서 일했다. 이들은 서태평양에 인도의 문화와 종교, 사회 구조를 들여왔다. 인도 출신 이민자들이 지금 살고 있는 피지의 수도 수바는 태평양에서 호놀룰루 다음으로 규모가 크고 국제적인 도시다. 현대적인 건물들과 녹지 공원, 쾌적한 식물원 사이에 식민지 시대에 지은 오래된 건물들이 조화를 이루고 있다. 태평양에서 최고로 꼽히는 호텔도 여럿 있다. 아마 태평양 도서국 중에서 작은 식품점에서도 진짜 인도 카레를 먹을 수 있는 유일한 도시일 것이다. 전체 인구의 절반이 조금 넘는 피지 원주민은 어두운 얼굴빛과 곱슬곱슬한 머리칼 때문에 멜라네시아인으로 간주되지만, 역사적으로나 문화적으로는 통가와 사모아에 사는 폴리네시아인들과 접촉이 많았다.

주로 해안가 마을에 사는 피지인들과 달리 인도인들은 대부분 사탕수수를 재배하는 지역에 몰려 있고 고립된 농가에 살거나 작은 마을을 이루어 산다. 피지의 중심 섬인 비티레부 섬을 자동차로 횡단하다 보면 피지에 사는 인도인들이 주로 쓰는 힌두스탄어 간판을 단 가게와 우유를 생산하는 작은 농장을 볼 수 있다. 시골 지역은 물론이고 도시에도 힌두교 사원이 있다. 심지어 회교 사원도 있어서 다른 태평양 도서국들과는 사뭇 다른 분위기를 풍긴다. 힌두교를 믿는 인도인들 사이에는 카스트제도가 남아 있고, 무슬림은 자신의 신념을 굳게 지키고 있다. 이 때문에 여성들은 여전히 남성들에게 종속되어 있다.

인도인들은 근로자로서 피지에 왔고 많은 이들이 여전히 노동을 하며 먹고 산다. 그러나 태평양 곳곳에 터를 잡은 중국인과 마찬가지로 피지에 온 인도인들도 얼마 안 되어 상업과 무역을 장악했다. 심지어 정치에까지 손을 뻗쳤다. 1986년 인구조사에 따르면 전체 인구 715,537명 중 46퍼센트가 피지인이고 48.7퍼센트가 인도인으로 나타났다. 인도인 숫자가 피지인 숫자를 넘어선 것이다. 피지는 96년간 영국의 지배를 받다가 1970년에 독립했다. 식민 기간이 길었던 만큼 인종 간의 긴장도 수면에 드러나지 않고 가라앉아 있었다. 그런데 1975년에 새로 창당한 피지 국민당 당수 사케아시 부타드로카가 모든 인도인을 인도로 송환해야 한다고 의회에 제의함으로써 인종 간의 조화가 깨지기 시작했다. 인도인들은 1986년에 설립된 노동당 당사에 모여 국민당을 규탄하는 집회를 열었다. 노동당은 국민연합당과 연합하여 1987년 4월 선거에서 승리했다. 그러나 새로운 정부는 오래가지 못했다. 4주 후 군대가 쿠데타를 일으켰고 시티베니 라부카 중령이 이끄는 군사정부가 권력을 잡았다. 시티베니 라부카는 엄격한 언론 검열을 포함하여 광범위한 권력을 손에 넣기 위해 그해 9월에 두 번째 쿠데타를 일으켰다. 10월 7일, 시티베니 라부카는 피지가 공화국이 되었다고 선포했다. 그 전까지는 오스트레일리아, 뉴질랜드를 비롯해 영국의 식민지였던 다른 국가들과 마찬가지로 피지의 국가원수는 영국 여왕이었다. 극단적인 국가주의자들이 인도인이 사는 집을 공격했다. 군과 경찰이 뒤에서 이들을 선동했다.

오스트레일리아와 뉴질랜드는 쿠데타를 규탄하고 원조를 중단했다. 인도도 솔직담백하게 비난을 쏟아냈다. 양국의 외교 관계도 단절되었다. 쿠데타가 벌어지자 인도인 사업가들과 가게 주인들은 오스트레일리아와 뉴질랜드, 캐나다로 떠났다. 오래전부터 피지에 살던 중국인들도 피지를 떠났다. 그러나 이들과 인도인이 떠난 빈 자리는 곧 중국에서 건너온 새로운 이민자들이 채웠다. 정확한 숫자를 댈 수는 없지만 이민자 숫자는 상당히 많은 편이고 계속해서 꾸준히 늘고 있다. 적게는 5천 명에서 많게는 2만 2천 명까지 다양한 추정치가 거론되고 있다. 피지 정부는 비공식적으로 1만 5천 명 정도로 추산하고 있다. 하지만 2005년에 수바에서 로버트 키스레이드를 만났을 때 그는 이렇게 말했다. "정부는 민중의 반발을 두려워하는 탓에 실제 숫자를 공개적으로 거론하고 싶어 하지 않습니다." 로버트 키스레이드는 2006년 5월에 숨을 거둘 때까지 〈아일랜즈 비즈니스〉의 편집자로 활동한 인물이다.

수바의 주요 도로인 빅토리아 퍼레이드를 따라 걷다 보면 음식점, 여행사, 술집, 가라오케, 잡화점에 이르기까지 영어 간판만큼이나 많은 중국어 간판이 보인다. 힌두스탄어 간판보다 중국어 간판이 훨씬 더 많이 눈에 띈다. 그리고 모든 중국인 이민자가 법을 준수하는 사업가는 아니다. 수바에서 나는 경찰 내부 문제를 해결하기 위해 경찰국장으로 투입된 오스트레일리아인 앤드루 휴스를 만났다. 그는 중국인 범죄 조직이 피지에서 세력을 형성한 다음 성매매와 도박, 마약, 여권 위조에 관여하고 있으며 수산업과 지방 공무원들의 부패에 깊이 연루되어 있다고 확신했다. 2000년 11월에는 피지에서 헤로인 357킬로그램이 압수되었다. 내수용이 아니라 오스트레일리아와 북아메리카에 밀반출하려던 것이었다. 범죄 조직들이 동남아시아 골든트라이앵글에서 들여온 헤로인을 세계시장으로 내보내는 환적 지점으로 피지가 유용하다고 판단했던 것이다. 피지에서 도착한 수화물에 동남아시아 헤로인이 들어 있을 거라고 누가 의심이나 하겠는가?

이 문제는 피지에서 오래전부터 살고 있던 중국인들의 근심거리가 되었다. 베시에 니그 쿰린 알리는 《피지에 사는 중국인(The Chinese in Fiji)》이라는 지극히 사적인 기록을 담은 책에서 홍콩 출신 중국인을 1997년 홍콩 반환 한 해 전에 피지에 와서 살도록 초청했던 정부의 책략에 대해 이야기한다. "화교 사회 지도자들은 중국 본토에서 이민자가 몰려오는 것에 대해 우려를 표했다. 새로운 이민자들이 오랜 시간 공들여 맺은 다른 공동체와의 관계를 망칠지 모른다고 생각했기 때문이다." 수바 중앙경찰서에서 인터뷰할 때 앤드루 휴스 경찰국장도 그런 두려움에 공감을 표했다. "기존의 화교들은 걱정하고 있습니다. 특히 수상한 구석이 있는 인물들이 밀고 들어오는 것에 대해 걱정이 큽니다."

피지에 처음 온 중국인들은 19세기 초에 광저우에 있는 시장에서 백단향(白檀香)을 실어가던 미국과 오스트레일리아 선박에서 일하던 요리사와 목수들이었다. 이들은 1850년대와 1870년대에 무역상을 따라 피지 섬에 와서 상점을 차렸다. 사모아에 온 중국인들과 마찬가지로 광둥 성 타이산 출신이 많았다. 1868년에 비티레부에서 금이 발견되자 더 많은 중국인이 건너왔는데, 이번에는 중국 대륙이 아니라 오스트레일리아 멜버른에 살던 사람들이었다. 이들은 나중에 목수일과 요리, 소매업, 채소 재배, 기타 서비스업에 파고들었다. 최근 5천 명이 넘는 중국인이 피지에 몰려들기 전까지는 인도인만큼 숫자가 늘어난 적이 한 번도 없었다. 그러나 몇 세대를 걸쳐 근면하게 일한 덕에 대부분이 비교적 부유하게 살았다. 대다수가 중국 국민당에 충성심을 보였다. 중국계 주민들이 자발적으로 수바에 있는 식민지 시대의 대저택에 사무실을 얻어 중화민국 영사관으로 사용할 정도였다.

1951년에 영국이 중국 정부와 외교 관계를 수립하자 이 영사관은 문을 닫았고 직원들은 대만으로 돌아갔다. 그 후 독립국가가 된 피지는 1975년에 중화인민공화국을 인정했다. 이에 피지에 사는 중국인들은 대만과 더 가까워지지 못하게 제한당하고 있다는 피해의식에 시달렸다. 피지는 대만을 인정하지 않았지만, 수바에는 대만 무역 사절단이 있었다. 무역 사절단이란 대만이 비공식 재외공관을 일컬을 때 사용하는 명칭이다. 피지는 인도가 빠져나간 빈자리를 채우기 위해 중국과 대만에 번갈아가며 투자를 권하는 한편 서구 민주국가들로부터 원조를 받았다. 그러나 확실히 대만보다는 중국과 더 가까웠다.

화교 사회는 이런 현실을 정확히 간파하고 중국과 대만 사이에서 조심스럽게 균형을 유지하고 있다. 중화인민공화국의 국경일인 10월 1일과 중화민국의 국경일인 10월 10일에 각각 중국과 대만 정부의 지원을 받아 수바에서 공식 축하 행사를 거행한다. 중화민국 창시자 쑨원의 이름을 딴 중국인 학교에서는 중국 대륙뿐 아니라 대만에서 온 교사들이 함께 가르친다. 초등학교 교사들은 대만에서, 중등학교 교사들은 중국에서 후원한다.

2007년 7월에는 피지-중국 기업위원회가 출범했다. 출범식에는 수바 주재 중국 대리 공사가 참석했다. 2006년 12월에 또 한 번의 쿠데타로 권력을 잡은 피지의 신군부 지도자 조사이아 보레케 프랭크 바이니마라마 준장도 귀빈으로 참석했다. 쿠데타 이후 다시 서구 국가들로부터 원조가 끊기자 바이니마라마는 중국에 손을 벌렸다. "임시 정부는 중국과 단계적으로 협력 수준을 높이는 방안을 적극적으로 모색하고 있습니다. 특히 시골 도로와 해상 교통을 보수하고, 불법 거주자들에게 싼 값에 주택을 공급하고, 상수도를 개선하고, 농업에 새로운 활력을 불어넣고자 중국으로부터 연화 차관을 얻을 방안을 여러 모로 준비하고 있습니다. 나는 올해 안에 이 나라 국민들의 복지를 위해 앞서 언급한 공공서비스와 사회기반시설을 제공하는 데 필요한 지원을 얻어낼 수 있다고 확신합니다." 바이니마라마는 "관광을 장려하기 위해" 중국 국민들의 입국 비자 요건을 완화하겠다고 약속하기도 했다.

2006년 12월 마지막 쿠데타 이후 중국이 피지에 보낸 원조액은 90만 달러에서 1억 3천5백만 달러로 치솟았다. 2008년 5월 〈시드니 모닝 헤럴드〉에는 이런 기사가 실렸다. "오스트레일리아와 다른 서구 공여국들이 피지의 반군 정부를 압박하려고 애쓰는 동안, 중국은 엄청난 원조금을 투입함으로써 서구 국가들이 가하려는 압박을 단숨에 쓸모없게 만들어버렸다." 이 기자는 또한 중국이 피지 정부의 심기를 건드리지 않으려다 보니 자기도 모르게 바이니마라마가 대만에 손을 벌리도록 독려하는 꼴이 되었다고 지적했다. "중국은 궁지에 몰린 자기 모습을 똑똑히 보고 있다. 한편에서는 서구 국가들이 피지에 들어선 새로운 독재 정권을 고립시키는 데 협력하라고 압박하고, 다른 한편에서는 중국의 변절자인 대만에 돈을 구걸하는 피지를 잃을지도 모른다는 불안감에 싸여 있다."

2008년 8월, 베이징을 방문한 바이니마라마는 다음과 같이 말했다. "피지는 1987년과 2000년, 2006년에 있었던 일련의 사건을 두고 다른 국가들이 우리를 앞다퉈 비난했던 것을 잊지 않을 것입니다. 중국과 다른 아시아 국가들이 피지에서 벌어진 사건들에 대해 훨씬 더 세밀하게 접근하고 이해하려고 노력했던 사실 또한 잊지 않을 것입니다. 중화인민공화국 정부는 우리가 우리의 문제를 다른 압력이나 간섭 없이 우리의 방식으로 해결할 수 있으리라 확신한다고 밝혔습니다." 1987년은 첫 번째 쿠데타가 벌어진 해이고, 2000년에는 조지 스페이트가 이끄는 군인들이 한 해 전에 국무총리에 오른 인도 출신 마헨드라 팔 초드리를 비롯한 내각 전체를 인질로 잡은 정변이 있었다. 그리고 알다시피 2006년에는 바이니마라마가 쿠데타를 통해 권력을 잡았다.

서구 국가들이 민주주의와 올바른 통치 구조를 갖추라고 피지 정부를 압박하면, 중국은 파푸아뉴기니에서 그랬던 것처럼 기꺼이 피지의 손을 잡아줄 것이다. 실제로 중국은 지금 피지에 확실한 존재감을 드리우고 있다. 피지에서는 통가와 솔로몬제도에서 벌어진 반중국인 폭동은 찾아볼 수 없다.

4장

중국인 이민의 새로운 **물결**

새로운 이민 인구의 출현

중국 남부 푸젠 성 해안 지대는 중국에서 가장 바위가 많은 지역 중 하나다. 직선 거리로는 이쪽 끝에서 저쪽 끝까지 512킬로미터에 불과한데, 그 사이에 지그재그로 들쭉날쭉한 해안이 3,752킬로미터나 펼쳐져 있고 주변에는 천 개가 넘는 섬이 있다. 이 섬들 중 몇몇은 아직도 중화민국에 속해 있다. 이것은 작은 섬 몇 개가 대만에 속해 있는 것뿐이라고 단순하게 취급할 수 있는 문제가 아니다. 이 지역에서 사용하는 진먼 사투리는 이곳이 중화인민공화국에 속한 샤먼 시와 불과 1킬로미터밖에 안 떨어져 있다는 사실을 알려준다. 냉전의 마지막 전초기지 중 하나인 이곳에서 타이베이 정부와 베이징 정부는 정면으로 대치하고 있다. 좀 더 북쪽에 있는 마쭈 섬도 중화민국의 관할권에 속하는 푸젠 성의 일부이며, 푸젠 성의 성도인 항구도시 푸저우에서 그리 멀지 않은 바다에 자리 잡고 있다.

푸젠 성 내륙에는 산이 많다. 예로부터 푸젠 성을 두고 "산 여덟에 물이 하나 농지가 하나"가 있다고들 이야기했을 정도다. 사람들은 대부분 해안 지대에 살고, 수세기에 걸쳐 수백만 명이 더 푸른

목초지를 찾아 동남아시아, 태평양, 남아메리카 등 해외로 나갔다. 그러나 가난에서 벗어나지는 못했다. 푸젠 성에 사는 친구에 따르면 사실 이 지역은 중국에서 가장 발전한 지역에 속한다고 한다. 그러나 오래전부터 많은 이들이 배를 타거나 이민을 갔다. 내 친구는 푸젠 성 사람들을 "바다와 바다 저편에 마음을 빼앗긴 자유분방한 사람들"이라 평했다. 푸젠 성은 항상 불안감이 감도는 국경 지대였다. 이 말은 곧 언제든 상황이 변할 수 있는 유동 상태가 쭉 이어진다는 뜻이다. 17세기 명나라의 몰락 이후, 그리고 19세기 중반의 대격변 이후 두 차례에 걸쳐 이민 행렬이 이어지는 동안 중국을 떠난 사람들은 대부분 푸젠 성 출신이었다. 최근에 다시 이민의 물결이 밀려오기 전까지 필리핀에 사는 중국인의 80퍼센트, 인도네시아에 사는 중국인의 55퍼센트, 버마에 사는 중국인의 50퍼센트, 싱가포르에 사는 중국인의 40퍼센트가 푸젠 성 출신이었다.

과거에는 이민이 상당히 국지적이었다. 대다수의 이민자가 푸저우 근처에 있는 3개 현 출신이었고, 푸젠 성의 성도인 푸저우 출신은 거의 없었다. 대대로 롄장 현, 민허우 현, 창러 현 출신의 신체 건강한 남자들(과 몇몇 여자들)이 근로자로 일하기 위해 해외로 나갔다. 이들은 고향에 있는 식구들이 집을 짓고 더 나은 삶을 살 수 있도록 일을 해서 돈을 부쳤다. 가난보다는 이런 이민 문화 자체가 이들을 해외로 나가게 했다고도 할 수 있다. 그러다 어느 날 이들의 아들딸 중 하나가 남아메리카에서 훨씬 잘사는 친척들과 함께 살게 되면 이들도 그곳에 정착하곤 했다. 남부 푸칭 현 출신들은 일본으로, 핑탄 현 출신들은 대만으로 향했다. 이들이 탄 배는 거의 대부분 대만 밀수업자들이 소유하고 운영하는 배였다. 그리고 이들 지역의 중국어 방언은 대만에서 쓰는 언어에 가깝다. 민족적 친밀감은 정치적 분열을 뛰어넘는 다리가 되었고 물살이 거센 해협을 건너는 수단이 되었다.

푸젠 성에는 이런 속담이 있다. "미국에 나무를 심고 중국 그늘에서 쉬어라." 조금 더 남쪽에 있는 광둥 성의 처지도 푸젠 성과 비슷하다. 타이산 현에서는 광둥 성에 있는 다른 어떤 지역에서보다 많은 근로자가, 아니 중국 전체를 기준으로 보아도 가장 많은 숫자가 남아메리카로 향했다. 태평양 도서국으로 향한 이들도 더러 있다. 처음에는 1870년대 미국에서 노예 노동자들을 대체하기 위해 타이산 현에서 인력을 모집했다. 이를 계기로 뉴욕과 미국의 다른 도시, 그리고 캐나다 토론토로 이민을 가는 사람들이 크게 늘었다. 그러다 캘리포니아에서 금이 발견되자 미국행을 위해 짐을 싸는 사람들의 숫자가 또 한 번 크게 늘었다.

1980년대 후반에만 해도 타이산 출신과 이웃 지방인 카이핑, 신후이, 언핑 출신이 중국계 미국인 전체 인구의 70퍼센트를 차지했다. 푸젠 성 다음으로는 광둥 성 출신이 많았다. 그러나 공식적인 분리 정책 때문에 중국인 이민자들은 누구도 살고 싶어 하지 않는 마을과 도시에서만 살아야 했다. 그리고 이런 배척으로 말미암아 미국뿐 아니라 여러 서구 국가에 그 유명한 차이나타운이 발달하게 되었다.

광둥 성 산터우 출신 중국인들은 주로 태국으로 이민을 갔다. 물론 그 밖의 동남아시아 국가들과 미국으로 향하는 이들도 더러 있었다. 태국의 대표적인 건설회사 시노타이 직원 대다수가 산터우 출신이다. 이들은 19세기 초중반에 영국 증기선을 타고 방콕에 도착했다. 늘 그렇듯이 날품팔이와 막노동꾼으로 일을 시작한 이들은 차츰 무역상, 업계 거물, 은행가로 변신했다. 그렇게 일해서 번 돈은 산터우와 산터우 주변 마을에 사는 가족들에게 보냈다. 해외 송금은 몇 세대를 거쳐 꾸준히 이어졌다. 산터우에서는 한자와 태국 문자가 같이 쓰인 상점 간판도 드물지 않은데 다 이런 이유 때문이다.

그러나 제3의 물결이 일렁이는 지금은 중국의 다른 지방 출신들까지 해외로 이주하고 있다. 더욱이 이들은 옛날에 중국인들이 거의 가지 않았던 지역에까지 발을 내딛고 있다. 동유럽에서는 헝가리에 엄청난 중국인이 몰려들었다. 러시아 극동 지역과 국경을 마주하고 있는 지방 출신들로서 시베리아 횡단열차를 타고 모스크바로 가서 모스크바에서 부다페스트로 이동한 사람들이 대부분이다. 중국인 중에는 조선족도 상당하다. 이들이 지금 부다페스트에 있는 대형 시장 여러 곳을 장악하고 있다. 처음에는 중국에서 올 때 열차에 싣고 왔던 중국산 소비재를 파는 것으로 시작했다. 그러나 요즘 헝가리에는 중국인이 운영하는 상점과 음식점, 쇼핑센터가 수천 개나 된다. 2007년에는 루마니아에서 만성적인 인력난을 해결하고자 중국에서 근로자 수백 명을 채용하기도 했다. 한편 중국 출신의 조선족들은 몽골인과 함께 한국에 정착했다. 한국에는 그전까지만 해도 외국인 노동자가 극히 드물었다. 러시아 극동 지역으로 향하는 중국인 이민 행렬 역시 전에는 없던 완전히 새로운 현상이다.

일본에는 상하이와 베이징에 더하여 산둥 성에서 이민자들이 건너왔다. 공부하러 왔다가 돌아가지 않고 서비스업과 향락업에 종사하는 학생들이 대부분이다. 윈난 성 사람들도 태국 북부에 사는 먼 친척을 찾아가 터를 잡았다. 이 중에는 이슬람교를 믿는 후이족이 더러 있어서 19세기 중반 이래 태국 북부에 중국 무슬림 사회가 형성되었다. 윈난 성 사람들은 버마 북부와 라오스로도 이주했다. 중국 곳곳에서 온 중국인들은 캄보디아에도 정착했다. 그리하여 타이산 출신의 후손들이 북아메리카 화교 사회를 지배하던 시대도 끝났다. 지금은 온 지 얼마 안 된 푸젠 성 사람들이 그 유명한 뉴욕 차이나타운에서 주류를 이루고 있다. 이들은 뉴욕뿐 아니라 미국의 다른 지역과 캐나다에도 정착했다. 수출입대행사, 여행사, 환전소 등 중국인이 운영하는 사업체를 아랍에미리트연합국 두바이에서도 심심치 않게 볼 수 있다.

2004년 2월 18일, 영국 랭커셔 모어캠 만에서 밀물이 들어오는 걸 모르고 조개를 캐던 사람들이 허망하게 죽었다. 모두 중국 출신 불법체류자였다. 그 사건이 벌어지기 전까지 사람들은 영국에서 조개를 캐는 중국인이 있는지도 몰랐다. 2000년에는 훨씬 더 비극적인 사건이 있었다. 중국인 불법체류자 58명이 하나밖에 없는 통풍구가 막혀버린 트럭 화물칸에서 질식사했다. 살아남은 사람은 2명뿐이었다.

중국 각지에서 온 모험심 많은 중국인들은 남아프리카와 나이지리아, 앙골라에까지 이민을 갔다. 이곳에서 중국인들은 가게를 열거나 작은 사업체를 운영했다. 광물자원이 풍부한 아프리카는 원자재 산지로도 중요한 곳이다. 잠비아에서 중국인들은 구리광산과 탄광에서 일한다. 중국 정부는 또한 잠비아에서 기업체를 운영하기 위해 중국인 인부 수천 명을 투입하고 있다. 인구의 80퍼센트가 실업자인 잠비아에서 그곳 사람들이 이런 상황에 분개하는 건 당연하다. 중국인 근로자들은 도시 변두리에 있는 기숙사 형태의 숙소에서 생활한다. 현지인들과 접촉할 일이 거의 없는 탓에 중국인에 대한 의심과 편견은 갈수록 커지고 있다.

중국인 이민이 제3의 물결을 이루게 된 데는 여러 가지 요인이 있다. 그렇지만 그중에서도 가장 큰 요인은 1978년 12월에 미국이 중화민국 대신 중화인민공화국을 중국의 대표 정부로 인정하기로 한 결정이었다. 이에 중국은 미국의 최혜국에 걸맞은 자격을 갖추고자 그전까지 엄격하게 단속하던 이민 규제를 완화했다. 1979년부터 중국인 수천 명이 합법적인 절차를 거쳐 미국과 다른 나라에 이민을 가기 시작했다. 그러나 버마에 있는 푸젠 성 화교 사회에서 태어난 미국인 학자 친코린은 이렇게 지적했다. "미국 이민할당제는 가족 중에 미국 시민이 있거나, 고등교육을 받으러 오거나, 미국에 방문하러 오는 사람들로 중국인 입국자 수를 제한하고 있다. 그러자 1980년대부터 합법적인 요건을 갖추지 못한 이들이 밀입국 알선업자의 도움을 받기 시작했다." 대만, 홍콩, 마카오, 일본, 오스트레일리아, 헝가리, 루마니아, 이탈리아, 스페인, 네덜란드, 캐나다의 출입국관리소 직원들은 중국인 불법체류자 수가 엄청나게 늘어나는 것을 보고 놀라서 입을 다물지 못했다.

1980년대와 1990년대 초반, 많은 중국인이 다 허물어져가는 선박과 화물선에 몸을 숨기고 위험하기 짝이 없는 여정을 감수하며 이민 길에 올랐다. 그중에서 가장 유명한 사건이 1993년 6월 6일에 있었다. 곧 부서질 것만 같은 30미터짜리 화물선이 뉴욕 퀸즈의 록어웨이 포인트에서 좌초했다. '골든벤처'라는 이름의 이 화물선은 대형 선박이 아니었는데 거의 3백 명이 타고 있었다. 푸젠 성에 살던 승객 전원이 화물칸에서 모습을 드러냈다. 육지에 닿을 수도 있다는 희망을 안고 2백 명이 차가운 바닷물에 몸을 던졌다. 그러나 헤엄을 칠 줄 모르는 사람이 많았다. 결국 10명이 익사하는 변이 일어나고 말았다.

골든벤처 호는 태국을 출발하여 싱가포르, 케냐의 몸바사, 남아프리카의 인판타라는 작은 항구를 경유하고 대서양을 건너 미국까지 항해했다. 원래는 백 명이 타고 있었는데, 몸바사에서 타고 가던 배가 고장 나 오도 가도 못하고 있던 2백 명을 더 태우게 되었다. 골든벤처 호가 인판타에서 배를 기다리던 중국인을 더 태우려 하자 선내에서는 거의 폭동이 일어날 뻔했으나 돈을 받고 이들을 미국까지 밀입국시킨 범죄 조직원들이 무기를 들고 '승객들'을 진정시켰다.

골든벤처 호가 뉴욕에 닿기까지는 넉 달이 걸렸다. 대중매체에서는 이들의 극적인 이야기를 대서특필했다. 신문들은 밀항자 집단에 관해 보도했고, TV 방송은 담요를 뒤집어쓰고 몸을 부들부들 떨며 옹기종기 모여 있는 이들의 모습을 내보냈다. 바다에서 구조

된 이들은 경찰에 연행되었다. 자유의 여신상에서 배로 한 시간이 채 안 걸리는 곳에서 벌어진 극적인 사건을 접한 미국 여론은 크게 둘로 나뉘었다. 한쪽에서는 자유의 땅에 온 가난하고 억압받는 자들을 영웅으로 맞아들여야 한다고 생각했고, 다른 한쪽에서는 대규모 불법 이민이 국가 안보를 위협한다고 목소리를 높였다. 그런데 문신을 하고 칼과 권총을 소지한 사람들, 일명 '스네이크헤드'라 불리는 밀입국 알선업자들은 과연 누구일까? 태국, 케냐, 남아프리카 등 광범위하고 완전히 이질적인 각국에 연줄을 가지고 있는 세계적인 조직망은 과연 어떻게 굴러가는 것일까?

다양한 밀입국 수법들

골든벤처 호가 뉴욕에 도착하고 나서 대중매체의 관심이 쏟아지고 논란이 일자 밀입국 알선업자들도 좀 더 신중해졌다. 당연히 수법도 더 교묘해졌다. 1994년 6월, 사건이 있고 일 년 뒤에 발간된 미국 정보 보고서에 따르면, 중국 밀입국 알선업자들은 전 세계에 중간 기착지 네트워크를 확장했으며, 수만 명을 미국으로 수송할 능력을 갖추고 있는 것으로 드러났다. 가장 멀리 돌아가는 항공 노선은 방콕에서 출발하는 노선이었다. 방콕에서 탑승한 이민자들은 비행기를 타고 뉴델리와 카라치로 가서 거기서 다시 나이로비 또는 요하네스버그로 갔다가 부에노스아이레스 또는 리우데자네이루로 향한다. 그리고 부에노스아이레스나 리우데자네이루를 출발하여 마드리드, 바르셀로나, 런던 중 한 곳을 경유하여 마침내 뉴욕에 착륙한다. 이보다 더 예상하기 어려운 노선을 택하는 경우도 있다. 1997년 11월, 그린란드에 있는 덴마크 출입국관리소는 가짜 일본 여권을 가지고 입국을 시도한 중국인 21명을 붙잡았다. 이들은 북극 근처에 자리 잡은 인구수가 희박하고 얼음에 뒤덮인 거대한 섬 그린란드를 경유하여 캐나다 또는 미국으로 날아갈 계획이었다.

어떤 노선을 따르든 첫 번째 기착지는 항상 방콕이다. 중국 국민이면 누구나 태국에서 30일간 체류할 수 있는 관광 비자를 받을 수 있기 때문이다. 일단 태국에 도착하면 싱가포르나 일본 여권을 손에 넣는다. 물론 위조 여권이거나 가짜 여권이다. 터무니없는 값을 부르기 일쑤지만, 어쨌든 방콕에서 여행에 필요한 서류를 위조하는 것은 식은 죽 먹기다. 여권과 비자 위조의 중심지 랏프라오 지구에 있는 여러 상점에서 돈만 내면 바로 구할 수 있다.

서류를 챙긴 이민자는 가지고 있는 정식 중국 여권으로 태국을 빠져나온다. 방콕을 출발한 다음에 자주 들르는 곳이 도쿄의 나리타 공항이다. 이민자는 처음에 중국 베이징이나 상하이를 출발해 방콕에 갔다가 돌아오는 왕복 항공권을 구매한다. 이 노선은 돌아오는 길에 도쿄를 들르게 되어 있다. 그래서 방콕 공항에서 돌아오는 비행기 탑승 수속을 밟긴 하지만, 나리타 환승 라운지에서 그는 밀입국을 주선하는 범죄 조직원을 만난다. 그리고 방콕에서 구입한 가짜 일본 여권이나 싱가포르 여권에 있는 이름과 같거나 비슷한 이름으로 구매한 미국행 비행기 탑승권을 건네받는다. 비자 면제 프로그램 덕분에 싱가포르와 일본 여권을 가지고 있으면 로스앤젤레스나 샌프란시스코, 호놀룰루에 갈 때 따로 비자를 받을 필요가 없다. 한편 범죄 조직원은 미국행 비행기 탑승권과 이름이 같은 또 다른 가짜 여권으로 도쿄에서 탑승 수속을 한다. 그리고 다른 비행기를 타고 미국에 도착해서 입국 절차를 밟을 때는 자신의 진짜 여권을 사용한다. 이런 식으로 그는 이민자와 자신이 이용할 탑승권 두 장을 가지고 밀입국을 시도한다.

가짜 여권만으로 공항에서 이민국 관리들을 속이기는 쉽지 않다. 그러나 승객이 탑승 수속을 하고 실제로 비행기에 오를 때 여권에 있는 이름과 탑승권의 이름이 일치하는지만 확인하는 항공사 직원들에게 보여주는 용도로는 충분하다. 중국인 이민자는 자기가 가지고 있는 진짜 중국 여권을 버리고 비행기에 오른다. 그리고 일단 비행기에 오르면 비행기 화장실에 가짜 여권과 탑승권까지 버린 다음 최종 목적지인 미국이나 유럽에 착륙해서는 정치적 망명을 신청한다. 정치적 망명을 신청하면 모두 법정에서 허용 여부를 가린다. 밀입국 알선업자들이 마련해준 가짜 여권을 가지고 있으면 승소할 가능성이 거의 없다. 그러므로 이 여정의 최종 구간에서는 이민국 관리들이 이민자가 지나온 여정을 추적하여 강제 송환할 수 없도록 모든 서류를 폐기해야 한다.

범죄 조직이 이민자들과 다른 이들에게 파는 밀입국 서류에는 가짜 혹은 진짜 여권과 항공권이 포함되고, 때로는 이민자들이 안전하게 목적지까지 도착하도록 호위해주는 수행원이 따라 붙기도 한다. 미국까지 가는 편도 요금은 약 3만 5천~4만 달러다. 유럽은 미국보다 인기가 덜 해서 1만~1만 5천 달러로 저렴한 편이다.

해외 영토라는 뒷문을 이용해 슬그머니 미국으로 들어가는 것도 가능하다. 특히 인기가 많은 목적지는 태평양에 있는 북마리아나제도다. 미국 영토이긴 하지만 중국 시민도 비자 면제 혜택을 받을 수 있는 곳이다. 덕분에 많은 중국인 이민자가 사이판에 있는 의류 봉제 공장과 다른 산업에서 일할 수도 있고 근처 티니안 섬에 있는 카지노를 방문할 수도 있다. 현지인들 사이에는 카지노 주인이 중국 인민해방군과 관계가 있는 인물이라는 소문이 돌고 있다. 북마리아나제도와 아메리칸사모아는 미국 영토이긴 하지만 자체적인 이민법을 가지고 있다. 아메리칸사모아에 들어가는 건 아주 어렵기도 하거니와 돈도 많이 들기 때문에 북마리아나제도가 미국에 들어가는 디딤돌로 자주 이용된다. 2003년 4월, 중국남방항공이 상하이에서 사이판으로 가는 직항 항공편을 운행하기 시작했다. 중국인 방문객 숫자가 치솟은 건 두말할 나위가 없다.

불법 이민자들은 그들이 선택한 서구 국가에 망명을 신청할 때 뭐라고 말해야 하는지도 배운다. 이 때문에 진짜 망명자와 1951년 난민 조약을 이용하려는 사람을 구별해내기가 훨씬 더 어려워졌다. 그렇다고 이들이 항상 시험을 무사히 통과한다는 말은 아니다. 망명을 신청한 중국인을 심사한 적이 있는 미국 출입국관리소 직원이 내게 들려준 일화가 있다. 한 남자가 자신은 그리스도인이라면서 중국으로 송환되면 생명을 잃을지도 모른다고 주장했다. 이민국 관리가 예수가 어떻게 죽었느냐고 묻자 망명 신청자는 이렇게 답했다. "공산주의자가 예수를 기관총으로 쏴서 죽였습니다."

중국에서 불법으로 규정한 파룬궁의 일원이라고 주장하는 이들도 많다. 그러나 정작 파룬궁에서 몸과 마음을 수련할 때 취하는 명상 자세를 설명해보라고 하면 대답을 못한다. 또한 중국에서 법으로 금한 동성애자라고 주장하는 이들도 있다. 면접실 밖에서 같이 중국을 떠나온 여자 친구가 버젓이 기다리고 있는데 말이다. 그러나 뉴욕을 비롯한 미국 대도시에는 법의 허점을 이용해 망명 신청자를 전문적으로 도와주는 미국 변호사의 숫자가 크게 늘었고, 이들 덕분에 중국인 대다수가 망명 허가를 받는 데 성공한다.

그런데 이렇게 망명 제도를 남용하는 이민자 수가 늘어남에 따라 고국에서 받는 정치적 박해를 피해 해외에서 피난처를 찾는 진짜 망명객들이 망명 허가를 받는 일이 더 어려워지고 있다. 비단 중국에서 온 망명객들에게만 해당되는 이야기가 아니다. 이제 세계적인 밀입국 알선 사업은 그 규모가 수십억 달러에 달한다. 서구 국가로 향하는 이민 성공률이 이처럼 높고, 붙잡혀서 처벌을 받을 확률이 낮은 한 밀입국 알선 사업은 계속 성장할 것이다. 여러 국가에서 이민을 규제하는 현상은 자연스럽고 세계적인 추세다. 그리고 서구 국가뿐 아니라 아시아와 남태평양 국가로까지 뻗어나가는 중국인 불법 이민은 범죄 조직이 연루되어 있는 만큼 이민국 안에서 사회문제를 일으키기 마련이다. 불법 이민은 법을 집행하는 사법당국 안에도 부패의 씨앗을 뿌린다. 앞서 살펴보았듯이 이 문제는 어수선한 러시아 극동 지역과 작고 연약한 남태평양 도서국에서 특히 심각하다.

밀입국 알선 사업과 차이나타운 범죄 조직에 관한 한 최고의 전문가로 꼽히는 친코린은 크고 작은 여러 조직이 돈벌이가 되는 이 사업에 손을 대고 있다고 설명한다. 이들은 저마다 조직과 연줄, 수단, 노선을 갖추고 독립적으로 사업을 한다. 간단히 말해서 연줄과 행동 대원으로 연결된 세계적인 조직망을 보유하고 있는 것이다. 밀입국 알선 사업의 거물들은 대개 해외에 사는 중국인들이다. 이들은 밀입국 작전에 돈을 투자하고 감독하지만, 실제 밀입국자들이 이들의 얼굴을 볼 일은 없다. 해외가 아니라 중국 대륙에 사는 사람이 밀입국 알선 사업에 손을 대고 있다면, 십중팔구 전, 현직 공무원이다.

밀입국으로 돈을 버는 세계에도 거물과 영세 사업자가 있기 마련이다. 영세 사업자들은 대부분 대형 조직에 고용되어 불법 이민자들을 모집하고 이동시키고, 배를 빌리거나 항공권을 마련하고, 미국까지 가는 동안 수행하는 역할을 한다. 개중에는 불법 이민자들이 환승지에서 먹을 음식과 숙소를 제공하여 돈을 버는 이들도 있다. 가장 최악은 불법 이민자들이 진 빚을 대신 받아주는 수금업을 하는 폭력배들이다. 이들은 이민자나 그의 가족에게 밀입국 비용을 선불로 받는다. 돈을 마련하지 못하는 사람이 생기면 빚 문제가 해결될 때까지 안전가옥에 감금하기도 한다. 하는 일의 선정성 때문에 언론의 집중 조명을 받는 자들은 언제나 이런 피라미들이다. 이들 중 몇 명이 체포되어도 거물들은 업자를 새로 구하면 그뿐이다. 조무래기 몇 명 교체하는 건 일도 아니다. 따라서 피라미 몇 마리 때려잡는 것 가지고는 밀입국 알선 사업을 뿌리 뽑을 수 없다. 그 정도로는 아무런 타격도 받지 않는다.

게다가 중국에서는 이런 밀거래를 나쁘게만 보지 않는다. 친코린이 푸젠 성에서 만난 많은 사람이 밀입국 알선업자를 독지가라 여기고 그들이 하는 일을 고맙게 생각했다. 푸젠 성 팅 강 유역에 사는 43세 남성은 이렇게 말했다. "밀입국을 주선하는 건 자애로운 행동이라고 생각합니다. 곤경에 빠진 사람을 도와주는 일이니까요." 19세 여성도 밀입국 알선업자를 좋은 사람으로 묘사했다. 그들이 중국의 인구과잉 문제를 해결하는 데 어느 정도 이바지하고 있다는 이유에서였다. 심지어 공무원도 이 사실을 인정했다. "솔직히 불법 이민에 관한 한 마음이 좀 복잡합니다. 한편으로는 마을 사람들이 해외에 나가 돈을 벌 기회를 잡기를 바랍니다. 심각한 실업 문제를 해결하는 데 도움이 되니까요. 게다가 이민자들이 해외에서 송금하는 돈은 각 지역의 사회기반시설을 확충하는 데 도움이 됩니다. 하지만 다른 한편에서 보면 정식 절차를 밟지 않은 이민은 법을 위반하는 것이거든요. 그러니 우리는 상부에서 내려온 명령을 실행하고 불법 이민을 단속해야 합니다. 결국 불법 이민 문제를 다룰 때는 한쪽 눈은 감고 한쪽 눈은 뜨고 있어야 하는 격이죠."

최종 목적지까지 가는 동안 가짜 여권을 사용할 필요조차 없는 경우도 있다. 돈을 주고 살 수 있는 여권은 파푸아뉴기니 여권만 있는 것이 아니다. 사실 여권 판매를 아주 편리한 제도로 발전시킨 첫 번째 국가는 통가였다. 1980년대 초 홍콩에 기반을 둔 미국인 투자 고문으로 뱅크 오브 아메리카에서도 일한 적이 있는 제시 보그다노프가 생각해낸 아이디어다. 그는 예전에 요통을 치료하는 자석을 판매하는 회사를 운영한 적도 있다. 하고많은 사람 중에 타우파아하우 투포우 4세가 자문을 구한 인물이 바로 제시 보그다노프였다. 통가 국왕은 형편없는 정부 세입을 끌어올릴 방안이 없겠냐고 제시 보그다노프에게 물었다. 은행원과 자석 판매원으로 활동한 경력이 있는 제시 보그다노프는 여권을 판매하라고 제안했다. 당시는 영국이 홍콩을 반환하기로 중국과 협정을 맺은 직후라 통가왕국 주민들은 영국 여권이라는 전혀 새로운 범주를 접하게 되었다. 영국 입장에서 통가왕국 주민들은 해외에 사는 군식구나 다름없었다. 이 말은 곧 영국에 거주할 권리는 없다는 뜻이다. 통가왕국에서 상품으로 새로 출시한 여권은 여행에 필요한 서류로서의 가치가 있는지도 의심스러웠다.

어쨌거나 1만 달러만 내면 누구나 통가 보호민이 될 수 있고 통가 특수 여권을 가질 수 있게 되었다. 그러나 이 여권을 소지한 사람이 통가에 들어가려면 여전히 비자를 받아야 했다. 오스트레일리아와 뉴질랜드를 비롯해 통가 주변에 있는 많은 국가에서도 통가 특수 여권을 인정하지 않았다. 이에 통가 왕국은 1984년에 2만 달러만 내면 누구에게나 통가 일반여권과 귀화 증명서를 발급해주도록 허용하는 새로운 법을 통과시켰다. 그러자 2만 달러를 들고 와서 여권을 발급받는 사람이 꽤 많이 생겼다. 전부 다 홍콩에 사는 중국인들은 아니었다. 통가에 귀화해 통가인이 된 인물 중에는 필리핀 대통령을 지낸 페르난드 마르코스와 그의 부인 이멜다 마르코스도 있었다. 당시 두 사람은 1986년에 발생한 민중 봉기에 떠밀려 어쩔 수 없이 필리핀을 떠나야만 했다. 그다음에는 중국인들이 와서 하나둘 정착하더니 통가 상권을 대부분 인수했다. 그리하여 2006년 11월 누쿠알로파에서 폭동이 벌어진 것이다.

1998년 후반에 통가는 여권을 판매하던 관례를 폐지하고 그동안 벌어들인 수익 2,450만 달러를 네바다에 기반을 둔 밀레니엄 애셋 매니지먼트라는 회사에 위탁하는 치명적인 결정을 내렸다. 그 무렵 제시 보그다노프는 통가 국왕에게 자신을 정식 궁정광대로 삼아 달라고 아양을 떨더니 거액을 들고 자취를 감췄다. 알고 보니 밀레니엄 애셋 매니지먼트는 통가로부터 돈을 위탁받기 위해 설립한 유령회사였다. 결국 통가는 특이한 여권 제도로 손에 쥔 것이 하나도 없었다. 〈워싱턴 포스트〉에 칼럼을 쓰는 데이브 배리는 궁정광대 겸 건강 자석 판매업자에게 재정 상담을 한 통가가 얼마나 어처구니없는 일을 당했는지 전하며 씁쓸해했다.

범죄 조직이 덤벼드는 놀이터

그러나 여권 판매를 시도했다가 씁쓸한 경험을 한 통가를 동정하는 국가는 없었다. 키리바시, 마셜제도, 나우루, 투발루, 바누아투가 통가를 상대로 줄줄이 소송을 제기했다. 당시에는 수수료만 내면 태평양 도서국 어떤 나라의 여권도 손에 넣을 수 있었다. 전에 미국 영토였던 마셜제도는 1986년에 자치령이 되었고 1991년에 완전히 독립했다. 독립하자마자 제일 먼저 중국과 외교 관계를 수립했다. 얼마 안 되어 베이징 주재 마셜제도 영사관에서는 2만 5천 달러에서 4만 달러를 받고 여권을 팔기 시작했다. 약 2천 개가 팔렸는데, 그중 대부분이 1995년부터 1996년 사이에 판매되었다. 마셜제도 여권이 그렇게 인기가 있었던 이유는 독립할 때 맺은 협정에 따라 마셜제도 시민이라면 누구나 미국에 가서 살 수도 있고 일을 할 수도 있었기 때문이다.

미국 정부는 여권 판매를 중지하라고 마셜제도를 압박하기 시작했고, 결국 1997년에 판매를 중지한 것으로 되어 있다. 그러나 〈마셜 아일랜드 저널〉의 지프 존슨에 따르면, 발행일을 위조한 여권이 계속 판매되었다고 한다. 그러다 1998년에 마셜제도는 갑작스럽게 외교정책의 방향을 틀었다. 중화인민공화국 대신 중화민국을 인정하노라고 공식적으로 발표한 것이다. 그때부터 지금까지 마셜제도의 수도 마주로에는 대만 대사관이 자리를 지키고 있다. 물론 그 대가로 대만 정부의 넉넉한 원조를 약속받았다. 그래서 인구 5만 명에 자원이 궁핍한 마셜제도는 더 이상 여권을 팔 필요가 없어졌다.

여권 판매는 중지되었지만 어쨌든 특이한 여권 제도 덕분에 많은 중국인이 마셜제도를 알게 되었다. 실제로 몇몇 중국인이 마주로에 터를 잡았다. 마주로는 길이가 56킬로미터, 넓이가 몇 백 미터에 불과한 고리 모양의 산호초로 꼭대기에는 작은 두 섬을 잇는 아치형 다리가 있다. 마주로에 사는 중국인은 5백 명이 넘지 않지만 이들이 끼치는 영향은 엄청나다. 총 272개 소매점 중 95개를 중국인이 소유하고 운영하고 있다. 전체 소매점의 3분의 1을 장악하고 있는 셈이다. 구멍가게부터 테이크아웃 전문점, 자동차 정비소, 식료품점, 중간 규모의 호텔, 택시 회사, 철물점까지 종류도 다양하다. 2006년까지 마셜제도에서 발행한 수입업 허가는 모두 67건이었는데, 그중 30건이 중국인 이민자가 받은 것이었다.

1990년대 후반에는 바누아투도 여권 사업에 발을 들였다. 바누아투 정부는 중국 국적의 천젠펑을 당시 포르투갈의 지배를 받던 마카오 명예영사로 임명하고, 대만에서 태어나 홍콩에 거주하는 앨버트 카오를 당시 영국 식민지였던 홍콩 명예영사로 임명했다. 그리고 투자 및 이민 업무를 전문으로 하는 홍콩의 NCI 인터내셔널이라는 회사의 책임자 래리 위를 캄보디아의 바누아투 공식 대사로 임명했다. 중국 대륙에서 태어난 래리 위는 아이러니하게도 마셜제도 여권을 소지하고 홍콩에서 영사 업무를 담당했다. 바누아투의 활력 넘치는 행정감찰관 마리노엘 페릭스 패터슨이 래리 위에게 캄보디아의 수도 프놈펜 대신 왜 홍콩에 있느냐고 묻자 그는 치안 문제 때문이라고 대답했다. 프놈펜이 너무 위험하다는 이유였다.

1997년 4~5월, 바누아투 정부에서 외무부 장관 윌리 지미를 포함해서 대표단 4명이 홍콩과 마카오를 방문했다. 홍콩과 마카오 명예영사로 임명된 신임 외교 대표들은 이들에게 풍성한 선물과 함께 바누아투에 대한 투자를 약속했다. 더 정확히 말하면 중국 국민에게 여권을 판매하기로 계획을 세웠다. 그때 이미 캄보디아는 서구 국가로 불법 이민을 시도하는 이들에게 중요한 기착지 역할을 하고 있었다. 태국에서 가짜 여권과 기타 서류를 위조하는 동안 머무는 곳이었다. 바누아투 여권은 최종 목적지로 가는 도중에 어디에선가는 혹은 어디에서든 쓸모가 있었다.

그러나 행정감찰관 패터슨이 제출한 보고서 때문에 여권 판매라는 돈벌이도 끝장나고 말았다. 그러자 바누아투는 2000년, 2001년에 명예영사 두 명을 새로 임명했다. 그중 한 명이 천홍기 또는 피터 천이라 불리는 홍콩인이다. 그는 홍콩 경찰들에게 잘 알려진 인물이었다. 1982년 5월 9일, 피터 천은 홍콩 완차이에 있는 보석상에 무장하고 쳐들어가 8만 4천 달러어치 금과 다이아몬드를 훔쳐서 달아났다. 나중에 체포된 피터 천은 이듬해 6월에 홍콩 법정에 섰고 15년 형을 선고받았다. 그의 부인 림석와는 5년 형을 선고받았다. 전과가 탄로 나자 피터 천은 홍콩 주재 영국의 바누아투 명예영사직을 사임했다.

다른 한 사람은 태국에 사는 아마렌드라 나트 고시라는 인도인으로 태국, 라오스, 캄보디아의 명예영사로 임명받았다. 그는 바누아투에서 센투리온 은행을 운영했으며 GST 은행이라는 역외 은행과도 관계를 맺고 있었다. 그런데 GST 은행은 이탈리아 암브로시아노 베네토 은행으로부터 약 5천만 달러를 사취한 혐의를 받고 있었다. 아마렌드라 나트 고시는 바누아투에서 새로 발급된 외교관 여권을 이용해 방콕에 있는 오스트레일리아 대사관에 상용 비자를 신청했다. 이에 오스트레일리아 대사관이 그에게 외교관 여권이 아닌 인도 여권으로 다시 신청하라고 조언하는 해프닝이 벌어졌다. 한편 아마렌드라 나트 고시와 당시 바누아투 수상이었던 바락 소페는 2001년 2월에 라오스를 대대적으로 방문했다. 라오스 총리 시사바트 케오분판이 두 사람을 맞이했고, 바누아투 대표단은 통신 사업과 유칼립투스 식재는 물론이고 인공위성과 수력발전소에 투자하기로 약조했다.

바누아투가 라오스에 이런 투자를 할 만한 기술이나 돈이 있을

리 만무했다. 사실 바누아투를 대표한다는 두 인물은 약속 이행에는 눈곱만큼도 관심이 없었다. 결국 나트 고시는 여러 인도 은행을 속여 돈을 가로챈 혐의로 독일에서 체포되었다. 인도로 송환되는 것만은 죽어도 피하고 싶었던 그는 10센티미터나 되는 칼을 삼키려고 시도하기도 했다. 하지만 독일 사법 당국은 규정된 절차에 따라 이 사건을 다루었고, 절차가 끝나자 그는 2007년 8월 뮌헨에서 인도 공군 특별기에 실려 인도로 송환되었다.

국제적으로 일을 벌이는 이런 사기꾼 또는 협잡꾼들이 태평양 도서국을 이용하는 것은 단지 돈을 벌기 위해서가 아니다. 게다가 이들이 모두 아시아 출신인 것도 아니다. 지난 수십 년간 오스트레일리아, 영국, 미국 출신 사기꾼들이 피라미드 방식, 국제 원조에 대한 허튼 약속, 국가 재산 사취 등으로 태평양 도서국을 속여 돈을 빼돌렸다. 바누아투의 궁정광대 제시 보그다노프 같은 사기꾼은 한둘이 아니다. 1997년에 바누아투를 처음 방문했을 때 나는 말을 번드르르하게 하는 오스트레일리아인 피터 스완슨을 우연히 만났다. 피터 스완슨은 무려 10장에 달하는 외화조건보증서(보통 거래 상대가 수입업자에게 보증금을 적립하라는 요구를 받을 때 환은행에 의뢰하여 발행받는 보증서로서 계약을 이행하지 못했을 경우 몰수당할 보증금을 틀림없이 송금하겠다는 보증을 말한다 – 옮긴이)를 써달라고 바누아투 정부를 설득했던 인물이다. 각각 1천 만 달러에 대한 보증서이니 모두 합하면 1억 달러에 대한 보증을 서달라는 얘기였다. 나중에 피터 스완슨은 바누아투에서 강제 추방되었다. 그런가 하면 영국인 사기꾼 로댐 트위스는 스닙스라는 회사를 운영했다. 태평양에 있는 작은 섬나라에 국가

개발 전략을 팔아먹으려고 했던 회사다. 로댐 트위스는 자신이 세운 전략에 따라 태평양 도서국이 국제 금융기관으로부터 재정 원조를 받으려면, 각 국가에서 먼저 자신의 개인 계좌에 거액을 입금해야 한다고 어처구니없는 사기를 쳤다. 자기 회사에 투자하도록 피지 정부를 설득하다 끝내 실패하자 피터 트위스는 그대로 종적을 감췄다.

태평양 도서국 지도자들이 어떻게 이런 사기꾼들에게 허술하게 속아 넘어가는지 실로 놀라울 뿐이다. 이 때문에 태평양은 아시아를 비롯한 기타 범죄 조직이 작정하고 덤비는 놀이터가 되었다. 1997년 9월에 우연히 공개된 오스트레일리아 외교부 문서에는 태평양 도서국들의 지도자들이 "술에 절어 있는 무능하고 허영심 많고 부패한" 인물들로 묘사되어 있었다. 각국의 경제는 "파산 직전"이라고도 쓰여 있었다. 문서가 유출되자 당황한 오스트레일리아 관리들은 태평양에 있는 이웃들에게 문서 내용을 해명하느라 진땀을 흘렸다. 그러나 평가가 조금 가혹하긴 했지만, 터무니없는 이야기는 아니었다. 태평양 도서국들은 인위적으로 형성된 탓에 보기에는 목가적이지만 실상은 거의 국가 기능이 마비되었다고 할 수 있다. 이민자들뿐 아니라 원주민들에게서도 국민으로서의 의식을 거의 찾아볼 수 없다. 수십 년에 걸친 착취와 저개발, 제대로 된 시민교육의 부재가 불러온 결과이니 만큼 그들만 탓할 수도 없는 노릇이다.

1997년에는 비교적 잘 굴러간다고 믿었던 사모아에서도 중국 사업가들에게 한 개에 2만 6천 달러를 받고 비밀리에 여권을 판매하고 있는 것으로 드러났다. 정부에서 벌인 사업은 아니었고 민간인들 사이에서 시작된 불법 거래였다. 천연자원이 없는 작은 섬나라에 사는 사람들이 얼마나 돈이 궁한지 다시 한 번 확인하는 사건이었다. 여권 판매 외에도 태평양에 있는 많은 국가가 일본, 대만, 한국, 미국, 그리고 최근에는 중국에 어업 허가권을 팔아 재정을 충당했다.

더 놀라운 일도 있다. 조그마한 섬나라 투발루는 1996년에 국가번호 688을 미국 폰섹스 업체에 팔아 국가세입의 10퍼센트에 해당하는 120만 달러를 벌었다. 그 후 투발루는 국가 차원에서 닷티비(.tv)라는 기억하기 쉬운 인터넷 도메인을 캐나다 회사에 임대했다. 그런데 이 회사가 제때 대금을 지불하지 못하자 캘리포니아 패서디나에 기반을 둔 아이디어랩이라는 새로운 파트너를 구했다. 2000년, 아이디어랩이 키운 닷티비(DotTV)는 닷티비(.tv)라는 인터넷 주소를 등록하는 대가로 투발루에 12년간 최고 5천만 달러, 1분기에 최소 1백만 달러를 지불하기로 계약했다. 주민 수가 1만 1천 명에 불과한 투발루로서는 상당한 거액이다.

태평양 도서국들은 가난하고 교육 수준이 낮은 탓에 개인 사업자들의 손쉬운 먹잇감이 될 뿐 아니라 중국과 대만의 외교 전쟁에서 분명히 나타나듯이 좀 더 힘센 나라들이 침투해 들어와도 속수무책으로 당하기 일쑤다. 사실 미국과 캐나다, 오스트레일리아, 뉴질랜드에는 태평양 도서국과는 비교도 안 될 정도로 많은 아시아 이민자가 살고 있다. 그러나 태평양 도서국이 아시아 이민자들을 상대로 민족 정체성을 지켜내는 일은 강대국들의 경우보다 훨씬 힘에 부친다.

늘어가는 중국인 이민, 커져가는 중국의 영향력

시드니와 오클랜드에서 아시아인의 영향력은 실로 막강하다. 1975년에 내가 처음 뉴질랜드를 방문했을 때만 해도 중국인이 거의 없었다. 있어도 기껏해야 청과물상을 운영하는 게 고작이었다. 아시아 음식 중 유일한 패스트푸드는 신문지에 둘둘 말아주는 생선튀김과 포테이토칩이 전부였다. 그런데 요즘에는 오클랜드 중심가에서 유럽인 못지않게 많은 아시아인을 볼 수 있다. 중국, 태국, 한국, 인도 등 싸고 맛있는 아시아 음식점이 즐비하다. 공식 통계에 따르면 2003년 기준으로 뉴질랜드의 아시아인 인구는 34만 6천 명이며 2021년에는 아시아인의 숫자가 60만 4천 명 또는 전체 인구의 13퍼센트에 육박할 것으로 내다보고 있다. 이런 변화에 적개심을 보이는 뉴질랜드 백인들이 있기는 하지만, 어쨌거나 뉴질랜드는 아시아 이민자들을 흡수할 능력이 있다. 오스트레일리아나 뉴질랜드에 사는 중국인은 언젠가 중국계 오스트레일리아인 또는 중국계 뉴질랜드인이 될 것이다. 그러나 태평양의 작은 섬나라들에서는 이것이 불가능하다.

뉴질랜드 더니든과 기즈번에서는 중국계 시장이 나왔다. 오스트레일리아에서는 중국인 이민자의 후손들이 멜버른과 애들레이드 시장으로 취임했고, 시드니 부시장에 임명되었다. 오스트레일리아의 3대 도시에서 중국계 시장과 부시장이 나온 것이다. 캐나다에서는 중국 출신들이 브리티시컬럼비아 주 인구의 10퍼센트, 밴쿠버 시 인구의 17퍼센트가량을 차지하고 있다. 두 지방은 캐나다에서 인구가 가장 많은 지역에 속한다. 1980년대와 1990년대에 새로 온 중국인들은 대부분 홍콩 출신이었다. 하지만 최근 몇 년간은 대다수가 중국 본토에서 이주해왔다. 이제 캐나다에서 중국어는 영어와 프랑스어 다음으로 가장 많이 쓰는 언어다. 중국계 기자이자 소설가인 에이드리엔 클라크슨이 1995년부터 2005년까지 캐나다 총독을 역임하기도 했다.

그러나 마셜제도, 통가, 파푸아뉴기니에 정착한 이민자들이 오스트레일리아와 뉴질랜드, 캐나다, 미국에 정착한 이민자들처럼 이민국을 자신의 새 조국이라 여길 것 같지는 않다. 태평양 도서국에서는 원주민들마저도 국민으로서의 분명한 의식을 가지고 있지 않다. 이민자들은 여전히 중국에 충성심을 보이고 중국이 자신의 조국이라 생각한다. 따라서 중국에서 이민을 온 사업가들은 솔로몬제도와 파푸아뉴기니의 열대우림이 파괴되는 것을 보고도 전혀 염려하지 않는다. 통가 원주민의 마음을 살피는 세심함도 찾아볼 수 없고, 마셜제도의 해양 환경을 보존해야 할 필요성도 못 느낀다. 정치적으로 말하자면, 이들은 중립을 지키고 싶어 하는 남태평양 섬나라들의 이해관계보다 중국의 전략적 이해관계를 먼저 생각한다는 얘기다. 그 사이에서 태평양 도서국들은 옴짝달싹하지 못할 것이다.

태평양에서 중국의 영향력이 커지는 문제를 논의할 때는 인종 갈등으로 문제를 단순화하지 않는 것이 중요하다. 태평양 지역의 뉴질랜드 대사를 거쳐 베이징 주재 뉴질랜드 대사를 역임한 마이클 파울스는 태평양 지역을 연구하는 학자에게 이런 이야기를 들었다고 〈아일랜드 비즈니스〉에 털어놓았다. "태평양 도서국들은 수년간 서구에서 온 사기꾼과 협잡꾼들에게 휘둘렸다. 이들과 새로 온 중국인 사기꾼들의 차이점은, 중국인들은 유대기독교의 유산 같은 도덕 질서에 동의하지도 않는다는 점이다." 마이클 파울스는 그의 말을 전하며 "그 교수는 아마도 공자에 대해서는 전혀 아는 바가 없는 모양"이라고 평가했다. 마이클 파울스는 모든 이들이 태평양 지역에 대한 중국의 개입을 받아들이고 적응해나가야 한다고 주장했다. "이 지역에서 무슨 일이 벌어지는지 알아차리고, 몇 가지 합리적인 조치(태평양 도서국들이 비자와 여권 발급에 관한 합리적인 정책을 채택하고, 중국인 뜨내기 사업가들을 단속할 법을 시행하는 등)를 취하고, 이런 변화가 가져올 새로운 기회를 모색한다면, 우려보다는 만족할 만한 일들이 더 많아질 것이다."

서구 세력이 쇠퇴한 자리에서 중국의 영향력이 커지고 있는 건 엄연한 사실이다. 이것은 단지 무역, 상업, 이민만의 문제가 아니다. 오스트레일리아 학자 존 헨더슨과 벤저민 라일리는 이렇게 말했다. "오세아니아 지역의 불안과 갈등의 원인은 대개 내부에 있다. 불안과 갈등이 심화되는 시기에 중국의 개입이 늘어난 것은 절대로 우연이 아니다. 태평양 도서국들은 전략적으로 중국에 이용당하기 쉬운 약점을 지니고 있다. 재정 문제를 비롯해 이들이 안고 있는 여러 문제를 빌미로 중국은 싼값에 이 지역을 손에 넣고 있다.

중국 입장에서 태평양 도서국들은 꽤 쓸모가 많은 편이다. 우선 국제회의에서 투표권을 쥐고 있는 태평양 국가들은 중국이 대만과 치고 박고 싸울 때 중국을 위해 한 표를 행사할 수 있다. 또한 수산자원과 해양자원이 풍부하고, 항만 시설과 군사기지로 활용하기 좋은 전략적 요충지이기도 하다. 이 말은 곧 태평양 도서국들에 비교적 적은 돈만 투자해도 장기적인 관점에서는 충분한 보상을 받을 수 있다는 뜻이다."

〈애틀랜틱 먼슬리〉 2005년 6월 호에서 미국 저술가 로버트 캐플런은 미국과 중국 사이에 앞으로 수십 년간 제2차 냉전이 벌어질 터인데, 냉전의 주요 무대는 바로 태평양이 될 것이라고 주장했다. '평화로운 대양'이라는 이름이 무색하게 태평양은 초강대국들이 경쟁을 벌이는 다음 무대가 될 운명인 것 같다. 그리고 그 여파는 오스트레일리아와 아시아 대륙까지 미칠 것이다. 태평양에서 군비경쟁이 벌어진다면 주변에 있는 주요 국가들 역시 뒷짐 지고 구경만 하려 하지는 않을 테니 말이다. 중립을 지키는 것도 말처럼 쉽지는 않을 테니 최소한 어느 쪽과 손을 잡을지 선택해야 할 것이다.

제3의 물결이라 할 만한 중국인 이민은 지금 한창 진행 중이다. 이들이 장기적으로 태평양 같은 지역에서 아무런 갈등 없이 평화롭게 살아갈지는 확실치 않다. 비교적 고립된 지역에 속한 푸젠 성과 광둥 성 출신이 대거 이주했던 이전과 달리 이번 이민 행렬은 중국의 전략적 이해관계와 훨씬 더 밀접하게 연결되어 있다. 중국은 전략적으로 전에 서구 국가들이 지배했던 지역에 영향력을 행사하고 있다. 따라서 러시아 극동 지역에서 그랬던 것처럼 세력 균형에 변화가 생길 수밖에 없다. 그리고 동남아시아 일부 지역에서도 지금 같은 일이 벌어지고 있다.

5장

중국과 동남아시아, 경제공동체로 **묶이다**

중국과 동남아시아를 잇는 고속도로와 뱃길

중국과 국경을 마주하고 있는 라오스 북서부의 보텐에는 1990년대에 자동차 밀수업자 말고는 찾아오는 외지인이 거의 없었다. 밀수업자들은 미국에 거대한 공장을 지은 일본 자동차 혼다 또는 바레인을 비롯해 페르시아 연안국에서 사들인 독일 고급 세단을 방콕과 메콩 강 건너 태국 북부에 있는 마을 치앙콩으로 실어 날랐다. 그런 다음 배를 타고 라오스의 반훼이싸이로 건너가서 중국 윈난성과 국경을 마주하고 있는 루앙 남타까지 무리를 지어 차를 몰았다. 거기에서 상인들은 자동차 값의 2백 퍼센트가 넘는 중국 관세와 기타 요금을 내야 했다. 하지만 국경 관리들과 협상을 통해 훨씬 적은 값에 합의를 볼 수 있었다. 밀수업자들이 국경을 넘을 적당한 때를 기다리는 동안 나를 포함해 몇 안 되는 방문객들은 인적이 끊긴 보텐 국경 지대의 드넓은 벌판에 세워놓은 수백 대의 자동차를 보았다. 땅 주인들은 범상치 않은 자동차 판매원들에게 주차 공간을 빌려주는 대가로 꽤 많은 돈을 벌었다.

라오스를 거쳐 중국에 자동차를 수출하는 사업은 호황을 누렸다.

그러다 1990년대 후반에 국경을 맞대고 있는 중국과 라오스 정부가 밀무역을 단속하기로 결정했다. 그러나 라오스 국경 마을에는 곧 다른 돈벌이 수단이 생겼다. 2002년 10월, 당시 라오스 총리였던 분냥 보라칫이 투자 및 무역을 촉진하고 일자리를 창출하기 위해 특별 구역을 지정한다는 포고령을 발표하면서 보텐 국경 무역지대에 관한 계획을 확정한 것이다.

라오스 정부는 초기 계획을 수정하여 23제곱킬로미터에 이르는 구역을 조성한 다음 중국인 투자자들에게 임대했다. 이 구역 안에서 살던 마을 주민들에게는 퇴거 명령이 떨어졌다. 주민들이 살던 오두막을 모두 헐고 그 자리에 객실 281개를 갖춘 별 세 개짜리 호텔과 카지노 단지를 세웠다. 호텔과 카지노는 2006년 초에 문을 열었다. 객실은 하룻밤에 78달러짜리 일반실부터 2,688달러짜리 귀빈실까지 고루 갖추고 있다. 주요 신용카드는 모두 호텔과 카지노에서 이용 가능했다.

카지노 입구에서는 경비원들이 카메라와 읽을거리를 압수했다가 카지노를 나갈 때 돌려준다. 안내 데스크 뒤편에는 중국인과 라오스인은 도박을 금한다는 안내 문구가 쓰여 있다. 하지만 엄격하게 단속을 하지는 않는다. 치앙콩과 반훼이싸이에서 소형 버스를 타고 온 태국 도박꾼들과 섞여서 게임을 즐기는 라오스인과 중국인을 모든 테이블에서 볼 수 있다. 손님을 찾으려고 카지노 주위를 배회하는 성매매 여성들도 심심치 않게 눈에 띈다. 모두 중국인이다. 이곳에서 성매매를 하는 라오스 여성은 한 명도 없다.

여기가 바로 중국이 동남아시아와 만나는 지점이다. 보텐에서 반훼이싸이와 메콩 강으로 가는 길은 자동차 밀수꾼들 말고는 이용하는 사람이 전혀 없던 그때 이후 고속도로가 깔렸다. 메콩 강에는 다리를 놓기로 했다. 다리가 생기면 자동차로 중국과 태국을 바로 오갈 수 있게 된다. 더불어 동남아시아에 있는 다른 목적지에도 빠르고 쉽게 도달할 수 있을 것이다. 반훼이싸이와 보텐을 잇고 태국까지 뻗어나가는 이 도로는 중국과 남쪽에 있는 이웃 나라들, 동남아시아 각국의 수도를 연결하는 대규모 아시아 도로망의 일부다.

이 길을 따라 상업이 활발하게 이뤄지고 있다. 2008년에는 중국 투자자들이 태국 치앙센에서 메콩 강을 사이에 두고 마주 보고 있는 라오스 국경 지대에 또 다른 대규모 카지노 단지를 건설하기 시작했다. 치앙콩에서 멀지 않은 곳이다. 중국이 동남아시아에서 일어난 공산주의자들의 반란을 지지하던 시절은 끝났다. 이제 중국의 최우선 과제는 무역이다. 무역과 함께 이주자들을 늘리면서 중국은 남쪽 지역으로 경제적 영향력을 확장하고 있다.

2000년에 중국, 라오스, 버마, 태국이 메콩 강을 오가는 상업 항해 협약을 맺음에 따라 치앙센은 메콩 강에서 가장 붐비는 항구가 되었다. 태국에서 생활하는 미국 연구자 매튜 휠러는 〈제인스 인텔리전스 리뷰〉 2005년 6월 호에 이렇게 소개했다. "중국이 5백만 달러에 달하는 비용을 전적으로 부담하면서 시작한 이 프로젝트는 중국 징훙과 라오스 루앙프라방 사이에 있는 강을 항해하는 데 방해가 되는 걸림돌을 모두 제거하기 위해 추진되었다. 중국 기술자들은 2002년에 여울 11개를 폭파하는 작업을 시작으로 1년 뒤에 3단계 계획 중 1단계를 마무리했다. 태국 치앙센까지 최대 150DWT

(재화중량톤수)급 선박이 안전하게 항해할 수 있도록 물길을 조성하는 것이다."

그러나 2002년 6월, 물길을 바꾸다가 라오스와의 국경선이 변경될 것을 염려한 태국 정부가 폭파 작업을 중단시켰다. 태국 환경단체들도 어업으로 생계를 유지하는 주민들이 피해를 입게 될 것이라고 문제를 제기했다. 그러나 보텐이 라오스로 향하는 중국의 관문이 된 것처럼 치앙센도 태국으로 향하는 중국의 관문이 되었다. 메콩 강을 통해 오가는 것은 중국산 소비재와 식품만이 아니다. 2006년 후반에 중국은 메콩 강을 통해 석유를 실어 나르기 시작했다. 〈아시아 타임스 온라인〉은 2007년 1월 9일에 이렇게 보도했다. "12월 29일, 중국 선박 두 척이 메콩 강을 통해 기름을 운송하는 첫 항해에 나섰다. 중동에서 수입하는 석유와 가스를 운송할 다른 항로를 찾으려고 고군분투하던 중국 정부의 지칠 줄 모르는 투지가 빛을 발하는 순간이었다." 중국의 신화통신도 치앙센에서 징홍으로 총 3백 톤의 석유를 운송하는 선박에 대해 보도했다. "전문가들은 이 수로가 말라카 해협을 대체하는 석유 운송 항로로서 윈난 성과 중국 남서부에 안정적으로 석유를 공급할 수 있게 할 것이라고 말했다."

이렇듯 중국과 동남아시아를 묶는 유대 관계는 점차 강해지고 있다. 경제가 탄탄하고 오랫동안 외부의 영향을 흡수해 자기 것으로 삼아온 태국이 이탈할 위험도 있고, 라오스, 버마, 캄보디아같이 상대적으로 작고 약한 나라들이 훨씬 더 불리한 입장에 있긴 하지만 말이다. 특히 최근에 라오스에 대한 중국의 관심과 영향력이 꾸준히 증가했다. 덕분에 라오스와 베트남의 우애에 균열이 생겼다. 동남아시아에서 오랫동안 중국과 적대 관계를 형성했던 베트남과 가까이 지내던 캄보디아에서도 비슷한 변화가 생겼다.

유혈 쿠데타의 주역 훈 센과도 손을 잡다

캄보디아 총리 훈 센이 1998년에 쓴 에세이에서 캄보디아에 뿌리 내린 모든 악의 근원으로 지목했던 중국이 캄보디아의 주요 공여국으로 부상했다. 태평양에서 그랬던 것처럼 중국은 서구 국가들과 달리 외교 관계를 증진하고 올바른 통치를 위해 힘써야 한다는 조건을 달지 않고 캄보디아를 적극 후원했다. 중국은 캄보디아의 주요 투자자이기도 했다. 의류 산업은 물론이고 농업, 광업, 정유, 금속 생산, 호텔, 관광 산업에까지 투자했다. 중국이 훈 센의 눈엣가시 크메르 루주를 후원하던 시절은 이미 지나갔다. 크메르 루주는 1975년부터 1979년까지 캄보디아를 통치하고, 1978년 12월과 1979년 1월에 베트남이 캄보디아를 침략한 뒤 세운 정권에 대항하여 게릴라 전쟁을 벌이고, 1990년대 초반에는 유엔의 중재 하에 이뤄진 평화조약에 따라 민주적으로 선출된 연합 정부에 반대했던 급진적인 공산주의 단체다. 이미 과거 이야기이긴 하지만, 그래도 중국은 여전히 훈 센을 베트남의 꼭두각시라 여겼고 훈 센 역시 중국에 폭언을 퍼부을 기회를 놓치지 않았다.

그런데 훈 센이 1997년에 쿠데타를 일으켜 연정 파트너인 노로

돔 라나리드를 축출하면서 상황이 바뀌었다. 캄보디아를 원조하던 서구 국가들로서는 기분이 좋을 리 없었다. 미국과 독일은 자유롭고 공정한 선거가 치러질 때까지 인도적 원조를 유예하기로 했다. 캄보디아에 가장 많은 후원을 해온 일본도 새로 추진 중인 원조 계획을 중지하겠노라고 발표했다.

이때 훈 센에게 구원의 손길을 내민 이가 다름 아닌 중국 정부였다. 중국은 쿠데타로 연정을 깨뜨린 훈 센의 정권을 가장 먼저 인정해주었다. 그리고 수도 프놈펜에 있던 대만 연락사무소를 폐쇄하고 추방한 훈 센에게 찬사를 보냈다. 당시 훈 센은 대만이 노로돔 라나리드가 이끄는 캄보디아민족연합전선을 은밀히 지원해왔다고 주장하며 대만 세력을 몰아냈다. 오랫동안 캄보디아 정세를 지켜본 줄리우 젤드레스는 이렇게 말했다. "훈 센의 행동으로 중국이 캄보디아에 영향력을 행사할 기회가 생겼다. 〔…〕 1997년 12월, 중국은 280만 달러에 상응하는 군용 화물트럭 116대와 지프차 70대를 제공했다." 1999년 2월에 중국을 공식 방문한 훈 센은 2억 달러의 무이자 차관과 1,830만 달러의 대외 원조를 약속받았다. 그 후 중국인 투자자와 사업가, 이민자들이 캄보디아에 속속 도착했다.

중국인들은 고대 크메르제국 시절부터 캄보디아에 이주하기 시작했다. 1296년부터 1297년까지 원나라 사신으로 크메르제국을 둘러본 주달관은 《진랍풍토기(眞臘風土記)》라는 견문기에 이렇게 썼다. "이 나라에 오는 중국인 선원들은 날씨가 따뜻해서 옷을 걸칠 필요가 없다고 즐겁게 이야기했다. 양식도 쉽게 구할 수 있고, 여자들도 쉽게 넘어오고, 가구도 쉽게 구할 수 있고, 장사도 쉽게 할 수 있기 때문에 아주 많은 선원들이 이곳에 눌러 살고 싶어 한다." 중국에서 온 상인과 목수들도 이곳에 정착했다. 프놈펜은 1434년에 캄보디아의 수도가 되었다. 1606년에 포르투갈인 방문객은 프놈펜에서 사는 중국인이 3천 명이나 된다고 보고했다.

수세기 동안 중국인들은 동남아시아를 위대한 황금 반도, 젖과 꿀이 흐르는 땅, 베이징에 있는 폭압적인 황제의 손길이 닿지 않는 곳으로 알고 있었다. 중국인들의 동남아시아 이민은 증기선이 나오고 19세기 중반 중국 본토에서 정변이 일어나면서 증가했다. 그러나 이때만 해도 이민자들은 주로 남쪽에 있는 푸젠 성과 광둥 성, 하이난 성 출신이거나 하카족이었다. 중국 연구가 윌리엄 윌모트는 최근 이런 상황이 바뀌기 시작했다고 이야기한다. "지금 프놈펜에는 중국인이 20만 명 정도 살고 있는데, 예전보다 구성이 훨씬 다양해졌다. 광둥어, 민난어, 차오저우어, 하이난어, 하카어 등 중국 방언을 사용하는 기존의 다섯 개 집단에 중국의 다른 지방에서 최근에 넘어온 사람들이 합류했다. 이들 중에는 상하이 출신의 의사와 치과의사, 대만 출신의 의사와 건축가, 홍콩 출신의 사업가도 있다. 싱가포르에서 온 의사들과 캄보디아에 투자하는 회사들의 현지 대표를 비롯하여 다른 동남아시아 국가에서 온 중국인들도 있다. 캄보디아에 투자하는 외국 회사의 90퍼센트를 동남아시아와 중국에 사는 중국인이 소유하고 있다."

2004년에 캄보디아 투자위원회는 처음으로 다른 어떤 나라보다 중국으로부터 가장 많은 투자를 받는 것을 승인했다. 그해에 승인된 총 2억 1천7백만 달러 중 중국인이 투자한 금액이 무려 8천9백만 달러나 되었다. 그전까지 주요 외국인 투자자였던 말레이시아가 2천3백만 달러로 2위를 기록했다. 2005년에 중국계 기업이 캄보디아에 투자한 돈은 4억 5천만 달러가 넘었다. 전년 대비 총 투자 금액의 4배가 넘는 액수였다.

중국인 행상과 일꾼들이 남쪽으로 이동할 수 있도록 라오스를 거쳐 캄보디아와 중국을 연결하는 도로가 건설됨에 따라 중국산 소비재 수입도 급증했다. 2006년 10월 6일 〈아시아 타임스 온라인〉 보도에 따르면, 최근에 캄보디아에 들어온 중국인 이민자의 정확한 숫자는 측정이 불가능하다고 한다. 캄보디아에 외딴 지역이 많아서 접근하기가 어려워서다. 그러나 관계자들은 5만 명에서 30만 명 사이일 거라고 추정한다. 새로 지은 중국 사원과 화교 회관을 프놈펜 곳곳에서 볼 수 있다. 1991년에는 거의 20년 만에 처음으로 중국 설날을 기념했다. 요즘에는 캄보디아 수도인 프놈펜에서 중국 설날을 중요한 날로 기념하고 축하한다.

중국 문화가 화려하게 부활한 셈이다. 캄보디아에서 가장 크고 명망 있는 중국인 학교 돤화는 학생 수가 1만 명이 넘는다. 중국어를 공용어로 쓰지 않는 국가에 세워진 중국인 학교 중에 가장 큰 규모다. 중국에서 자란 새로운 이민자들에게는 조국에 대한 자부심이 있다. 기존 화교들보다 애국심이 강하고 단결도 훨씬 잘된다. 이것이 새로운 이민자들과 오래 전에 터를 잡은 화교들의 후손들 사이에 갈등을 유발하기도 한다. 피지를 비롯한 태평양 도서국에서와 마찬가지로 기존의 화교들은 애국심을 과시하는 새로 온 이민자들 때문에 화교 사회에 대한 해묵은 불신이 다시 불거지지는 않을까 걱정한다.

일례로 1999년 5월에 새로 온 중국인 이민자 3백 명이 프놈펜에 있는 미국 대사관 앞에 모여서 베오그라드 주재 중국 대사관 폭파 사건에 항의하는 일이 있었다. 전 세계 많은 나라에서 그랬던 것처럼 캄보디아에서도 중국인 이민자들이 시위를 벌인 것이다. 그런데 몇 세대에 걸쳐 캄보디아에서 산 중국계 캄보디아인 소수가 모여서 시위자들에게 야유를 보내는 반대 시위를 벌였다. 중국이 지지한 크메르 루주 정권에서 캄보디아가 고통 받았던 일을 지적하며 "당신들은 우리 형제가 아니야" 하고 한 사람이 소리쳤다. 당시 캄보디아에서 살던 중국인들은 크메르 루주 치하에서 인민의 피를 빨아먹는 자본주의자라고 박해를 받았다. 그는 계속해서 외쳤다. "당신들이 그때 우리 편 사람들을 죽였어."

그러나 이런 마찰이 중국과 캄보디아 간의 새로운 협력 관계를 어그러뜨릴 것 같지는 않다. 태평양에서처럼 중국의 원조는 권력을 상징하는 건물을 세우는 작업으로 시작된다. 중국은 수백만 달러를 들여 캄보디아에 청사와 국회 건물을 지었다. 그리고 2009년 1월, 캄보디아 국회는 코콩 지방에 수력발전 댐 4개를 건설하는 사업을 중국중형기계총공사와 미셸 코퍼레이션이라는 중국 기업에 맡기는 것을 승인했다. 국회 건물을 지어주고 그에 걸맞은 보상을 충분히 받은 셈이다. 그 사업은 10억 달러 이상의 가치가 있었다. 수력발전 댐 사업은 중국이 이 가난한 동남아시아 국가에서 이제까지 추진한 사업 중에 가장 규모가 크다.

2006년 9월, 〈로스앤젤레스 타임스〉는 중국의 캄보디아 진출을 이렇게 요약했다. "2004년 일인당 국민소득이 350달러인 이 나라에 중국이 관심을 갖는 것은 아프리카, 중앙아시아, 남아메리카의 외딴 지역에 중국인을 보내는 것과 똑같은 이유 때문이다. 경제성장을 촉진할 천연자원을 확보하고 세계 무대에서 정치적 영향력을 높이기 위해서다."

라오스의 SOC 건설을 책임지다

중국이 인구가 650만 명밖에 안 되고 아시아에서 가장 가난한 국가에 속하는 라오스에 관심을 갖는 것도 같은 이유에서라고 할 수 있다. 라오스에서 중국인의 존재감은 보텐에 있는 카지노 밖에서도 확연히 드러난다. 수도 비엔티안에 있는 왓따이 공항으로 가다 보면 아파트 단지가 나오는데, 여기에는 라오스의 역사가 그대로 투영되어 있다. 원래 이 건물은 1970년대 초 인도차이나 전쟁 당시 공산주의 반군과 북베트남 군대에 맞서 우파 왕립 정부를 후원하려고 왔던 미국인 고문들과 CIA 첩보원들에게 거처를 제공하기 위해 지은 것이었다. 그러다 1975년 12월에 좌익 세력 파테트 라오가 정권을 잡자 소련 기술자들이 이 건물을 접수했다. 요즘에는 주요 고객인 중국인의 입맛에 맞춰 '베이징 레스토랑'이라는 중식당까지 갖춘 메콩 호텔과 아파트가 들어서 있다. 라오스 TV와 라디오 방송은 라오스와 베트남의 영원한 우정에 대해 이야기하길 좋아하지만, 지금은 중국이 이 나라의 핵심 동맹국이다.

라오스에서 일하는 중국인의 숫자는 반훼이싸이-보텐 고속도로가 건설된 이후 눈에 띄게 늘었다. 도로 건설 현장에서 일했던 중국인 수천 명이 라오스에 남아서 상점과 음식점을 개업했다. 공식 통계에 따르면 현재 중국인 약 3만 명이 라오스에서 살고 있다. 실제 숫자는 그보다 10배는 많을 것이다. 이와 동시에 중국은 라오스에서 약 8억 7천6백만 달러의 가치가 있는 236개 사업을 진행하는 핵심 투자자가 되었다. 1996년에 3백만 달러어치의 투자를 했던 것과 비교하면 현저하게 증가한 수치다. 2007년 8월까지 라오스 투자계획위원회가 승인한 중국인 직접 투자 총액은 11억 달러에 이른다. 태국이 투자한 13억 달러에 이어 두 번째로 큰 금액이다. 중국인 투자의 약 3분의 1은 수력발전이다. 또한 라오스 정부는 중국 회사들의 금, 구리, 철, 보크사이트 채굴권을 승인했다. 중국인들이 고무 농장을 운영할 수 있게 넓은 토지도 임대해주었다.

1990년대 후반부터 중국은 보조금, 무이자 차관, 특별 차관 방식으로 거의 5억 달러에 가까운 자금을 지원했다. 또한 비엔티안에 라오족의 전통 건축양식을 따라 대형 문화 회관을 건설했다. 가정집과 가게를 겸한 수수한 건물과 프랑스 식민지 양식으로 설계된 저택들로 가득한 도시 풍경과는 괴리감이 있는 문화 회관을 보고 눈살을 찌푸리는 이들도 더러 있었을 것이다. 2004년 11월, 중국은 비엔티안을 대표하는 개선문 빠뚜싸이 주변에 있는 공원도 아름답게 꾸몄다. 그리고 2009년에 라오스에서 개최될 동남아시아 경기대회를 위해 경기장도 건축했다. 2007년 6월, 영어로 발간되는 〈비엔티안 타임스〉는 중국으로부터 받은 특별 차관 덕분에 라오

텔레콤 컴퍼니와 라오 아시아 텔레콤이라는 회사를 설립하고, 한 시멘트 공장에 자금을 지원하고, 라오 항공이 중국산 MA 60 항공기 두 대를 구입하고, 정부가 주관하는 인터넷 프로젝트를 여럿 추진할 수 있게 되었다고 보도했다. 비엔티안 주재 중국 대사는 라오스 후원회에 참석하여 이제껏 라오스에 왔던 그 어떤 외교관보다 주도적인 역할을 했다. 비엔티안에 새로 설립할 예정인 차이나타운에 사는 중국인 수천, 수만 명도 곧 중국 대사와 함께 후원 활동에 동참할 것이다. 그러나 차이나타운 건립을 예민하게 바라보는 시선들 때문에 이 프로젝트는 '신도시 개발계획'이라는 그럴싸한 이름으로 불린다.

계획이 추진되면 작고 조용한 라오스의 수도 비엔티안은 어느 날 메콩 강 유역에 자리 잡은 맨해튼처럼 보일지도 모른다. 2008년에 한 예술가는 관영 통신사와의 인터뷰에서 신도시 개발계획이 늪지대를 현대적인 도시로 탈바꿈시킬 것이라고 밝힌 바 있다. 아마도 그곳에는 중국에서 온 이민자 약 5만 명이 거주하게 될 것이다. 2008년 4월 6일 자 〈어소시에이티드 프레스〉 보도에 따르면, 한 중국 회사는 고층 빌딩과 쇼핑센터를 건립하기 위해 약 17제곱킬로미터에 달하는 땅을 50년간 임대했다고 한다. 계약 기간이 끝나도 갱신이 가능한 임대 계약을 라오스 정부로부터 승인받은 것이다. 중국이 2009년 동남아시아 경기대회를 후원하는 대가로 성사된 거래였다. 스스로 경기장을 건설할 힘이 없자 라오스 정부는 중국 국책은행인 국가개발은행에 손을 벌렸다. 이에 국가개발은행에서는 땅을 임대해주는 대가로 경기장을 건설할 수 있도록 쑤저우 공업

단지 해외투자회사에 대출을 해주었다.

중국 회사 세 곳이 신도시 개발계획에 참여하고 있다는 보도가 나왔고 예상했던 대로 많은 논란이 일었다. 〈어소시에이티드 프레스〉는 비엔티안에 거주하는 중산층 시민의 말을 이렇게 인용했다. "우리 라오스 사람들은 강하지 않습니다. 그래서 중국인 숫자가 점점 늘어나서 결국에는 우리나라를 중국으로 바꾸어놓을까 봐 두려워합니다. 우리는 우리 문화를 잃고 말 겁니다." 사실 보도와 비판에 거침이 없는 캄보디아 언론과 달리 라오스 언론은 정부로부터 엄격한 통제를 받는다. 〈어소시에이티드 프레스〉와 인터뷰한 그 시민은 이렇게 덧붙였다. "라오스 기자들도 이런 이야기를 쓰고 싶어하지만 쓸 수가 없습니다. 커피숍 말고는 불만을 토로할 곳이 없어요. 커피숍이 의회인 셈이죠." 오스트레일리아 출신의 중국 전문가 마틴 스튜어트폭스는 이렇게 말했다. "예전에 라오스를 이끌던 지도자들은 중국과 베트남 사이에서 균형을 지키고 강한 이웃 나라들 사이에서 압사하지 않는 법을 알고 있었습니다. 그러나 그 세대는 이미 역사 속으로 사라졌죠. 제가 보기에는 균형이 깨지고 있는 것 같습니다."

버마 정부와 반군 사이에서

강한 이웃 나라 사이에서 고생하는 나라는 라오스 말고도 더 있다. 버마는 남쪽으로 세력을 확장해오는 중국에 시달린 지 이미 오래다. 지독한 인권 탄압과 억압적인 정치체제 때문에 서구 국가들은 지금도 버마 군사정권과 거리를 두고 있는 반면, 중국과 인도는 버마에서 더 많은 영향력을 손에 넣으려고 다투는 중이다. 중국은 반란을 일으킨 버마공산당에 수년간 무기와 돈을 댔고 군사 고문까지 지원했다. 결국 1988년 8월 6일에 의미심장한 정책 변화가 감지되었다. 버마가 혼란에 빠져 있던 이날 중국과 버마는 국경 무역 협정에 조인했다. 이틀 뒤인 1988년 8월 8일 사실상 거의 모든 도시와 읍과 촌락에서 수백만 명이 가두시위를 벌이며 군사 통치 종식과 민주주의 회복을 요구하는 반군부 민중 항쟁이 일어났다. 버마 국민들은 1962년 군사정권이 들어서기 전에 맛보았던 민주주의로 돌아가길 원했다.

앞을 내다보는 능력이 탁월한 중국인들은 1985년 9월 2일 관영 주간 잡지 〈베이징저우바오〉에 살짝 의중을 드러냈다. 웬만큼 주의를 기울이지 않으면 눈치 채지 못할 정도였다. 통신부 차관을 지낸 판치는 "남서로 개방: 전문가 의견"이라는 제목의 글에서 중국 내륙 지방인 윈난 성과 쓰촨 성에서 버마를 거쳐 인도양까지 연결하는 통상로를 찾을 수 있을지 모른다고 강조했다. 그리고 중국 제품을 수출하는 통로로 버마 북부의 미치나와 라시오까지 가는 철도와 이라와디 강을 언급했다. 하지만 이들 국경 지대가 버마 중앙 정부의 관할 하에 있다는 사실은 언급하지 않았다.

1989년에 상황이 바뀌었다. 버마공산군의 고산족 사병들이 마오쩌둥을 지지하는 노회한 지도부에 맞서 반란을 일으킨 것이다. 반란을 주도한 군인과 지휘관들은 대부분 벽지 산간 지방 출신의 와족이었다. 험한 산이 중국과 버마 북동쪽 국경에 걸쳐져 있는 곳이다. 반군은 중국 국경 주변으로 2만 제곱킬로미터에 달하는 지역을 장악했다. 이곳은 원래 중국이 동남아시아와 다른 지역에서 공산주의자들의 반란을 지원하던 1960년대 후반부터 1970년대 초반까지 버마공산당이 장악했던 지역이다.

버마공산당 지도부와 그 가족 3백 명 정도가 국경을 넘어 중국으로 피신했다. 그리고 윈난 성 성도인 쿤밍과 좀 더 작은 국경 마을 루이리, 텅충, 징훙에 정착했다. 반군 2만 명은 종족별로 4개 지역군으로 갈라졌다. 그리고 모두 버마 군사정부와 휴전협정에 들어갔다. 정부와 싸우지 않는 대가로 이들은 군대를 보유하고, 각 지역을 독립적으로 통치하고, 자급자족을 위해 무역 활동을 해도 좋다는 허락을 받았다. 1990년까지 중국과 버마 사이의 무역 활동은 매우 활발했고, 버마 정부를 통해서나 휴전에 들어간 반군을 통해서나 두 나라의 유대 관계는 점차 강화되었다. 몇 년이 채 안 되어 버마는 동남아시아에서 정치적으로나 군사적으로나 중국의 주요 동맹국이 되었다.

중국은 1988년 8월과 9월에 일어난 민주화 항쟁을 잔인하게 짓밟아 전 세계로부터 비난을 받은 버마 군사정권이 지속될 수 있도록 무기를 지원하기 시작했다. 버마군은 무장도 하지 않은 시위대를 향해 마구잡이로 총을 쏘았고 이 때문에 수천 명이 목숨을 잃었다. 그리고 그보다 더 많은 이들이 교도소와 강제노동수용소로 끌려갔다. 1988년에 있었던 버마 대학살과 이듬해에 베이징에서 벌어진 톈안먼 사건을 고려할 때 국제적으로 고립되어 비난을 한 몸에 받은 두 나라가 서로 깊은 유대감을 느꼈다고 해도 그리 놀랄 일은 아니다. 1989년 9월 30일, 버마 정보부장 킨 늉 중장은 당시 버마 수도 양곤에서 근무 중인 중국인 기술자들에게 이렇게 연설했다. "비슷한 내홍을 겪은 우리는 올해(1989년 5, 6월)에 중화인민공화국에서 발생한 사건에 안타까운 마음을 금할 길이 없습니다."

판 치가 1985년에 기고한 기사에서 지적한 대로 버마는 중국에게 전략적으로 중요한 나라였다. 1991년 후반에 중국인 공학자들과 기술자들은 형편없는 버마의 도로와 철로를 보수하는 사회기반시설 확충 사업에 팔을 걷어붙였다. 중국 군사 고문들도 버마에 당도했다. 1950년대에 오스트레일리아에서 버마군을 훈련하기 위해 대표단을 파견한 이래 버마에 외국 장병들이 주둔하는 것은 처음 있는 일이었다. 곧이어 중국에서 군사 장비도 들여왔다. 1988년에 민중 봉기가 있고 나서 10년간 중국은 68-II식 전차 80대, 63식 전차 100대, 85식 병력 수송용 장갑차 250대, 다연장로켓포, 곡사포, 고사포, HN-5A 지대공미사일, 박격포, 돌격소총, 무반동포, 로켓 추진형 수류탄 발사기, 방공레이더 JLP-50와 JLG-43, 대형 트럭, 청두 F-7M 제트전투기, 고등 훈련기 FT-7과 FT-6, 지상 공격 전투기, SACY-8D 수송기, 하이난급 순시선, 허우신급 미사일 고속정, 소해정, 소형 포함 등을 버마에 공급했다. 그리고 2000년에는 K-8 카라코람 지상 공격 전투기 12대를 전달했다. 중국의 또 다른 동맹국 파키스탄과 합작 투자를 통해 생산한 전투기였다.

1990년대에 중국이 버마에 공급한 군사 장비의 값을 모두 합하면 10~20억 달러에 이르는 것으로 추정된다. 1988년의 민중 봉기를 진압한 뒤 비슷한 민중 봉기가 되풀이되는 것을 막기 위해 버마 군사정권은 군대 규모를 두 배 이상 늘렸다. 육해공군에서 복무하는 군인의 수는 1988년 18만 6천 명에서 2001년 45만 명으로 증가했다. 더불어 육해공군 모두 현대화 작업에 돌입했다.

중국이 버마를 무장시키기로 결정한 이유 중 하나는 분쟁이 일어나기 쉬운 지역을 통과해야 하는 새로운 통상로를 군사적으로 보호하기 위해서였다. 물론 좀 더 장기적인 관점에서 인도양까지 바라본 결정이기도 했다. 우회해서라도 인도양에 이를 수 있다면 전략적인 측면에서 중국에 상당한 이익이 되기 때문이다. 중국으로서는 말라카 해협을 통해 중동으로부터 석유를 공급받는 운송로와 함께 새로운 운송로를 확보하는 편이 훨씬 좋은 것은 말할 필요도 없다.

중국이 인도양으로 밀고 내려오면 이 지역에서 중국과 경쟁 구도에 있는 인도로서는 당연히 심기가 불편할 수밖에 없다. 특히 중국이 벵골 만과 안다만 해를 따라 청음초(聽音哨) 4곳을 설치하는 등 버마의 해군 시설을 보강하는 데 촉각을 곤두세우고 있다. 중국은 버마 서부 아라칸 주 앞바다에 있는 만아웅, 이라와디 강 삼각주에 있는 하인기 섬, 말라카 해협 입구에서 바로 북쪽에 있는 자데트키 섬, 인도 안다만제도 바로 북쪽에 있는 전략적 요충지 코코 섬에 각각 청음초를 세우는 데 앞장섰다. 양곤 근처 몽키 포인트에 있는 버마 해군기지와 항구도시 몰멘 남부 키아이카미에서도 중국 기술자들을 볼 수 있다.

버마 군사기지 상당수를 중국이 장악하고 있다고 불안감을 높이는 인도 언론의 보도와는 달리 이들 군사기지는 중국이 아니라 여전히 버마가 지키고 있다. 그러나 중국의 도움을 받아 군사시설을 보강하고, 중국제 레이더 장비를 새로 들이고, 초창기에 중국인 기술자들이 일부 군사시설을 가동시킨 덕분에 중국 정보기관이 이 민감한 해양 지역을 감시할 수 있었던 것만은 틀림없는 사실이다. 중국과 버마는 여러 협정에 합의하고 양국이 필요한 정보를 서로 공유하기로 약속했다. 2001년에 중국 잠수함 한 척이 중국 고위 군사대표단이 방문하기 전에 아라칸 주에 있는 항구도시 시트웨에 먼저 도착해서 중국 무기 판매 문제를 검토했다는 사실이 드러나기도 했다. 단순한 상업적 거래를 뛰어넘어 전략적으로 중요한 무언가가 있었던 것이 분명하다.

1998년 6월, 당시 인도 국방장관이었던 조지 페르난데스는 중국이 버마를 도와 벵골 만에 있는 섬에 인도 해군 시설을 정찰하는 데 이용될 수 있는 정찰 및 통신 장비를 설치했다고 비난함으로써 사회를 떠들썩하게 했다. 버마는 혐의를 부인했고 중국 외무부도 인도 국방장관이 한 말에 이루 말할 수 없는 유감과 분노를 느낀다고 발표했다. 그러나 인도가 그렇게 염려하는 데는 그럴 만한 이유가 있었다. 1994년 8월, 인도 해안경비대는 안다만 해에 있는 인도 해군기지 부근에서 고기를 잡는 선박 세 척을 발견했다. 저인망어선 세 척에는 모두 버마 깃발이 꽂혀 있었지만, 선원 55명은 중국인이었다. 배에는 물고기를 잡는 장비는 하나도 없었고 무선통신기와 수심측량기만 있었다. 뉴델리에 있는 중국 대사관이 나서서 억류

되어 있던 선원들을 풀어주게 했다. 신중을 기하던 인도 국방부도 이 사건을 조용히 묻었다. 그러나 중국의 의도가 훨씬 명확해지자 인도 정부는 버마에서 일어나는 변화에 예전보다 더 주의를 기울이기 시작했다.

1997년 3월, 중국의 신화통신은 중국과 버마의 전문가 집단이 윈난 성을 거쳐 버마 이라와디 강으로 가는 육로, 수로 운송을 연구했다고 보도했다. 같은 해 5월 5일에는 중국과 버마가 이 운송로를 개발하기로 합의했다고 보도했다. 옛 운송로보다 5천8백 킬로미터나 거리를 단축하여 쿤밍과 중국 동해안의 주요 항구인 상하이를 잇는 운송로라고 했다. 이로써 버마 시장도 싼 중국산 소비재로 홍수를 이뤘다. 또한 중국은 버마에서 엄청난 양의 목재를 수입하기 시작했다. 덕분에 버마 북부의 넓은 지면이 민둥산이 되다시피 했다. 지금 중국은 버마에서 석유와 가스, 광물을 탐사하고 있다.

그러나 1997년 협정에 합의하기 훨씬 전에 중국은 쿤밍에서 버마와 국경을 마주하고 있는 샤관까지 철로를 건설하기 시작했다. 쿤밍에서 국경 마을 루이리까지 이어지는 옛 버마로드도 보강했다. 버마로드는 2차 세계대전 기간에 서구 연합군이 일본에 저항하는 중국 국민당 군대에 보급품을 전달하기 위해 건설한 것이다. 중국인 기술자들은 국경을 넘어 버마 카친 주에 있는 이라와디 강 유역의 바모까지 버마로드를 확장했다. 바모는 남쪽에서 배를 타고 갈 수 있는 이라와디 강 최북단에 있는 항구도시다. 바지선을 이용해 이곳 바모에서 강 아래로 1백 킬로미터, 양곤 북쪽으로 280킬로미터 떨어진 민라까지 상품을 운송할 계획이다. 그리고 아라칸 요마

산을 가로질러 민라에서 아라칸 앞바다에 있는 차우크퓨까지 내려가는 길을 건설하려 한다. 차우크퓨는 모래가 쌓인 양곤 강 입구보다 수심이 깊은 새로운 항구 입지로 선정되었다. 2009년 3월 27일 버마와 중국은 아라칸 해안에서 버마를 거쳐 중국으로 중동과 아프리카 석유를 실어 나를 송유관도 건설하기로 합의했다. 말라카 해협을 건너 싱가포르를 경유하는 긴 여정을 짧게 줄여줄 새로운 항로였다. 병렬 송유관은 안다만 해에 있는 버마의 가스 매장지에 이를 것이다. 2013년에 공사가 완료되면, 25억 달러를 쏟아부은 이 항로는 지금 치앙센에서 징훙까지 메콩 강을 오가는 선박보다 훨씬 중요한 에너지 공급 통로가 될 것이다.

2010년 후반에 버마 언론은 중국이 쿤밍과 차우크퓨를 잇는 철로를 건설할 계획이라고 보도했다. 차우크퓨에는 공업지대가 들어설 것이라고도 했다. 2010년 10월 16일자 〈일레븐 뉴스〉에 따르면 철로는 2015년에 완공될 예정이다. 쿤밍과 버마의 옛 수도이자 주요 항구인 양곤도 1,920킬로미터에 달하는 또 다른 철로로 연결될 것이다. 2011년 1월 8일 〈아시아 타임스 온라인〉에 따르면, "이 노선은 버마 남부 해안에 있는 다웨이의 신항구 건설 계획과 연결되는 철로와 이어질 것이다. 신항구 건설 계획에는 〔…〕 다웨이와 방콕을 잇는 새로운 철로 건설이 포함되어 있다." 그러면 새로운 철로와 도로, 수로 네트워크는 모든 지역을 윈난 성과 연결해줄 것이고, 중국의 수출입 및 기타 상업 활동에 이바지하게 될 것이다.

인도의 안보 전략 책임자들은 이런 움직임을 보고 놀라지 않을 수 없었다. 1962년에 버마에서 군부가 정권을 잡기 전에 인도는 버마와 화기애애한 관계를 유지하고 있었다. 인도 초대 총리 자와할랄 네루와 버마 초대 총리 우 누는 세계관을 공유했고, 인도는 버마의 독립에 따른 격변과 반란의 한복판에서 버마 정부를 돕기 위해 군사 지원도 아끼지 않았었다. 1962년 쿠데타 후에도 인도는 버마와 공식적인 관계를 유지했다. 1988년에 민중 봉기가 일어나고 버마 군부가 민주화 운동을 유혈 진압하기 전까지만 해도 그랬다. 1988년 당시 인도 총리였던 라지브 간디는 민주화 운동을 지지한다고 공개적으로 밝혔다. 심지어 인도는 버마 소수민족으로 이뤄진 여러 반군 단체에 무기와 탄약을 공급하기까지 했다. 인도는 그렇게 모든 반란군을 지원하는 방식으로 버마에서 영향력을 키워가는 중국에 대응했다.

그러나 1993년경 인도는 이런 방침이 버마를 압박해 중국과 더 가까워지게 만든 것 말고는 아무 소득이 없었다는 점을 인식하고 정책을 재고하기 시작했다. 그리고 버마 군사정부와 관계를 개선하여 중국에 대한 버마의 의존도를 낮추는 쪽으로 정책 방향을 완전히 틀었다. 2000년, 당시 인도군 수장 베드 프라카시 말리크 장군이 이틀간 버마를 방문했고, 곧이어 버마군 수장 마웅 에도 인도를 방문했다. 인도와 버마는 무역 활동을 위해 국경을 개방했고 얼마 안 되어 그 규모가 중국과 버마 간 국경 무역에 필적하게 되었다. 중국처럼 인도도 버마로부터 석유와 가스를 구입하는 데 관심을 보였다.

중국은 버마에서 우위를 놓치려 하지 않았다. 동남아시아에서의 장기적인 이해관계를 감안할 때 전략적 요충지인 동시에 가스, 목재, 광물 등 천연자원이 풍부한 버마는 중국에게 아주 중요한 존재다. 버마에는 중국에서 온 이민 노동자와 밀수업자, 도박꾼도 아주 많았다. 런던에 있는 환경단체 글로벌 위트니스에 따르면, 이제 만달레이 인구의 30~40퍼센트가 중국인이다. 심히 우려할 만한 일이지만, 군부가 통치하는 버마에서는 도심에서 불안 요소가 감지되면 곧바로 진압된다. 그러나 버마 북동부 쿠트카이 근처에 사는 카친족들이 중국인들을 공격하는 것은 막지 못했다. 1967년에 수도 양곤이 반중국 폭동으로 뒤흔들린 적이 있는 만큼 예민해질 수 있는 문제였다. 당시 군중들은 양곤에 있는 차이나타운을 휘젓고 다니며 가게에 불을 지르고 가정집을 공격했다. 식료품 값 상승으로 국민들의 불만이 극에 달한 상태에서 대부분이 상인이었던 중국인들이 희생양이 되었던 것이다. 사실 버마 정부가 폭동을 부추긴 면이 없지 않았다.

이제는 버마 정부가 중국에 의존하는 형국이니 정부가 폭동을 부추기는 일이 생길 것 같지는 않다. 그러나 버마의 경제 상황이 계속해서 악화된다면, 시민들 스스로 중국인 사업가들을 상대로 폭동을 일으킬 가능성도 있다. 중국계 인구가 상업과 무역을 장악하고 군사 장비에도 중국인이 합작 투자를 하는 도시 지역에서도 얼마든지 폭동이 일어날 수 있다.

버마에서 오래 산 중국인들은 대부분 버마가 영국의 식민지였던 시대에 온 사람들이고, 이들은 거의 대부분이 도시 지역에 정착했다. 대부분 광둥어나 민난어를 썼다. 광둥어를 쓰는 사람들은 최근까지 상당히 큰 화교 사회가 형성되어 있던 콜카타에서 건너온 이들이었고, 민난어를 쓰는 사람들은 싱가포르에서 건너온 이들이었다. 요즘에는 말레이시아에서 건너오는 이들도 있다. 광둥어 사용자들은 목수, 구두장이 등 노련한 장인이었던 데 비해 민난어 사용자들은 상점이나 작은 사업체를 운영했다. 그러나 과거에는 영국인들이 막노동꾼, 부두 일꾼, 인력거꾼, 경비원으로 고용하거나 행정 업무, 우체국, 철도를 운영하기 위해 데려온 인도인들보다 중국인 숫자가 적었다. 2차 세계대전 전에는 양곤 인구의 45퍼센트가 남아시아 출신의 힌두교도, 무슬림, 시크교도였다.

인도인은 버마 주민과 식민국 사람들 사이에 낀 완충제 같은 존재다 보니 버마인들이 인도인에게 심한 분노를 표출할 때가 많았다. 1930년대 중반 양곤에서 인도인을 상대로 폭동이 벌어지기도 했다. 결국 1948년에 버마가 영국으로부터 독립하자 많은 인도인이 고국으로 돌아갔다. 1962년에 군부가 정권을 잡고 사기업을 모두 국영화하자 전보다 더 많은 사람이 인도행을 택했다. 이때 중국인도 많이 떠났지만 그래도 상당수가 남아서 군사정권이 경제를 잘못 운영한 탓에 독버섯처럼 자라난 암시장에서 장사를 했다.

1988년 민중 봉기 이후 버마 통치자들은 자유무역과 사기업을 허용하기로 했다. 그러자 새로 온 중국인은 물론이고 오래 전부터 터를 잡고 살던 중국인들까지 번성하기 시작했다. 버마는 단순히 중국인 이민자만 있는 것이 아니라 중국계 토착 민족이 살고 있다는 점에서 동남아시아에서도 아주 독특한 나라라 할 수 있다. 이들은 어쩌다 보니 중국과 국경을 맞대고 있는 버마로 건너온 중국인

이며, 코캉에 살고 있다. 버마 북동부 샨 주에 자리 잡은 산간 지방 코캉은 항상 윈난 성과 버마의 완충지대 혹은 연결 통로 역할을 했다. 수세기 동안 중국의 일부였지만, 윈난 성 외딴 구석에 있는 탓에 중앙 정부의 손길이 닿지 않았다.

19세기 중반에 윈난 성과 영국령 버마 사이에 무역이 번창하자 코캉에 사는 일부 족장들도 부자가 되었다. 이 지역은 값비싼 아편과 맛과 향이 좋다고 소문이 자자한 일등급 차의 자생지였다. 경제적, 전략적 이유로 영국은 점점 코캉에 관심을 보였고, 1897년 2월 4일 중국과 유럽 국가들이 맺은 조약에 따라 거의 모든 주민이 윈난 성 주민들의 후손임에도 불구하고 정식으로 영국령 버마에 할양되었다.

중국의 국공내전에서 마오쩌둥이 승리를 거두자 수없이 패배의 쓴 맛을 본 중국 국민당 군대는 버마 북동부로 퇴각했다. 대만과 미국의 도움으로 이들은 전열을 가다듬고 재무장했다. 그리고 이 지역을 기반으로 새로 들어선 공산주의 정부에 맞서는 시위와 민중봉기를 통해 중국 영토를 재탈환하려고 여러 번 시도했다. 그러나 번번이 실패했고 버마군까지 반갑지 않은 불청객들에게 수차례 공격을 가했다. 버마는 1961년에 중국의 대규모 군사 작전을 보고도 못 본 척했다. 인민해방군의 정규군 3개 사단이 윈난 성 남부 시솽반나와 버마 샨 주 극동 쪽에 위치한 켄퉁 사이의 국경을 넘었다. 메콩 강 작전이라 불리는 이 군사 행동으로 말미암아 버마 북동부에서 국민당은 치명상을 입었고, 전투에서 패배한 군인들은 태국으로 후퇴했다.

그러나 국민당 일부 세력은 계속해서 버마 북부 지방에 남았다. 이곳에서 그들은 대만과 미국을 위해 정보를 수집했다. 중국이 1968년에 버마공산당을 전폭적으로 지원하기로 결정한 이유도 이 때문이었다. 버마 공산주의 세력은 코캉과 다른 지역에서 국민당을 몰아내는 데 이용되었다. 1989년에 버마 정부가 17개 무장단체들과 휴전에 들어가면서 몇십 년간 어떤 정부의 통제도 받지 않고 살던 코캉 지역 중국인들이 버마 시민이 되었다. 그러자 다른 국경 마을에서 윈난 성으로 건너와 살던 이들도 앞다투어 버마와 쉽게 이어질 수 있는 코캉 원주민으로 등록했다. 국경을 넘어와 버마 시민이 된 다음에는 만달레이와 양곤을 비롯한 도시 지역으로 이주하여 신분증을 매매하는 등 갖은 방법으로 버마에 들어온 다른 중국인 이민자들과 합류했다.

프랑스 신문 〈르몽드 디플로마티크〉는 2006년 11월에 "버마: 중국의 24번째 성(省)"이라는 제목의 기사를 실었다. 과장된 면이 없지 않지만, 버마가 중국에 의존하는 우방이 된 것만은 틀림없는 사실이다. 옛 버마공산당이 중국공산당 편에서 전쟁에 나섰다가 패하고 이루지 못했던 것들을 기민한 외교와 무역, 이민을 통해 이루다니 참으로 아이러니한 일이다.

국민당이었던 태국 화교들의 마음을 사로잡다

태국에도 중국인 이민자들이 밀어닥쳤다. 이들 중 일부는 멀리 떨어진 국경 지대를 통해 태국으로 건너왔다. 1960년대 초반 버마가 대부분의 국민당 세력을 쫓아내자 이들은 태국 북부 산간 지방에 와서 정착했다. 그중에서도 국민당 세력이 가장 많이 정착한 지역이 치앙라이 주 매살롱이다. 매살롱에 정착한 중국인들은 수년간 자체 군대를 유지했다. 1970년대 후반과 1980년대 초반 태국 반란 세력을 진압하기 위해 전투에 단련된 군대가 필요해지자 태국공산당은 매살롱을 비롯해 태국 북부 지역에 정착한 국민당 군사들을 태국 북부와 북동부 전장에 배치했다. 그리고 이렇게 태국을 위해 애쓴 대가로 많은 이들이 태국 시민권을 얻었다.

태국에 정착한 중국인들은 군대만 육성한 것이 아니라 벚나무와 차 그리고 다른 작물을 재배했다. 중국식 가옥과 대문에 한자로 쓴 족자들은 태국 북부에 있는 고산족 마을이나 여느 태국 촌락과는 사뭇 다른 분위기를 풍긴다. 매살롱과 북부 산간 지역에 있는 중국인 학교는 대만에 있는 '자유중국 해방 사업'이라는 단체로부터 후원을 받았다. 학교에서 쓰는 교과서와 교사들까지 대만에서 후원했다. 그렇다고 태국 북부에 사는 중국인들이 모두 대만 출신이었던 것은 아니다. 그들과 그들의 선조는 윈난 성이나 쓰촨 성에서 태어났다. 그래도 국민당을 지지했던 그들에게 대만은 영혼의 고향이자 정치적 고향이었다.

2000년에 대만에서 민진당이 선거에 승리하고 천수이볜이 중화민국 총통이 되자, 태국 북부 산간 지역에 살던 중국인들의 충성심도 바뀌었다. 민진당은 중화민국이 중국 전체를 대표하는 정부로 인정받는 일에는 관심이 없었고 '대만'이라는 이름으로 독립하는 쪽을 지지했다. 그러자 태국에 남은 국민당 세력은 자신들이 대만 정부보다는 중국 정부와 공통점이 더 많다고 생각했다. 사실상 중국에서 이데올로기로서의 공산주의는 죽었다고 보아도 무방했다. 이곳에 거주하는 나이 든 국민당 지휘관들이 중국을 방문하기 시작했고, '고국'에 돌아온 '전쟁 영웅'으로서 쿤밍에서 환대를 받았다.

덕분에 윈난 성 출신 이민자들이 태국 북부의 옛 국민당 마을에 정착하기가 쉬워졌다. 이곳에서 그들은 누군가의 가족이 될 수도 있었고 돈을 조금 내면 태국 신분증도 구할 수 있었다. 매살롱 같은 곳에서 일 년 남짓 살다 보면 태국에 대해 잘 알게 되어 다른 지방으로 이주할 수도 있었다. 태국 북부에 있는 치앙마이에는 최근 만달레이 못지않게 많은 중국인이 몰려들었다. 중국인들은 태국에서 주민들과 조화를 잘 이뤘다. 일반적으로 태국에 사는 중국인들은 동남아시아 어느 나라에서보다 현지인들과 잘 섞이고 쉽게 동화되었다. 이는 중국계 재벌들과 이 나라 문무 관료들 사이에 정략결혼이 이뤄진 덕분이다. 백 년 넘게 태국에서 살면서 태국 문화에 적응한 중국계 태국인들은 태국식 이름을 쓰고 자녀들을 현지 학교에 보낸다.

중국인과 태국인 간의 결혼이 흔하기 때문에 오늘날 얼마나 많은 중국인 후손이 태국에 살고 있는지는 확인할 방도가 없다. 그러나 오랫동안 이뤄온 균형 상태는 최근 물밀듯이 밀고 들어오는 이민자들 때문에 깨질 조짐이 보인다. 살금살금 들어와 숫자를 불려가는 중국인들을 불안한 눈으로 바라보는 태국인들이 점점 늘어나고 있다. "태국인으로서 짓눌리는 느낌을 받습니다." 방콕에서 태어나 지금은 치앙마이에 살고 있는 한 여성이 내게 말했다. "물론 중국인들은 수세기 동안 남쪽으로 이동해왔습니다. 하지만 지금처럼 이렇게 많은 사업가와 이주자가 한꺼번에 몰려온 적은 없었어요."

태국과 중국 간의 무역도 활기를 띠고 있다. 문화 교류와 정치 교류도 활발하다. 이런 것들이 라오스와 캄보디아, 버마에서와 같은 방식으로 태국에 영향을 끼치지는 않을 것이다. 그러나 태국은 이제 더 이상 냉전 시대나 1960년대와 1970년대, 1980년대에 인도차이나에서 무력 충돌이 있었던 때처럼 서구 국가들의 동맹국으로 보이지는 않는다. 예전에 태국은 공산주의자들이 장악한 베트남의 후원을 받는 캄보디아에 맞서 최전선에서 싸우던 나라였다.

동남아시아 국가들에게 중국이 끼치는 영향력은 각기 다를지라도 중국의 전략적 사고의 틀 안에서 보면 이들은 하나의 독립체를 형성하고 있다. 인권 실태를 우려하는 서구 국가들에게 배척당한 채 고립을 자처하는 버마는 중국에게 동남아시아에서 뚫고 들어가기 가장 쉬운 나라였을지 모른다. 상대적으로 강한 태국과 베트남의 상업적, 정치적 영향력을 제거해야 하는 캄보디아나 경제적으로 허약한 라오스의 처지도 중국에게는 이롭게 작용했다. 다른 나라에 비하면 조금 더 독립적일지 모르지만, 태국 역시 중국 쪽으로 점점 기울고 있다. 경제적으로 힘이 있는 중국계 사업가들이 큰 세력을 형성하고 있는 점을 감안하면 그리 놀랄 일도 아니다. 지금 동남아시아에서는 중국이라는 별이 떠오르고 있다. 중국은 동남아시아에서 초강대국으로서 미국의 자리를 빠르게 대체하고 있는 중이다. 보텐에서 태국으로 이어지는 고속도로가 중국과 위대한 황금반도를 단단하게 연결한 셈이다.

6장

중국 정부의 오른팔, **삼합회**

나쁘지 않은 마피아

그는 말했다. "우리는 마피아를 좋아하지. 물론 나쁘지 않은 마피아를 좋아한다네. 이걸 알아야 하네." 나는 비밀결사 '홍먼회' 수뇌부에 속하는 한 사람과 동남아시아의 한 수도에서 만나려고 애를 썼다. 그는 자신들이 깡패 집단도 아니고 독지가도 아니라는 점을 강조하고 싶어 했다. 그들은 사원을 짓고 중국어로 가르치는 학교를 후원한다. 화교 사회를 보살피는 일도 한다. 푸젠 성에서 밀입국 알선 사업을 하는 사람들의 평판과 같이 평범한 시민들은 이들을 필요한 서비스를 제공하는 '좋은 사람들'이라 여긴다.

상하이 출신의 저자 린 판은 중국 화교들을 연구한 탁월한 저서 《황제의 후손들(Sons of the Yellow Emperor)》에서 "중국 음식점이 차이나타운의 특징 중 하나라면, 중국인 비밀결사는 차이나타운의 또 다른 특징이다"라고 썼다. 종종 삼합회라 불리곤 하는 비밀결사는 화교 사회가 있는 곳이라면 어디에나 있다. 화교 사회에서 이들은 보호료를 갈취하며 먹고산다. 많은 조직이 사람들에게 두려움을 불러일으키고 부패를 조장하면서 사업을 번창시키고, 합법 사업부터 불법 사업까지 폭넓은 활동을 통해 돈을 벌고 있다.

수년간 홍콩은 전 세계 중국인 범죄 조직이 모이는 중심지로 여겨졌다. 1980년대에 외부 관찰자들과 분석가들은 1997년에 홍콩이 중국에 반환되면 홍콩에서 활동하던 범죄 조직들이 캐나다와 오스트레일리아, 미국으로 떠날 것이라고 생각했다. 일례로 오스트레일리아 당국은 중국 범죄 조직에 연루된 범죄자 9만 명이 중화인민공화국의 오성홍기가 홍콩에 휘날리자마자 홍콩을 떠날 거라고 보았다.

그런데 실상은 정반대 현상이 벌어졌다. 홍콩 삼합회뿐 아니라 전 세계 차이나타운에서 활동하는 모든 중국계 범죄 조직이 이 땅의 새로운 지배자와 협정을 맺었다. 중국에 사업 기회가 많이 생기자 이에 자극을 받은 중국인 비밀결사와 그 조직원들이 중국 대륙과 좀 더 친밀한 관계를 구축하려고 세계 곳곳에서 손을 내밀었다. 흉악한 자본주의가 소박한 사회주의 체제를 대체한 중국 안에서도 삼합회와 연결된 범죄 조직과 다양한 혼합 파벌들이 숨 막힐 정도로 빠르게 세력을 확장하고 있다.

그러나 실제로 이에 놀란 사람은 아무도 없었다. 1993년 4월 8일, 홍콩 사람들이 '모국'으로 돌아갈 준비를 하기 시작할 무렵 중국 공안부장 타오쓰취가 홍콩에서 온 TV 리포터들과 비공식 기자회견을 가졌다. 1989년 톈안먼 광장에서 민주화 시위를 벌였던 반혁명 운동가들의 형량이 줄어드는 일은 없을 것이라고 분명히 한 다음 타오쓰취는 삼합회에 대해 이야기했다. "홍콩 삼합회 같은 조직이 애국심을 보이고 홍콩의 번영과 안정에 관심을 보이는 한, 우리는 그들과 단합해야 합니다." 타오쓰취는 그들이 중국에 와서 사업을 하도록 초대하기까지 했다.

홍콩 경찰은 이 발언에 충격을 받았고 언론에서도 이 발언을 둘러싸고 엄청난 논란이 일었다. 1845년 이래 홍콩에서는 삼합회 회원이 되는 것 자체가 범죄였고, 법치야말로 홍콩을 국제도시로 만든 대들보였다. 그러나 지금 중국 정부에서 추진하는 정책은 이와 사뭇 다르다. 중국 경제개혁의 아버지 덩샤오핑은 수년간 중국 안보 기관과 홍콩 삼합회 사이에 모종의 관계가 있음을 넌지시 내비쳤다. 1984년 10월, 인민대회당에서 한 연설에서 덩샤오핑은 모든 삼합회가 나쁜 것은 아니라고 지적했다. 삼합회 중에는 '착하고 애국적인' 조직도 있다고 했다. 내가 동남아시아의 한 수도에서 만난 노인은 덩샤오핑이 홍먼회의 동조자였다고까지 주장했다.

덩샤오핑이 베이징에서 수수께끼 같은 발언을 하는 동안 삼합회 지도자 몇 명과 신화통신 부회장 웡만퐁이 홍콩에 있는 중국의 비공식 대사관에서 비밀리에 만났다. 이 자리에서 웡만퐁은 중국 공안부가 삼합회를 범죄 조직으로 규정했던 홍콩 경찰과는 다른 방식으로 그들을 대할 거라고 말했다. 그러고는 홍콩을 위태롭게 만들지 말고 중국 소유 기업들을 약탈하는 행동을 그만두라고 설득했다. 그렇다고 돈벌이 활동을 다 그만두라는 이야기는 아니었다.

1997년 반환을 앞두고 몇 년간, 특히 영국이 홍콩의 '미니 헌법'이라 불리는 기본법 23조에 자유 민권론이 좀 더 포함되어야 한다고 주장할 때, 그리고 홍콩 주민들이 중국의 민주화를 요구하는 시위를 벌일 때, '애국적인' 몇몇 삼합회가 베이징의 눈과 귀 노릇을 했다. 이들은 노동조합과 언론에까지 침투했다. 홍콩, 그리고 중국은 1930년대로 거슬러 올라간 것 같았다. 1930년대에 중국을 지배했던 국민당은 국민들의 정치적 움직임을 통제하기 위해 조직폭력배들을 동원하고, 그들 조직과 정부 관료들을 살찌우기 위해 보호료를 갈취하는 사업을 묵인했다.

공안부장 타오쓰쥐가 홍콩 기자들에게 충격적인 성명을 발표하기 며칠 전, '탑 텐'이라는 이름의 화려한 나이트클럽이 베이징에서 새로 문을 열었다. 동업자 중 하나는 홍콩에서 가장 악명 높은 '신이안'이라는 조직의 찰스 훙이었고, 다른 하나가 바로 타오쓰쥐였다.

이런 보도를 접한 외국 전문가들은 조직범죄와 다양한 비밀결사들이 중국을 접수하고 말 거라는 성급한 결론을 내리기도 했다. 그러나 중국의 조직범죄는 많은 이들이 추측하는 것처럼 프리메이슨과 IBM의 혼합물, 그러니까 잘 조직된 사업체가 프리메이슨의 의례에 싸여 있는 형태를 생각하면 안 된다. 중국의 범죄자들은 법망을 피해 법 밖에서 살아가긴 해도 사회를 떠나 존재하는 이들은 아니다. 범죄자들이 사는 암흑가에 국한되는 이야기이긴 하지만, 아시아에서는 항상 법과 범죄가 공생했다. 이를 테면 조직적인 범죄는 경찰 당국이 예측하기 어려운 범죄자들을 더 세심하게 감시하게 해주고, 비조직적인 범죄는 거리를 안전하게 지키도록 자극하는 역할을 한다.

제아무리 정부와 대기업이라도 할 수 없는 일이 있다. 어떤 회사가 경쟁사를 제거하고 싶어 한다고 가정해보자. 그러고 싶은 마음은 굴뚝같지만 정상적이고 합법적으로는 경쟁사를 제거할 방법이 없다. 이럴 때 범죄 조직을 이용하면 경쟁사를 골치 아프게 할 수 있다. 1984년에 대만의 국민당 안보 기관은 망명 중인 반체제 인사이자 골칫거리 기자 헨리 류를 제거하고 싶었다. 그래서 대만에서 가장 영향력이 센 범죄 조직 '주롄방'에 이 일을 맡겼다. 주롄방은 헨리 류에 관해 아무것도 묻지 않고 기꺼이 그를 암살하는 임무를 떠맡았다. 그 대가로 주롄방이 손을 대고 있는 사업들, 즉 도박, 성매매, 고리대금업을 당국이 암암리에 보호해줄 터이니 마다할 이유가 없었다.

대만이 투명한 민주 사회로 발전함에 따라 이제는 주롄방의 활동도 그리 눈에 띄지 않는다. 그러나 1990년대 초 전쟁으로 피폐해진 캄보디아가 평화를 되찾도록 유엔이 간섭한 뒤, 그 여파로 캄보디아가 혼란에 빠지자 대만 조직폭력배들이 캄보디아를 새로운 피난처로 삼았다. 1996년에는 주롄방의 두목 첸치리—그는 '말린 오리'라는 별명으로 불렸는데, 어렸을 때 수영을 못해서 붙은 별명이었다—가 프놈펜에 당도했다. 그때부터 캄보디아에서 사업을 시작하려는 대만 투자자는 프놈펜에 있는 첸치리의 호화 저택을 꼭 방문해야 했다. 첸치리가 유명해진 이유는 헨리 류를 암살한 장본인이었기 때문이다. 미국에서 헨리 류를 암살한 첸치리는 대만으로 돌아왔으나 이 일로 미국이 대만을 심하게 압박하는 바람에 결국 체포되어 법정에 섰다. 1985년에 무기징역을 선고받았지만 결국 첸치리는 1991년에 자유의 몸이 되었다.

그런데 2000년 7월 9일, 첸치리는 프놈펜에서 다시 체포되었고 권총, 돌격용 자동소총, M-79 유탄 발사기, 탄약통 수천 개 등 화기를 소유한 죄로 기소되었다. 이 소식을 접하고 많은 이들이 당혹스러워했다. 첸치리가 캄보디아에서 '오크나'라는 작위를 받았을 뿐 아니라 캄보디아 의회 의장 겸 안보 담당 책임자 체아심의 공식 고문으로 활동했기 때문이다. 오크나는 보통 10만 달러 이상을 국가에 기부한 사람에게만 수여되는 작위다.

하지만 예상대로 새로운 둥지에서 첸치리가 겪은 법적 고초는 얼마 안 가서 끝이 났다. 일 년 뒤 첸치리는 다른 용의자 두 사람과 함께 구류에서 풀려났다. 캄보디아 판사 이아사콤은 첸치리가 불법무기를 사용한 것은 맞지만 어디까지나 본인의 안전을 염려해서 그런 것이라고 판결했다. "세 사람은 조직범죄에 연루되지 않았습니다." 첸치리가 잡고 있는 연줄이 너무 막강해서 정부 인사든 업계 인사든 누구도 그에게 도전할 수 없었다.

다른 일도 많이 했지만 무엇보다 첸치리와 그의 조직원들은 중국인 이민자들을 위해 캄보디아를 청산 기관으로 탈바꿈시켰다. 캄보디아에 정착하고 싶어 하거나 다른 나라로 가는 데 필요한 위조문서를 구하고 싶어 하는 중국인이 있으면 첸치리 일당이 대신 나서서 모든 일을 처리해주었다. 첸치리는 2007년 8월에 췌장암으로 홍콩 병원에 입원하기 전까지 계속 프놈펜에서 살았다. 그해 10월에 사망한 다음에는 비행기에 실려 대만으로 날아가 대만에 묻혔다. 첸치리와 함께 헨리 류 암살에 가담한 우툰은 끝까지 첸치리와 우정을 지켰으며 첸치리의 장례식을 준비하는 것도 도왔다. 3천 명이 넘는 사람이 장례식에 참석해서 범죄 조직 두목의 죽음에 조의를 표했다. 조문객 중에는 정치인, 대중 가수, 그 외 유명 인사가 대거 참석했다. 상복을 입은 십대들과 조직을 위해 비열한 짓도 마다하지 않았던 행동 대원들도 모두 참석해 두목의 죽음을 애도했다.

한편, 중국 본토와 더 가깝게 지내는 범죄 조직도 있다. 2000년 10월 말, 국무원교무판공실 주임 궈둥포가 중국계 크메르인 거물 텡 번마를 만나러 프놈펜에 왔다. 궈둥포는 텡 번마의 손을 빌려 중국에서 온 투자자들과 사업가들을 괴롭히는 프놈펜 범죄 조직들을 통제하고 싶어 했다. 당시 텡 번마는 캄보디아 중국협회와 프놈펜 상공회의소 명예회장이었으며, 마약 밀수 혐의로 블랙리스트에 올라 미국 입국이 거부된 인물이었다.

삼합회와 정치권의 깊은 인연

삼합회에는 여러 조직이 경쟁 구도를 이루고 있다. '백련회'는 그 중에서도 중국 최초의 삼합회라 할 수 있다. 이는 원래 12세기에 승려들과 학자들이 창단한 모임으로 13세기와 14세기에 중국이 몽골을 점령하자 이에 맞서 싸우기도 했다. 그러나 현대 삼합회는 대부분 '천지회'에 기원을 두고 있다. 천지회는 17세기에 만주족이 세운 청나라를 타도하고 명나라를 복원하기 위해 세운 반청복명(反淸復明) 조직이었다는 게 중론이다. 중국 공화주의 운동의 창시자 쑨원은 1900년대 초 반청 운동을 시작할 때 이런 통념을 이용했다. 천지회라는 이름을 이용하여 쑨원은 명나라의 심장부인 중국 남부는 물론이고 아시아 · 태평양 지역의 화교 사회에서도 반청 운동에 대한 지지를 얻으려고 애썼다. 쑨원이 원한 것은 명나라의 회복이 아니라 공화제 수립이었지만, 중국인 이민자들은 뜻을 모아 그를 지지했다.

그러나 미국인 교수 다이안 머리의 최근 연구에 따르면, 사실 천지회는 명나라가 멸망하고 나서 백 년이 더 지난 18세기에 정치운동을 하는 조직이 아니라 불안정한 국경 지대였던 푸젠 성에서 상호부조 단체로 창설된 것이라고 한다. 사람들, 특히 사회로부터 버림받고 구걸을 하러 다니는 부랑자들은 노상강도나 고관대작들로부터 자신들을 보호해줄 세력이 필요했다. 그래서 동병상련들끼리 모여 비밀결사를 조직하게 되었다. 삼합회라는 이름은 훨씬 나중에 나온 것으로 중국인들이 좋아하는 3을 넣어 지은 이름이다. 3에다 3을 곱하면 9가 되고 각 자리수의 합이 9로 나눠지는 숫자는 9로 나눠진다. 중국 숫자점에서 3은 하늘(天)과 땅(地)과 사람(人)의 조화를 의미하는 길한 숫자다.

원래 범죄 조직에 들어가려는 사람은 돈독한 형제애로 긴밀히 결속되는 것을 의미하는 비밀스런 통과의례를 거쳐야 했다. 조직원이 배신해서 조직이 와해되는 것을 막기 위해서였다. 각 조직 또는 더 큰 조직의 회원들은 산의 주인, 즉 산주(山主)의 지도를 받았고 산주는 푸산주(副山主)가 보좌했다. 두 사람은 각각 큰형님, 둘째형님을 뜻하는 다라오(大老), 얼라오(二老)라는 명칭으로도 자주 불렸다. 공무상으로 분류할 때는 각각 샹주(香主)와 셴펑(先峰)이라 했다. 두 사람은 의례 부서를 관장하고 공을 들여 입단식을 준비했다.

삼합회 신입회원은 모두 36가지 맹세를 해야 했다. 이것은 지금도 마찬가지다. 천지회가 처음 창설되었을 때부터 지금까지 맹세를 어긴 사람은 동일한 형벌을 받는다. 바로 목숨을 내놓는 것이다. 입단식에서는 술에 피를 섞어 마시는 것으로 굳은 결의를 다진다.

오늘날 이런 의례는 젊은 폭력배들을 훈련하는 데 유용한 수단으로 쓰인다. 그들은 붉은 문을 지나면서 지도자들에게 복종하겠노라고 맹세한다. 그리고 이를 통해 단체의 일원이 되었다는 자부심을 느낀다. 수세기가 지났지만 이런 의례는 거의 그대로 보존되었다. 다른 점이 있다면 신입회원의 피가 섞인 잔을 함께 나누던 옛날 방식 대신 요즘에는 에이즈에 걸릴까 두려워 각자 자신의 손가락 끝을 동시에 베어서 자기 피를 빨아 먹는다는 점 정도다.

싱가포르와 페낭, 호놀룰루, 샌프란시스코, 사모아, 타히티 등지에서 일하는 중국인 근로자들도 푸젠 성에 사는 사람들과 마찬가지로 적대적인 환경으로부터 보호를 받고 싶어 한다. 여기서도 보호자 노릇을 하는 이는 바로 비밀결사들이다. 훨씬 나중에 천지회는 자신들이야말로 애국심이 있는 자들이라고 주장했다. 그리고 쑨원과 중국 국민당 세력이 이들의 힘을 이용해 자신들의 정치적 목표를 이루려고 삼합회의 이런 면을 일부러 부각시킨 것도 분명한 사실이다.

그 결과 1911년 신해혁명으로 청나라가 멸망하자 삼합회와 새로 들어선 국민당 정부의 유대 관계는 더 돈독해졌다. 쑨원의 뒤를 이은 장제스는 1930년대에 상하이에서 좌파 노동조합과 공산주의자들을 통제하기 위해 악명 높은 폭력배 두웨성이 이끄는 '칭방'이라는 조직을 이용했다. 그리고 이때의 노고에 감사를 표하고자 대만 국민당 정부는 나중에 타이베이 근처에 있는 시즈 마을에 두웨성을 기리는 동상을 세웠다. 동상에는 고(故) 두웨성의 충심과 신실함을 칭송하는 글을 새겨 넣었다.

1940년대에는 국민당 장교들과 국민당 정부의 비밀경찰들이 공산주의자들과 더 효과적으로 싸우기 위해 새로운 삼합회를 세웠다. 가장 유명한 단체가 1947년 국민당 장교 거자오황이 세운 14K다. 이 이름은 광둥 성의 성도 광저우 바오화루 14번지에 있던 최초의 국민당 당사 주소에서 따온 것이다.

1949년 국민당과의 전투에서 공산당이 승리를 거두자 거자오황 장군은 부하 수백 명을 데리고 홍콩으로 피신했다. 그들 중 많은 이들이 옛 카이탁 공항이 있던 정크 만 동쪽에 위치한 황폐한 마을 티우켕렝에 정착했다. 1997년 홍콩 반환 시기에 맞춰 주변 지역을 모두 깨끗이 단장하기 전까지만 해도 중화민국 깃발이 이 마을의 허름한 주택들 위에서 나부꼈다. 아직도 14K는 이 지역에서 가장 중요한 삼합회 중 하나로 활동하고 있을 뿐 아니라 세계 곳곳에 분파를 두고 있다.

홍콩 삼합회 중에서 찰스 홍이 이끄는 신이안은 베이징에 들어선 새 정권과 아주 특별한 관계를 맺은 듯했다. 삼합회 조직으로서는 유일하게 조직원에 대한 기록을 전산화하고 중앙에서 주의 깊게 관리한다. 중국 본토에서 유명한 조직을 꼽으라면 단연 '다취안짜이'다. 이 조직은 1960년대에 중국을 뒤흔든 문화대혁명이 끝나고 사회에 편입되지 못한 홍위병이 1970년대에 창설했다는 태생적

특징 때문에 언론의 집중 조명을 받았다. 그렇다고 다취안짜이가 현대에 들어 중국 본토에서 출현한 최초의 삼합회라고 할 수는 없다. 이들은 홍콩과 마카오, 캐나다, 심지어 미국에서까지 이름을 떨쳤다. 그러나 14K와 마찬가지로 다취안짜이라는 이름은 강한 통솔력을 지닌 우두머리가 없는 중국의 다양한 불량배 조직이 제멋대로 가져다 썼다. 이들 조직원 중에는 중국 안보 기관 인물들과 개인적인 연줄을 가지고 있는 이도 더러 있었다. 하지만 중국 공안과 돈독한 관계를 맺고 있는 신이안에 견줄 만한 수준은 아니었다.

극동 지역 암흑가에서 활동하는 중국계 대부 '라오다'는 다취안짜이 두목들처럼 중국 대륙에 새로 등장한 조직 보스로 분류된다. 그러나 그의 조직은 좀 더 긴밀한 관계 속에서 활동한다. 라오다는 러시아 극동 지역뿐 아니라 중국 북동부에도 확실한 연줄을 가지고 있다.

이민자들을 따라 활동 영역을 넓히다

태평양에 중국인들이 더 많이 정착함에 따라 태평양에도 새로운 범죄 조직들이 싹을 틔우기 시작했다. 말할 필요도 없이 대부분의 이민자들은 범죄자가 아니라 자신과 가족의 더 나은 미래를 위해 돈을 벌려고 온 평범한 사람들이다. 그러나 그들 역시 삼합회의 손길에서 자유롭지 못하다. 사업을 하려면 가짜 여권도 구해야 하고 거주 허가도 받아야 하기 때문이다. 또 중국계 지하 은행을 통해 돈도 송금해야 한다. 삼합회가 태평양에 모습을 드러냈다는 것은 태평양에서 예전보다 심각한 범죄가 벌어진다는 뜻이다.

2000년에 피지에서 압수한 동남아시아 헤로인 357킬로그램이 태평양 도서국에서 압수된 마약의 전부라고 생각해서는 안 된다. 2006년에 이 지역에서 오래 생활한 오스트레일리아 연방경찰 존 머리는 《트리톤 속에 송사리 떼: 남태평양 도서국의 치안 활동과 정치, 범죄, 부패(The Minnows of Triton: Policing, Politics, Crime and Corruption in the South Pacific Islands)》라는 책에 이렇게 썼다. "피지에서 크리스털 메타암페타민이라는 불법 마약을 제조하려던 범죄 조직의 계획을 수포로 돌린 경찰 작전에도 중국 삼합회의 연줄이 닿아 있었다. 2004년 6월 경찰이 로달라 비치에 있는 비밀 제조 공장을 급습했을 때 경찰은 시가 5억 6천만 달러 상당의 마약을 제조할 수 있는 화학물질을 정확히 찾아냈다. 미국과 유럽, 오스트레일리아, 뉴질랜드 시장으로 흘러들었을 물건이다. 이 사건으로 피지와 말레이시아에서 각각 6명, 홍콩에서 1명이 체포되었다."

2005년 4월, 흔히 마피아 퀸으로 알려진 엔슈화라는 여성이 피지에서 강제 추방되었다. 엔슈화는 성매매, 고리대금업, 이민 사기, 마약 거래, 돈세탁, 그 밖의 심각한 조직범죄에 연루되어 있었다. 수바에서 만났던 아일랜드인 브라이언 옴에 따르면 엔슈화는 피지에 중국인 성매매 여성을 4백 명이나 데려왔다고 한다. 밤이면 노출이 심한 옷을 입고 수바 빅토리아 퍼레이드 거리를 서성이며 손님을 찾는 여성들을 볼 수 있었다. 이들은 엔슈화가 직접 운영하거나 최근에 이민 온 중국인들이 운영하는 가라오케 술집에서 일한다. 이런 성매매 사업과 마약 밀수 때문에 예전부터 피지에 터를 잡고 산 중국계 주민들은 걱정이 이만저만이 아니다.

1990년에 홍콩에서 온 엔슈화는 피지 시민권을 얻으려고 애썼지만 결국 시민권은 취소되었다. 시민권을 신청하면서 1987년에 홍콩에서 위조죄로 유죄 판결을 받은 사실을 은폐했기 때문이다. 엔슈화는 하는 수 없이 중국행 비행기에 몸을 실었다. 피지 내무부 장관 조세파 보사니볼라는 이렇게 말했다. "엔슈화의 행동은 법의 테두리를 넘는 사업을 앞으로도 서슴없이 계속 할 것이라는 것을 증명했습니다. 엔슈화를 추방함으로써 우리는 피지에 체류하는 동안 불법 활동에 참여하려는 불법 이민자들에게 경각심을 심어주고 싶었습니다."

앞뒤가 안 맞는 말이었다. 그러면 불법 이민자라도 다른 불법 활동에 참여하지 않는 한 피지에 체류할 수 있다는 말인가? 태평양에 있는 몇 안 되는 경찰들은 심각할 정도로 현장 경험이 부족하다. 조직범죄를 상대하는 데 필요한 자원도 거의 없다. 해적이 출몰하고 부둣가 부랑자들과 선교사들이 있던 남태평양은 1990년대에 접어들면서 사기꾼, 밀수꾼, 돈세탁업자들의 천국이 되었다.

중국계 큰손들의 조세 피난처 활용 수법

남태평양에서 조세 피난처로 가장 유명한 곳은 바누아투다. 영국과 프랑스의 공동 통치령이던 시절 바누아투의 이름은 뉴헤브리디스제도였다. 1997년에 도로가 하나뿐인 바누아투의 수도 포트빌라에 처음 갔을 때, 그곳에는 거의 80개에 달하는 은행, 수많은 보험 설계사와 회계사, 변호사, 그리고 일명 '셸컴퍼니(shell company)'가 2백 개나 있었다. 셸컴퍼니는 제대로 된 사무실도 직원도 이렇다 할 사업 활동도 전혀 없이 오로지 검은 돈이 오가는 통로로 사용하려고 세운 이름뿐인 회사로 현지 주소를 담당 변호사 사무실로 삼곤 한다. 개중에는 합법적인 사업체도 더러 있었지만, 내가 인터뷰한 오스트레일리아인 공무원은 마약 판매 대금을 포함하여 수백만 달러에 달하는 검은 돈이 신탁회사와 셸컴퍼니를 통해 바누아투 은행에 예치되어 있고, 이해할 수 없는 법망에 의해 보호를 받는다고 말했다.

사실상 바누아투는 자연스럽게 조세 피난처가 되었다. 1980년에 독립하기 전 바누아투는 영국과 프랑스의 공동 통치령이었다. 그러나 두 나라는 어떤 사안에도 쉽사리 합의를 보지 못했다. 심지어 자동차가 좌측통행을 해야 하는지 우측통행을 해야 하는지도 정하지 못했다. 오죽하면 '공동 통치령(condominium)'이 아니라 '대혼란(pandemonium)'이라고 우스갯소리를 할 정도로 엉망진창이었다. 두 나라는 이렇다 할 조세법도 마련하지 못했다. 이런 상태에서 독립을 하자 천연자원도 거의 없고 인구수도 적은 바누아투는 자연스럽게 조세 피난처가 되었고 이를 통해 수입을 얻게 되었다.

바누아투는 동아시아와 시간대가 같다는 이점이 있다. 바누아투를 이용하는 대부분의 고객이 동아시아에 살고 있으니 크나큰 이점이 아닐 수 없다. 게다가 바누아투는 어떤 나라와도 조세협정을 맺지 않았고 비밀 누설을 범죄 행위로 간주한다. 이 때문에 오스트레일리아 금융 거래 보고 및 분석 센터에서 일하는 팀 모리스는 시드니에서 내게 이렇게 이야기했다. "세금 자체가 없다고 할 수 있습니다. 현금이 가득 든 서류 가방을 들고 은행에 걸어 들어가도 아무 의심도 안 받습니다. 역외금융(域外金融, 비거주자 간 거래를 위해 조세, 외환관리 등 각종 우대 조치와 영업 거점을 제공하는 금융 시스템-옮긴이) 센터를 세우기에 매력적인 이유가 여기 있습니다. 은행이 철저하게 비밀을 지켜주는 것이죠. 출처가 분명치 않은 돈이 이곳에 쌓이는데 정부는 그걸 조사할 능력이 없습니다."

1996년에 바누아투로부터 인가를 받은 드래건 뱅크를 둘러싸고 인도네시아에서 스캔들이 터지면서 비밀스러운 바누아투 은행법에 대한 우려는 더욱 커졌다. 포트빌라에 본사—본사라고 해봐야 수수한 건물 아래층에 방치된 작은 방 하나가 전부다—를 둔 드래건 뱅크는 인도네시아의 수도 자카르타에 101층짜리 고층 건물을 지을 계획이라고 발표했다. 이 밖에도 인도네시아에 40억 달러짜리 통신 사업을 추진하고, 말레이시아의 랑카위 섬에 8천만 달러를 들여 부동산 사업을 추진할 예정이라고 했다. 그런데 1996년에 드래건 뱅크는 인도네시아 정부 관리들에 의해 폐쇄되었다. 허가 없이 인도네시아에서 은행을 운영했던 것이다. 내가 포트빌라에 가기 몇 달 전인 1997년 1월에는 바누아투 정부도 드래건 뱅크의 은행업 면허를 취소했다.

바누아투에서 은행을 소유하고 있는 인물들은 대부분 인도네시아, 홍콩, 대만, 중국에서 온 중국계들이지만, 이들 나라뿐 아니라 세계 다른 지역에서도 바누아투의 은행으로 돈을 흘려보내고 있다. 1996년에는 오스트레일리아 금융 거래 보고 및 분석 센터 시드니 본사에 비상벨이 요란하게 울렸다. 러시아 은행 7곳이 바누아투에 대표 사무소를 열려고 시도하는 정황이 포착된 것이다. 이윽고 나우루, 사모아, 쿡제도, 통가, 니우에, 마셜제도도 중국과 러시아 등 외국계 회사와 은행에 각양각색의 조세 우대 혜택을 제공했다.

그러나 이런 서비스도 9·11 테러 이후 거의 대부분 종결되고 말았다. 테러리스트와 범죄 조직에 돈을 흘려보내는 통로 역할을 하던 조세 피난처를 미국이 전면 공격하고 나섰기 때문이다. 2005년에 다시 바누아투를 방문했을 때는 역외은행이 6개밖에 남아 있지 않았다. 서구 국가들의 압력 속에서 2002년에는 돈세탁을 더 어렵게 만드는 새 은행법이 도입되었다. 그리고 2008년에 세계경제가 붕괴하기 시작하자 태평양 도서국을 비롯한 전 세계 조세 피난처에 더욱 심한 제재가 뒤따랐다. 2009년 2월, 쿡제도는 역외은행을 운영할 수 있도록 허용하는 법을 폐지했다. 가장 큰 이유는 월스트리트 뱅킹 코포레이션이라는 회사가 골치를 썩였기 때문이다. 이름이 풍기는 분위기와 달리 뉴욕 월스트리트와는 아무 관계가 없고 아랍에미리트연방의 두바이에 있는 외환 딜러들이 운영하는 회사였다.

이 일이 있기 전, 2005년 10월 25일에 〈쿡 아일랜드 뉴스〉는 "이미 다른 태평양 도서국들을 위협하고 있는 〔…〕 중국계 범죄 조직이 조금이라도 수상한 기미를 보이면 쿡제도 경찰이 엄히 단속할 것"이라고 보도했다. 열의가 넘치는 보도이긴 했지만 엄정한 사실에 입각한 보도는 아니었다. 〈쿡 아일랜드 뉴스〉는 중국인 수천 명이 초국가적 범죄 조직이 계획한 이민 사기를 통해 오스트레일리아로 들어오기 위해 다른 태평양 도서국들을 "디딤돌"로 이용하고 있다고 보도했다. 쿡제도는 비교적 안전하지만 "올 들어" 태평양 곳곳에서 수많은 사건이 벌어졌다고도 했다. "최근에 파푸아뉴기니는 '중국계 마피아'가 공무원을 매수하고 사업을 방해하는 사람들을 죽이려 했다고 시인했다. 중국인 사업가 3명은 바누아투에서 살해되었다." 한 해 전에는 피지에서 메타암페타민을 제조하는 장비와 화학물질을 대량 압수하는 사건도 있었다.

조세 피난처 역할을 하지 않더라도 태평양 도서국에서는 범죄 행위가 심하게 많이 일어난다. 이 지역에서는 여전히 여권이 매매되고, 사람들이 밀입국하고, 회사와 개인은 물론이고 통가의 궁정광대 제시 보그다노프와 바누아투의 떠돌이 외교관 아마렌드라 나트 고시 사례가 보여주듯이 정부까지 사기를 당한다.

정부군 편인가, 반군 편인가

그러나 태평양에서 활동하는 중국계 범죄자들이 고국인 중국 정부와 관계가 있다는 증거는 없다. 캄보디아 사건과는 다소 관계가 있는 듯하고 버마 사건과는 훨씬 더 관련이 있는 게 분명하지만 말이다. 1989년 버마공산당 내부에서 일어난 반란은 중국 정부 및 기업, 그리고 코캉 지역과 외족이 사는 산간 지역 출신의 골든트라이앵글 마약왕들이 완전히 새로운 관계를 형성할 수 있는 길을 닦아 주었다. 중국은 버마 정부에 방대한 양의 군수품을 공급하면서 예전 공산주의 세력과도 친밀한 관계를 유지했다. 어떻게 이런 일이 가능할까 싶지만 중국이 이 지역 반군 지도자들과 오랫동안 관계를 맺어온 사실을 감안하면 그리 놀랄 일도 아니다.

중국 국경을 따라 형성된 버마공산당의 옛 터전은 대부분 와족 연합군이 장악하고 있다. 이들은 미국 국무부가 아시아에서 가장 규모가 큰 마약 밀수 조직이라 칭한 무장 세력이다. 2만 명에 달하는 와족연합군은 버마공산당 시절에 쓰다 남은 구식 무기가 아니라 중국제 신식 무기로 무장하고 있다. 중앙 정부와 맺은 휴전협정이 아직 유효하긴 하지만, 언제 전투가 재개될지 모르기 때문에 이에 대비하고자 최근 몇 년 동안 중국에서 최신 중화기를 인수했다. 〈제인스 인텔리전스 리뷰〉는 2008년 3월호에 이렇게 보도했다. "버마 군사정부와 전쟁이 벌어질 불길한 조짐이 강해짐에 따라 와족연합군은 고사포를 비롯해 좀 더 정교한 무기를 손에 넣었다. 2000년을 전후하여 와족연합군은 소련제 스텔라 2(SA-7) 휴대용 방공 시스템에 HN-5N 시스템을 추가했다. HN-5N은 1세대 소련제 무기를 개선한 중국제 무기다."

이뿐 아니라 와족연합군은 12.7밀리, 14.5밀리 고사포와 60밀리, 80밀리, 120밀리 박격포를 손에 넣었다. 2007년에는 중국 인민해방군에서 군사 고문이 와서 루팡 산에서 122밀리와 130밀리 대포 사용법을 훈련했다. 루팡 산은 중국 윈난 성과 국경을 마주하고 있는 팡상에 자리 잡은 와족연합군 본부 서쪽에 있다. 와족연합군 포병 연대는 130밀리 야전포와 122밀리 곡사포를 갖추고 있으며 군인들은 팡상 근처에 땅을 파고 지하에 사령부 복합 건물을 지었다. 버마 공군의 공습을 피하기 위해서다.

2004년 10월에는 휴전협정을 맺은 반군들과 중앙 정부 사이에 전쟁이 벌어질 가능성이 현실로 성큼 다가왔다. 당시 가장 영향력이 막강했던 정보부 책임자 킨 늉 장군이 조직에서 축출되는가 싶더니 곧이어 체포되었다. 킨 늉이 축출된 이유는 외국 언론들이 추측하는 것처럼 실용 노선을 취하는 정보부 책임자와 군사정부 내 강경론자 탄 슈웨 장군 및 그의 부관 마웅 에 장군 사이에 권력 투쟁이 일어났기 때문이 아니었다. 언론 보도에 따르면 킨 늉은 버마의 민주화를 요구하는 세력과 대화하길 원했고 온건한 정치적 견해를 가지고 있었다고 한다. 외국인들에 대해서도 온건한 태도를 취했다고 했다. 하지만 그가 이끄는 국방정보부는 군사정부가 민주화 시위를 진압할 때 앞장서야 했다. 1988년 8, 9월에 민중 봉기가 일어나는 동안 킨 늉은 시위를 진압하고 학생운동가들을 투옥하고 고문하고 죽이기까지 했다.

따라서 킨 늉과 그가 이끄는 국방정보부가 다양한 기업들, 그리고 와족연합군 및 휴전협정을 체결한 다른 반란군과 긴밀한 관계를 맺고 부정적인 방법으로 부를 축적했기 때문에 축출되었다는 설명이 더 그럴듯하다. 킨 늉과 그의 수하들은 국가 안에 국가를 건설하고 있었으며 다른 군부 엘리트들과 부를 나누지도 않았다. 또한 탄 슈웨는 정적을 가까이 두고 싶어 하지 않았다. 그가 보기에 킨 늉은 정치적 야심을 품고 있는 것이 분명했다. 한마디로 그에게 킨 늉은 믿을 수 없는 사람이었다.

1989년에 전 버마공산군 및 다른 반군 세력들과 휴전협정을 체결하는 데 앞장 선 인물도 킨 늉이었다. 휴전협정 이후 버마에서는 공산주의자들이 더 이상 반란을 일으키지 않았다. 위협이 되는 것은 소수민족 반군뿐이었다. 버마가 혼란에 빠진 시기에 버마공산당도 해체되었다. 한편 1988년 민주화 요구 시위는 버마 군부를 뒤흔들었고, 이에 군부는 무자비하게 시위를 진압했다.

양곤을 비롯한 버마 곳곳에서 자행된 대학살로 8천 명이 넘는 민주 투사들이 도심지를 떠나 태국 접경지대로 피신했다. 그곳에서는 마약 거래에 연루되지 않은 소수민족 반군 여럿이 아직도 활동 중이었다. 태국 접경지대에서 마약 거래로 자금을 마련하여 몽타이군을 이끄는 쿤 사가 도심지에서 도망쳐온 반체제 인사들을 보호하길 거부한 것은 의미심장하다. 쿤 사의 주요 관심사는 사업이지 대(對)정부 투쟁이 아니었다.

지금 버마 군부는 국경 지대에서 원기를 회복한 반군이 언제 다시 위협을 가할지 몰라 두려워하고 있다. 양곤과 다른 도시에서 온 민주 투사들과 소수민족 반군들이 연합할 가능성이 있기 때문이다. 그러나 카렌, 몬, 카렌니, 파오 등 태국 접경지대에 기반을 둔 반군들은 도심지에서 온 반체제 인사들에게 많은 무기를 공급할 능력이 없다. 1988년에 버마 북동부 중국 접경지대를 따라 비교적 넓은 지역에서 여전히 강한 군대를 보유하고 있는 버마공산당에 필적할 정도로 힘이 있는 소수민족 반군은 하나도 없었다. 소수민족 반군과 달리 버마공산당은 엄청난 무기와 탄약을 보유하고 있었다. 예전만큼 강하지는 않아도 중국이 1960년대와 1970년대에 지원한 상당량의 무기가 아직 남아 있었다. 최소 10년간은 양곤에서 중앙정부를 상대로 게릴라전을 펼칠 수 있는 양이었다.

1988년 민중 봉기의 이면에 공산주의자들의 음모가 있다는 정부의 주장에도 불구하고 당시 버마 도심에서 벌어진 반전체주의 민주화 운동과 정통 마르크스 레닌주의를 지향하는 버마공산당 지도부 사이에는 연결 고리가 없었다. 그러나 1988년 유혈 사태에 대해 보복하고 싶어 하는 강한 열망을 감안하면, 도심지 출신 반체제 인사들이 누가 주는 무기든 일단 받고 보았을 것이라는 추정도 가능하다. 그러므로 1988년 9월 18일에 권력을 잡은 신군부 국가법질서회복위원회로서는 국경 지대의 반군들을 가능한 한 많이 무력화해야 했다. 특히 버마공산당에 주의를 기울여야 했다. 1989년 반란으로 도심지 출신의 반체제 인사들과 오래된 소수민족 반군들, 그리고 버마공산당 몰락 후 등장한 새로운 소수민족 반군들 사이에 연합이 이뤄질 가능성이 현실화됨에 따라 버마 군사정부의 처지는 한층 더 위태로워졌다.

반란을 일으킨 버마공산당 세력은 제안을 하나 했다. 정부군과 싸우지 않는 대가로, 그리고 다른 소수민족 반군들과 연합하지 않는 대가로 전 버마공산당 세력이 어떠한 무역에 손을 대든 허용해 달라는 것이었다. 산으로 둘러싸인 외딴 국경지역에서 무역은 곧 미약을 의미했다. 1980년대 후반, 버마의 아편 생산량이 갑자기 두

배 이상 증가했다. 미국 정부에 따르면 1987년 버마에서 수확한 아편은 836톤이었는데, 1995년에는 2,340톤으로 껑충 뛰었다. 인공위성 사진을 보면 1987년에 9만 2천3백 헥타르였던 양귀비 재배 지역이 1989년에는 14만 2천7백 헥타르, 1995년에는 15만 4천 헥타르로 증가한 것을 알 수 있다. 이뿐 아니라 정부와 휴전협정을 맺은 덕분에 전 버마공산당 세력은 화학물질까지 들여올 수 있게 되었다. 주로 생아편을 헤로인으로 바꾸는 데 필요한 무수초산을 인도에서 트럭으로 실어왔다.

헤로인 무역은 동남아시아 마약 현장을 예의 주시하는 모든 이들이 당황스러워할 정도로 빠르게 성장했다. 헤로인 1킬로그램을 만들려면 생아편 10킬로그램이 들어간다. 현지에서 담배로 피우는 아편 양을 빼도 버마에서 생산하는 헤로인 생산량은 1987년 54톤에서 1995년 166톤으로 치솟았다. 가난하고 관리도 잘 안 되는 버마에서 유일하게 성장하는 산업이 마약 제조업이다. 최근 몇 년간 아편 생산량이 1980년대 이전 수준으로 떨어지긴 했지만, 대신에 메타암페타민은 지금도 버마 북부와 북동부에서 생산되고 있다.

킨 늉을 축출할 당시에 버마 군 지도자들은 휴전협정을 체결한 반군들을 만나서 변하는 건 아무것도 없다고 안심시켰다. 사실이 아니었다. 와족연합군의 본거지 팡상과 다른 근거지에서는 킨 늉과 와족연합군 지도자 바오 유샹이 손을 잡고 걷는 사진이 들어간 포스터를 치웠다. 태국 접경지대에 있는 마약 공장은 팡상 근처의 더 안전한 장소로 옮겼다. 휴전협정을 체결한 반군들과 중앙 정부의 관계가 악화되고 있는 게 분명했다. 중앙 정부는 휴전협정을 체결한 반군들이 무장을 해제하고 정당과 지역 경찰로 변신하길 바랐다. 그러나 와족과 다른 소수민족들은 수십 년간의 투쟁을 통해 손에 넣은 것을 포기할 생각이 전혀 없었고, 1989년에 중앙 정부와 맺은 협정을 포기하려 하지도 않았다.

중국이 와족연합군과 버마 정부에 대해 모호한 정책을 펴는 것도 이 때문이다. 한편으로는 버마 정부를 지원한다. 중국은 버마의 새 수도 네피도에 편안히 앉아 버마 정부를 후원하면서 서구 국가들이 유엔 안전보장이사회에 버마 문제를 회부하는 것을 막았다. 그러나 다른 한편에서는 접경지대 반군들과 변동이 심한 버마 집권 세력 사이에 완충지대를 계속 유지함으로써 전략적으로 이득을 보고 있다. 접경지대에서 와족연합군이 계속 위세를 떨쳐야 중국에 돌아오는 전략적, 경제적 이득이 상당하기 때문이다.

와족연합군이 약해지면 버마군이 공격에 돌입할 수 있다는 점도 중국이 우려하는 점이다. 그렇게 되면 접경지대인 중국 윈난 성까지 위험해질 수 있고, 버마에서 망명자들이 몰려오는 상황이 벌어질지도 모른다. 버마가 내전에 휩싸였을 당시 10만 명이 넘는 카렌족, 카렌니족, 몬족이 은신처를 찾아 태국으로 몰려들었던 것처럼 말이다.

와족연합군이 중국으로부터 받은 신무기 대금을 모두 지불했는지는 확실치 않다. 인민해방군이 호의적인 가격에 무기를 팔았는지도 불분명하다. 어쨌거나 무기를 구입하고 조직을 운영하는 데 필요한 사금을 더 모으기 위해 와족연합군은 무기 거래에도 손을 대기 시작했다. 최근까지 와족연합군이 다른 지역 반군들에게 판 무기는 대부분 윈난 성의 암시장을 통해 입수한 것들이다. 이곳에서는 인민해방군 출신 인물들이 중국 정부의 허락 없이 군수품을 팔았다. 중국 정부가 야심차게 군 현대화 작업을 추진하면서 지방 인민해방군 대원들에게 무기 거래를 비롯한 일체의 영리사업에 관심을 두지 말라고 엄명을 내렸지만 윈난 성 암시장에서의 군수품 매매는 오히려 더 활발해졌다.

인민해방군이 장비를 새로 들이고 현대화 작업에 나서는 동안 많은 부대들, 특히 변방 윈난 성에 있는 부대들은 공식적으로 수명이 다한 무기를 반납하길 꺼렸다. 충돌이 잦은 이웃 나라 버마에서 암시장에 내다 팔면 꽤 큰돈을 벌 수 있기 때문이다. 와족연합군이 수익성이 좋은 지하 무기 거래에 손을 댄 지는 오래되었다. 안보 분석가들에 따르면 그들의 거래량이 악명 높은 캄보디아의 무기 시장 규모를 능가한다. 최근 몇 년 사이에 와족연합군은 돌격용 자동소총과 폭발물을 여러 반군에게 팔았다. 이 중에는 인도 북동부 버마 접경지대에서 활동하는 나가족과 2008년에 네팔 정부와 전투를 벌인 마오쩌둥주의 반군도 있다. 방콕에서 활동하는 안보 분석가들은 상황을 이렇게 분석했다. "와족연합군은 자기네가 무기를 대는 세력이 어떤 이데올로기를 표방하는지는 중요하게 생각하지 않는다. 장래에 구매자들과 본인들이 직접 충돌할 일이 없는 한 무기를 사고 싶어 하면 어떤 조직에게든 계속해서 무기를 팔 것이다."

2008년 6월, 인도 북동부에서 발간되는 일간지 〈센티널〉은 와족연합군이 중국제 무기를 인도 북동부 지역에 밀거래하는 주요 세력이라고 보도했다. 그리고 한 인도인 소식통의 말을 인용해 버마에서는 5백 달러에 살 수 있는 중국제 자동소총 한 자루가 인도 북동부에서는 2천5백 달러나 한다고 전했다. 미국이 영화 DVD와 음악 카세트테이프를 불법 복제하는 사업을 그만두라고 중국을 압박하자 업체들은 국경을 넘어 와족연합군 근거지로 DVD와 카세트테이프 제작 장비를 옮기기도 했다. 중국 정부가 이들을 단속했다는 이야기는 들리지 않았다. 지금 태국과 동남아시아에는 산으로 둘러싸인 버마 북동부 외딴 마을에서 생산한 위조품이 홍수를 이루고 있다.

와족연합군은 버마 이웃 나라들에 끊임없이 마약을 공급하여 골칫거리를 만드는 것도 모자라 자금 안정을 꾀하려고 지역 안보에 위협이 되는 여러 가지 일에 손을 대며 상업 활동을 다각화했다. 그러나 이 문제에 관심을 보이는 이는 서구 국가들뿐이다. 에너지 부족에 시달리는 이웃 나라들 중 버마 군부를 적으로 돌리고 싶어 하는 나라는 아무도 없다. 버마에는 이들에게 필요한 천연가스가 풍부하기 때문이다. 이미 태국이 버마에서 천연가스를 구입하고 있고, 앞서 살펴보았듯이 중국도 국경무역을 통해 재미를 보는 것과 별도로 버마의 에너지 산업에 투자하고 있다.

국내 마약 문제에 대해 강경한 태도를 취하는 중국이 와족연합군같이 마약을 거래하는 범죄 조직과 결탁한다는 것이 납득이 안 될지도 모른다. 그러나 엄연한 사실이다. 사실상 와족연합군은 버마 정부가 관할하는 지역과 중국 사이에서 완충국 역할을 하는 비인가 범죄공화국이나 다름없다. 버마와 중국은 와족연합군을 두고

도저히 통제가 안 된다고 말하곤 한다. 참으로 편리한 변명이다.

외족연합군은 삼합회가 아니다. 삼합회와 비슷한 조직이라 할 수도 없다. 단지 과거에 적이었던 버마 정부와 화해하고 자신들이 통제하는 지역에 대해 자치권을 강화하려고 애쓰는 과거의 반군이다. 그러나 와족연합군은 중국 정부가 직접 나설 수 없는 일을 대신 해줄 수 있다. 그래서 와족연합군 지도부와 중국은 비슷한 면이 많다. 비밀결사들과 마찬가지로 와족연합군도 사원과 학교와 병원을 짓는다. 와족연합군의 본거지에서 사는 사람들에게는 와족연합군 지도부가 '좋은 사람들'일지도 모른다. 최소한 중국 지배층 일부는 이들이 전략적으로나 상업적으로 쓸모 있는 조직이라 여길 것이다. 공무원과 특정 범죄 조직이 공생 관계를 유지하는 낡은 정책은 아직도 건재하다.

그러나 동남아시아 벽지에서 큰 근심을 안겨주는 것은 와족연합군 같은 무장 세력만이 아니다. 돈과 영향력을 지닌 중국계 범죄 조직이 아시아와 태평양 전역에서 활발하게 활동하고 있으며, 중국의 경제성장과 이민 물결을 따라 새롭게 등장한 중국계 범죄 조직의 새로운 얼굴들이 지역 안보에 중대한 영향을 끼치게 될 것이다. 사실 로빈 후드의 시대는 예전에 끝났다. 홍콩과 대만 출신의 폭력배들이 흉터로 일그러진 얼굴과 사시미칼로 무장하고 활보하는 시대도 지나갔다. 이제 이런 폭력배들은 대중문화와 영화 속에서나 가끔 만날 수 있다. 그 대신 이제 상업성이 있는 곳에는 능률적이고 조직력이 좋은 신이안 지배인들이 말끔하게 정장을 차려 입고 어김없이 모습을 드러낸다. 그리고 러시아 극동 지역의 라오다 같은 폭력배들은 새로운 영역을 개척하고 있다. 이들이 이 지역 전체의 안보에 엄청난 영향을 끼칠 수도 있다.

7장

스파이 게임, 태평양에서 맞붙다

위성 추적 기지를 둘러싼 신경전

이 사건은 태평양에서 대만이 벌인 가장 과감한 쿠데타였다. 2003년 11월 7일, 대만 외무부 장관 젠유신은 중화민국과 키리바시공화국의 수교를 선포했다. 키리바시는 남태평양의 광대한 지역에 퍼져 있는, 별 볼 일 없는 저지대 환초(環礁)로 이루어져 있다. 하지만 중국이 인공위성 추적기지를 설치했던 곳이라는 점이 중요하다. 중국이 중국 대륙 바깥에 인공위성 추적기지를 설치한 유일한 곳이 키리바시였다. 적도에 걸쳐 있는 키리바시는 위성을 추적하기에 가장 알맞은 곳이다.

발표가 있고 며칠 만에 중국은 키리바시의 수도 사우스타라와에 있는 대사관을 비우고 추적기지를 해체하기 시작했다. 그리고 대만에서 온 외교관들이 바이리키 섬에 있는 새 대사관 건물로 들어갔다. 이곳은 타라와 환초를 구성하는 작은 섬들 중 하나다. 특별히 매력적인 장소는 아니다. 쓰레기로 가득 차 있는 석호(潟湖)는 타라와 환초의 화장실로 쓰인다. 키리바시 인구 10만 명 중 3분의 1이 사우스타라와 서쪽 끝에 있는 옆이 트이고 너저분한 오두막에 옹기종기 모여 산다. 그러나 중국에게는 키리바시가 전략적으로 중요한 곳이다. 태평양에서 외교 동맹국을 하나 더 얻는 것 말고도 대만이 키리바시를 중국 정부로부터 빼앗은 이유는 더 있다.

예전에 길버트제도라 불리던 키리바시는 1979년에 영국으로부터 독립했고 1년 뒤 중국과 수교했다. 아시아의 대국인 중국과 남태평양에서도 극도로 작은 키리바시의 관계는 점차 가까워졌다. 1983년 6월에는 경제 및 기술 협력에 합의했고, 1985년 6월 27일부터 7월 2일까지 키리바시 대통령 레레비아 타바이가 중국을 공식 방문했다. 베이징에서 그를 맞이한 중국 국가주석 리셴녠은 정상회담을 하는 동안 이렇게 말했다. "중국은 남태평양 지역에 평화와 안정이 찾아오길 진심으로 바랍니다. 남태평양 지역의 평화와 안정을 위해서라면, 그리고 중국과 남태평양 국가들 간의 상호 호혜 협력을 증진시키기 위해서라면 우리는 무슨 일이든 할 겁니다. 중국이 원하는 것은 우애와 협력뿐입니다. 우리는 남태평양 지역에서 다른 국가와 경쟁할 생각이 추호도 없습니다."

중국은 1997년에 위성 추적기지를 설치해 2003년 10월에는 중국인 최초의 우주인 양리웨이의 궤도를 관측하는 데 요긴하게 사용했다. 중국이 이룬 기술의 승리였지만, 타라와에 세운 추적기지의 도움을 받지 않았으면 성공하지 못했을 일이다. 또한 중국은 오랫동안 타라와 기지를 이용해 근처 마셜제도 콰절런 환초에서 진행 중인 미국의 미사일 실험을 감시했다는 의심을 받았다. 1958년 이래 캘리포니아에서 발사하는 대륙간 탄도미사일의 목표 지점이 콰절런 환초였다. 따라서 이곳은 미국이 미사일 방어 시스템을 개발하는 데 있어서 대단히 중요한 장소였다. 좀 더 최근에도 미국은 콰절런 환초에서 미사일 방어 실험을 실시하고 우주 감시 활동을 수행했다.

아노테 통이 대통령에 선출되고 넉 달 뒤 중국 기지 해체 작업이 이뤄졌다. 아노테 통은 2차 세계대전 후 키리바시에 정착한 중국인 이민자가 현지 여성과 결혼하여 낳은 아들이었다. 아노테 통의 선거운동은 물론이고 그의 남동생 해리 통이 이끄는 라이벌 정당의 선거운동에도 대만이 자금을 지원했다는 보도가 있었다. 대만 정부와 아노테 통 양쪽 다 혐의를 부인했지만, 해리 통은 대만으로부터 선거 자금 8만 달러를 후원받았다고 인정했다. 해리 통은 그 돈을 피지 수바에 있는 대만 무역 사무국에서 받았으며, 선거 사무장 겸 정치 고문인 브라이언 옴이 돈을 들고 키리바시로 돌아왔다고 말했다. 브라이언 옴은 키리바시에 귀화해 키리바시 시민이 된 아일랜드인이다.

나는 키리바시에서 말썽 많은 선거가 있고 나서 2년 뒤에 수바에서 브라이언 옴을 만났다. 그는 나를 데리고 수바에 있는 술집을 여러 곳 돌아다녔다. 우람한 체격의 술집 기도들은 그를 꽤 잘 아는 듯했고 친근하게 '미스터 브라이언'이라고 이름을 불렀다. 강단 있는 몸매에 콧수염을 기르고 문신을 잔뜩 한 그는 70대의 나이에 술을 아주 좋아하는데도 여전히 정정하고 활기찼다. 한편으로는 태평양 해안가에서 더 이상 쓸모가 없는 전형적인 서구인의 모습이 언뜻 비치기도 했다. 브라이언 옴은 십대 시절에 아일랜드에 있는 집을 떠나 상선 선원으로 일했으며 1950년대 초에는 캐나다 파견대로 한국전쟁에 참전하기도 했다. 그 후 브라이언 옴은 아프리카로 가서 용병이 되었다. 이후 브라이언 옴은 홍콩에서 인력 모집원으로 일했다. 그리고 1960년에 당시 길버트제도라 불리던 키리바시에 정착했다.

태평양을 제외하면 세계 어디에서도 정치인에게 자문을 할 만한 인물로 보이지 않는 브라이언 옴은 수바에 있는 대만 대표를 만나려고 여러 번 피지에 갔다고 한다. 대만 대표가 그에게 지원을 약속하는 팩스를 보냈다고도 했다. 형 아노테 통이 대만과 관계를 맺고 있었다는 점을 감안하면, 선거에서 진 동생 해리 통이 선거 전에 대만으로부터 돈을 받았다고 인정했다는 것은 어쩐지 이치에 맞지 않는 것 같다. 그러나 브라이언 옴은 대만이 양쪽에 다 돈을 댔을 거라고 보았다. 그는 아노테 통이 선거운동 당시 대만으로부터 동생과 비슷한 혹은 훨씬 더 많은 후원을 받지 않았다면, 키리바시 새 정부가 대만을 인정했을 리 없다고 말했다. "다음 선거에서 누가 이길지 알고 싶으면 대만에 물어보세요." 브라이언 옴은 수바에서 내게 이렇게 말했다. 그리고 2006년 5월 9일 〈월스트리트저널〉에도 브라이언 옴의 말이 그대로 실렸다. 아노테 통은 2007년 10월 선거에서 재선에 성공했다.

대만으로부터 개인적으로 돈을 받은 적은 없다고 부인했지만, 새 키리바시 대통령은 2004년에 미국 신문 〈볼티모어 선〉과 인터뷰하면서 공항 시설을 개선하고 어류 가공 공장을 설립하는 등의 프로젝트를 통해 대만이 4년간 키리바시 국민들에게 8백만 달러를 후원하기로 약속했다고 말했다. 이 금액은 남자, 여자, 아이를 포함해 키리바시 모든 국민에게 각각 90달러씩 주는 것과 같고, 중국이 매년 후원했던 1백만~2백만 달러보다 훨씬 많은 액수라고 〈볼티모어 선〉은 보도했다. 키리바시는 분명히 그 돈이 필요했다. 주민의 약 60~70퍼센트가 실업 상태이거나 일을 하더라도 아주 드문드문 일을 하는 형편이기 때문이다. 1인당 국민소득은 1천 달러가 채 안 된다. 〈볼티모어 선〉이 보도한 대로 외곽 섬에 사는 일부 사람들은 어업으로 근근이 생계를 유지하지만, 많은 이들이 있지도 않은 일자리를 찾아 유일하게 개발된 섬, 사람들로 북적이는 타라와로 이주한다.

중국은 키리바시로 돌아가려고 애쓸 테지만, 그러려면 현재 대만이 제공하는 원조를 능가하는 제안을 해야만 할 것이다. 그 사이에 중국은 적도 근처에 위성 추적기지를 설치할 만한 새로운 장소를 물색하고 다녔다고 한다. 가장 먼저 논의했던 후보지는 키리바시 못지않게 위치가 좋은 나우루공화국이었다. 나우루는 2002년에 대만과 관계를 끊고 중국을 인정했다. 그러나 2005년 5월에 나우루는 다시 대만과 외교 관계를 맺었다. 달러 외교가 다시 한 번 성공을 거둔 것이다.

그러나 타라와 기지를 잃어서 중국이 실제로 엄청난 손해를 입었는지는 확실치 않다. 몇몇 전문가들은 중국이 타라와에 설치한 위성 안테나가 너무 작아서 콰절런 환초에서 이뤄지는 미국의 미사일 실험을 감시하기에는 역부족이었다고 이야기한다. 캔버라에 있는 오스트레일리아국립대학교 교수이자 신호 정보 전문가인 데스 볼은 내게 중국의 추적유도함 위엔왕 호가 정보를 수집하는 데는 훨씬 더 유용하다고 말했다. "거기에는 모든 종류의 통신 장치가 잔뜩 들어 있습니다." 그러나 데스 볼 교수는 타라와 기지를 잃은 것은 다른 이유 때문에 중요하다고 덧붙였다. 타라와 기지를 잃음으로써 중국은 태평양에서 위엔왕 추적유도함의 움직임과 활동을 조종할 수 있는 지상 기지를 빼앗겼다는 것이다.

멀리 바라본다는 뜻을 지닌 '위엔왕'은 항공우주를 살피는 해군 함대다. 각각의 군함에는 위성 안테나와 판독 장치가 배치되어 있다. 1965년에 당시 총리였던 저우언라이가 처음 함대 제작을 제안했고 1968년에 국가주석 마오쩌둥이 제작 계획을 승인했다. 군사 및 정보 관련 문제를 다루는 글로벌 시큐리티라는 웹사이트에는 이렇게 나와 있다. "문화대혁명이라는 폭풍이 지나간 뒤 1977년 8월 31일과 1978년 9월 1일에 마침내 위엔왕 1호와 2호가 진수되었다. 이리하여 비로소 중국은 자국 영토 밖에서 발사용 로켓과 위성 궤도를 측정할 수 있게 되었다."

그 이후에 위엔왕 4척이 추가되었다. 추적유도함 한 척은 태평양에 계속 상주하고 있으며 다른 한 척은 태평양을 종종 들른다. 나머지는 중국 황해와 남아프리카 나미비아 해안, 인도양을 항해한다. 이 함대들을 지원하기 위해 중국과학원도 수문기상학과 고층 대기 미사일, 위성 연구를 수행할 수 있는 '샹양홍'이라는 관측선을 건조했다.

대만도, 미국도, 중국을 막을 수는 없다

다른 대양보다 태평양이 중국의 안보 이익과 더 밀접한 관련이 있기 때문이라고 생각하는 이들도 있을 것이다. 실제로 중국과 경쟁 관계에 있는 여러 서구 국가도 태평양에 있는 여러 지점에서 핵실험을 했다. 2차 세계대전 후 미국은 19세기 후반부터 독일이 지배해온 식민지 섬들을 넘겨받았다. 독일은 1차 세계대전 패전국이었고, 당시만 해도 일본은 영국, 프랑스, 미국과 동맹을 맺고 있었다. 그래서 국제연맹은 독일의 식민지였던 섬들을 일본이 위임 통치하게 했다. 사실상 일본의 식민지가 된 셈이다. 그런데 2차 세계대전에서 일본이 패전국이 되자 이번에는 국제연합에 이 섬들을 넘겨주어야 했다. 국제연합은 태평양 신탁통치 지역이라는 이름을 붙인 이 지역을 미국이 위임 통치하게 했다. 사실상 미국의 식민지가 된 셈이다.

이 섬들이 완전히 독립한 것은 1980년대와 1990년대에 들어서였다. 마셜제도공화국과 미크로네시아연방공화국은 1986년에, 팔라우공화국은 1994년에 독립했다. 북마리아나제도는 미국의 자치령으로 남는 쪽을 선택했다. 북마리아나제도의 원주민은 차모로족이다. 1898년부터 미국 영토였던 괌도 마찬가지다. 그러나 괌 주민들은 2차 세계대전 기간에 일본에 점령당해 고생한 데다 당시 일본이 관리하던 북마리아나제도에서 일본어를 구사하는 차모로족이 많이 와서 일본에 협력한 탓에 괌과 북마리아나제도는 사이가 좋지 않다. 그래서 둘을 합병하려는 시도는 번번이 수포로 돌아가고 말았다.

1947년에 신탁통치 협정을 맺은 뒤 미국은 새로 손에 넣은 섬들에 군사기지를 설치했다. 콰절런 환초에서 미사일 시험을 한 다음에는 마셜제도의 비키니와 에니위탁에서 핵실험을 했다. 사실 핵실험은 미군이 마셜제도를 점령하고 있던 1946년에 시작되었다. 첫 번째 실험은 그해 7월 1일에 비키니에서 실시되었다. 여기에서 영감을 얻은 프랑스 디자이너 루이 라르가 이 섬의 이름을 따서 상·하의가 나뉜 여성 수영복에 비키니라는 이름을 붙였다. 핵폭탄이 충격을 안겨주었듯이 이 수영복이 사람들을 충격과 흥분의 도가니로 몰아넣을 것이라는 이유에서였다.

비키니와 에니위탁에서는 1962년까지 대기권 핵실험이 계속되었고 두 섬에 사는 현지인들에게 심각한 건강 문제를 유발했다. 1954년 3월 1일, 미국은 비키니에서 '캐슬 브라보'라 불리는 아주 강력한 수소폭탄을 터트렸다. 2차 세계대전 기간에 히로시마와 나가사키에 투하한 원자폭탄보다 1천2백 배나 강한 위력을 지닌 폭탄이었다. 이 실험에서 발생한 방사선 낙진으로 일본 어선 다이고후쿠류마루 호에 타고 있던 선원 한 명이 사망했고 근처 롱겔라프 환초가 방사선으로 오염되었다. 미국은 실험이 있고 사흘이 지나서야 주민들을 콰절런 환초로 대피시켜 진찰과 치료를 받게 했다.

핵실험지 근처에 살던 많은 사람이 갑상선 질환과 백혈병, 긴장항진증, 고혈압, 그 밖의 방사선 관련 질환으로 고생하고 있다는 사실이 명백해지자 보상 문제가 불거졌다. 비키니 섬은 너무 심하게 오염된 탓에 아직도 사람이 살지 못한다. 이 때문에 비키니 정부 관청은 마셜제도의 수도 마주로에 있다. 1983년, 독립이 확실해지자 마셜제도는 미국과 보상 협상에 들어갔다. 미국 정부는 핵실험으로 입은 피해를 보상하기 위해 마셜제도에 1억 5천만 달러를 제공하기로 약속했다. 그리고 2001년까지 매년 약 1천8백만 달러를 15년간 제공하는 데 필요한 2억 7천만 달러를 만들기 위해 기금을 설립했다. 그러나 마셜제도가 더 많은 보상금을 요구하면서 문제가 다시 수면에 올라왔고 아직 해결을 보지 못하고 있다. 2009년 3월, 마셜제도는 핵실험으로 인한 피해 보상으로 미국 정부에 20억 달러를 요구하고 나섰다. 2004년 5월에 마셜제도를 방문했을 때 나는 롱겔라프 섬의 제임스 마타요시 시장을 만나 인터뷰를 했다. 제임스 마타요시는 1960년대에 핵실험을 한 네바다와 유타 주 주민들은 마셜제도 주민들보다 보상금을 훨씬 많이 받았다고 지적했다. "몇 년간 미국은 마셜제도는 아무 문제 없다, 방사능에 오염되지 않았다고 주장했습니다. 그러나 최근에 그 말이 사실이 아니라는 것을 입증하는 기밀문서가 공개되었습니다"라고 제임스 마타요시는 말했다. 그는 또한 미국이 방사능의 영향을 연구하기 위해 현지인들을 기니피그로 삼았다고 비난했다.

중국 신화통신은 2009년 3월에 다시 불붙은 보상 요구에 관해 발 빠르게 보도했다. 선전을 위해서였겠지만, 중국이 콰절런 환초를 주의 깊게 지켜보는 데는 좀 더 전략적인 이유가 있다. 지금 중국은 예전 타라와 위성 추적기지 대신에 위엔왕 함대에서 콰절런 환초를 엄중히 감시하고 있다. 미사일 실험을 지원하는 기지 역할을 하는 것 외에도, 거대한 비행장이 건설되어 있는 콰절런 환초는

1950년대 초 한국전쟁 기간에 미군의 보급로로서 중요한 역할을 했다. 알다시피 한국전쟁 당시 중국은 지원군 수십만 명을 이끌고 한반도로 밀고 내려가 북한군을 지원한 전력이 있다.

중국에서 공산주의자들이 정권을 잡고 연이어 한반도에서 전쟁이 일어나자 미국 중앙정보국 CIA는 북마리아나제도 사이판에 본부를 차렸다. 사이판은 길이 22킬로미터, 넓이 8킬로미터밖에 안 되는 크지 않은 섬이지만, 북쪽의 반은 산악 지역으로 열대림이 우거져 있다. 지형상 이점을 이용하여 CIA는 산꼭대기에 캐피털 힐이라는 비밀 본부를 세우고 대만에서 온 국가주의자 게릴라들을 훈련하는 비밀 기지로 활용했다. 이곳에서 훈련받은 군인들은 공산주의자들로부터 중국 본토를 재탈환하기 위해 중국으로 파견될 예정이었다. 이들 중에는 대만에 속한 작은 섬에서 헤엄을 쳐서 본토 해안에 이르러 방해 공작을 하고 정보를 수집하는 전설적인 '잠수 공작원'도 있었다.

달라이 라마가 1959년에 인도로 피신하기 전인 1950년대 중반에는 반중국 티베트 게릴라들도 사이판에서 훈련을 받은 다음 이 열대섬과는 사뭇 다른 육지에 잠입하곤 했다. 그리고 1950년대 후반에는 버마에서 온 정보 장교들도 사이판에서 훈련을 받았다. 나중에 그들은 버마 정부 편에 서서 중국이 후원하는 버마공산당에 맞섰다.

1962년에 CIA가 사이판 본부를 떠나자 캐피털 힐은 신탁통치 지역의 본부가 되었다. 오늘날에는 이 자리에 북마리아나제도 정부 관청이 들어서 있다.

물론 괌과 하와이에 더 큰 해군 기지와 공군 기지가 있긴 하지만, 옛 신탁통치 지역 중에서 미군 시설이 아직도 가동 중인 섬은 콰절린 환초가 유일하다. 그리고 미군 우주전략 방위사령부가 마셜제도 북쪽에 대형 비행장을 갖추고 있는 웨이크 섬을 관리하고 있다. 웨이크 섬 동쪽에 있는 존스턴 섬은 1990년대에 화학무기를 비롯한 무기 처리장으로 쓰였다.

영국도 태평양에 있는 섬들을 핵 실험지로 이용했지만, 미국에 비하면 규모가 훨씬 작았다. 1957년부터 1958년까지 영국은 당시 크리스마스 섬이라 불리던 지금의 키리티마티 섬과 길버트제도라 불리던 지금의 키리바시 몰덴 섬에서 수소폭탄을 터트렸다. 프랑스도 1966년부터 1996년 사이에 프랑스령폴리네시아의 무루로아와 팡가타푸아에서 핵실험을 193번이나 했다. 그중 40번은 대기권 핵실험이었다. 2006년 8월, 프랑스 정부는 공식 보고를 통해 이 지역에서 갑상선암이 증가한 것과 프랑스가 행한 대기권 핵실험이 상관관계가 있다는 사실을 처음으로 인정했다.

서구 국가가 태평양에서 과거에 수행했거나 현재 수행 중인 군사 활동을 보고 있노라면 중국이 한때 타라와에 드리운 존재감은 하찮고 왜소해 보일 정도다. 그럼에도 태평양에 냉전이 다가오고 있는 건 사실이다. 실제로 중국은 정치, 경제, 군사 면에서 영향력을 확대하고 있으며, 미국은 이에 대한 대응책을 강구하기 시작했다. 한국과 일본에서 미군 기지 반대 시위가 계속되고 지역 주민들과 여러 가지 문제로 마찰이 잦자 이에 자극을 받은 미국은 태평양에 있는 미국령 섬들을 대안으로 고려하기 시작했다.

그리고 아시아에서 멀지 않은 괌을 아시아·태평양 지역에서 미군의 전진기지로 삼기로 했다. 오스트레일리아인 벤 보헨 기자는 이렇게 보도했다. "미국은 괌에 150억 달러를 투입하여 오키나와에 있는 해병 8천 명과 그 가족들을 재배치하고, 기존의 공군 및 해군 시설을 개선하고, 사회기반시설과 미사일 방어망을 확충할 계획을 세웠다. 〔…〕 2014년까지 4만 명에서 6만 명이 괌에 당도할 것으로 예상된다. 2014년이면 이 태평양 요새에 다양한 군사 사업과 민간 사업이 완료될 예정이다. 〔…〕 마이크 크루즈 괌 부지사가 반 농담으로 '육지에 있는 항공모함', '미 해군전함 괌'이라 칭했던 이 작은 섬은 곧 엄청나게 보강될 것이다."

북마리아나제도 티니안 섬에 있는 옛 공군기지를 다시 사용하자는 의견도 있었다. 사이판과 달리 티니안 섬은 전체가 평지로 이루어져 있다. 미군은 1944년에 일본군으로부터 티니안 섬을 빼앗았고, 덕분에 티니안 섬은 전시에 가장 바쁜 공군기지로 활약했다. 1945년 8월에 히로시마와 나가사키에 원자폭탄을 투하한 폭격기가 발진했던 곳도 티니안 섬이다.

지금 티니안 비행장은 잡초에 뒤덮인 채 버려져 있지만, 북마리아나제도 정치인들은 티니안 공군기지가 옛 영광을 재현할 수 있게 복원하자고 미국 정부에 계속 호소했다. 비행장만 복구되면 이 지역의 중요한 수입원이 될 것이 틀림없었다. 그러나 미군기지가 들어와 이곳의 임금이 미국 기준으로 상향 조정되자, 낮은 임금에 중국인을 비롯한 아시아인 근로자들을 데려다 쓰는 의류 공장들은 문을 닫을 수밖에 없었다. 북마리아나제도에는 의류 공장이 34개 있었는데, 모두 사이판에 모여 있었다. 의류 공장에서 나오는 정부 세입은 매년 6천만 달러에 달했다. 그러나 맨 마지막까지 남아 있던 의류 공장 3곳마저 2009년 2월 7일에 문을 닫았다.

미 의회조사국은 2007년 보고서를 통해 미국 의존도가 여전히 높은 옛 신탁통치 지역 국가들이 "괌에 드넓은 완충지를 제공한다"고 밝혔다. "이들은 한국과 일본에서 뻗어 나와 태국과 필리핀을 거쳐 오스트레일리아에 이르는 아시아·태평양 안보 구역에서 미국이 작전을 개시할 '군사 교두보' 기능을 한다. 미군은 태평양에서 일어날 수 있는 안보 위협에 대응하고 전쟁을 억제하기 위해 괌에 군사를 양성하고 있다." 보고서는 이렇게 이어진다. 신탁통치 지역은 냉전 기간에 "미국이 태평양에서 안보 태세를 강화하는 데 도움이 되었다. 특히 1980년대에 〔…〕 소련이 이 지역에서 영향력을 확대하려고 할 때 많은 도움이 되었다." 물론 오늘날 미국의 가장 큰 근심거리는 중국이다.

미국이 베이징에 있는 정부를 중국을 대표하는 유일한 합법 정부로 인정하긴 했지만, 태평양에서 미국의 이해관계는 대만과 훨씬 더 잘 맞는 것이 사실이다. 미국과 대만 둘 다 중국을 이 지역에서 떼어놓고 싶어 한다. 하지만 중국은 미국의 예전 신탁통치 지역에까지 영향력을 드리우기 시작했다. 북마리아나제도와 마셜제도에 있는 중국인 근로자와 이민자들 얘기만이 아니다. 마셜제도와 팔라우는 대만과 외교 관계를 수립했지만, 미크로네시아연방은 중국을 인정했다. 그 대가로 중국은 미크로네시아연방에 차관과 보조금을 잔뜩 안겨주었다. 중국은 미크로네시아연방의 수도 팔리키

르에 스포츠 센터와 정부청사도 지어주었다. 태평양 여느 국가에서 그랬던 것처럼 현지인들 대신 중국인 노동자를 데려다 썼다. 그리고 여느 국가에서처럼 중국이 그곳에서 진행한 대형 건설 사업은 지역 사회가 아니라 권력을 쥐고 있는 정부를 이롭게 했다. 중국의 주요 목표는 현지 주민이 아니라 정부를 자기편으로 끌어들이는 것이기 때문이다.

미크로네시아연방에는 중국의 대형 참치 잡이 어선단까지 있다. 이 선단은 중국과 외교 관계를 수립한 파푸아뉴기니, 바누아투, 피지, 통가, 사모아, 쿡제도에도 있는데, 중국 시민들에게 관광지로 유명하다. 미크로네시아연방은 중국 총리 원자바오가 2006년 4월에 이 지역 대표 기구인 '태평양제도 포럼' 회원국들과 피지에서 정상회담을 열 때도 참가했다. 이 자리에서 중국과 여러 회원국들은 원자바오로부터 중국을 인정한 태평양 도서국 제품에 대해 특혜관세를 적용하고, 원조 및 저금리 차관으로 3억 7천5백만 달러를 제공하겠다는 약속을 받고 협정에 조인했다.

이에 대만은 또 다른 정상회담으로 응수했다. 2006년 9월, 당시 대만 총통 천수이볜은 팔라우에 가서 대만을 인정한 키리바시, 마셜제도, 나우루, 팔라우, 솔로몬제도, 투발루 등 6개국 정상들을 만났다. 그리고 법률 집행, 관광, 공중보건, 환경, 에너지, 농업, 어업 부문 협력을 약속하는 협정을 체결했다. 타이베이로 돌아오는 길에 천수이볜은 괌에서 4시간 동안 머물기도 했다. 타이베이에 있는 비공식 미국 대사관 미국대만협회 회장 레이먼드 버가트가 그를 맞이했다. 중국으로서는 기분이 좋을 리 없었다.

태평양 동맹국들과 대만의 두 번째 정상회담은 2007년 10월 마셜제도 마주로에서 열렸다. 참석자들은 지난번과 동일했다. 이들은 서로에 대한 헌신을 재차 확인하고 대만이 유엔과 세계보건기구, 그 밖의 국제기구와 지역기구의 회원이 될 자격이 충분하다는 지지를 표명했다. 지구 온난화가 대만에게서 태평양 동맹국들을 빼앗아갈지도 모른다는 농담도 주고받았다. 대만을 지지하는 6개국 모두 해수면이 계속 상승하면 사라져버릴 수도 있는 저지대 환초이기 때문이다.

그러나 대만과 미국이 태평양으로 밀고 들어가는 중국을 막을 수는 없을 것이다. BBC 방송이 2007년 4월 14일에 보도한 대로 미군 장성들은 중국 해군력이 증가하는 것을 보고 경각심을 느꼈다. 2차 세계대전 이래 해군력에서 압도적으로 앞서 있던 태평양에서 전에는 생각지도 않았던 경쟁에 직면하게 된 것이다. BBC는 미국 국방부 아시아·태평양 담당 차관보 리처드 롤리스의 말을 인용해 "중국이 태평양에 경제적, 정치적 영향력을 확장함에 따라 60년 넘게 이어져오던 이 지역의 세력 균형에 큰 변화가 생기고 있다"고 전했다. 아직까지 중국 군함이 태평양을 항해하는 일은 없지만, 추적 유도함 위엔왕과 함께 잠수함들이 이 지역을 자주 방문하고 있다.

때로는 은밀하게, 때로는 직접적으로

태평양 지역에서 중국의 첩보 활동도 늘어났다. 2005년에 오스트레일리아로 귀순한 시드니 주재 중국 총영사관 제1서기 천융린은 오스트레일리아에만 무려 1천 명이나 되는 중국 스파이가 있다고 주장했다. 그러나 이런 발언이 오스트레일리아로 정치적 망명 허가를 받는 데 오히려 해가 될까 두려워한 변호사들은 천융린에게 더 이상 이야기하지 말라고 만류했다. BBC는 당시 이렇게 보도했다. "천융린과 다른 망명자들을 향한 냉담한 반응은 중국을 대하는 서구의 태도를 단적으로 보여주었다. 정부, 재계, 학계를 막론하고 중국 정부를 화나게 하고, 중국 시장에 접근하는 데 위협이 되고, 비싼 학비를 내는 중국 유학생들을 자극하는 말이나 행동을 꺼리는 분위기가 팽배했다."

BBC는 중국이 과학, 기술, 사업 기량을 개발하는 정책의 일환으로 지난 25년 동안 학생 60만 명을 해외에 내보냈다고 이어 보도했다. 유학생 대다수는 비밀 활동에 연루되었다는 의심을 받을 이유가 전혀 없는 인물들이다. 자녀들에게 좋은 교육을 받게 하고픈 일념으로 유학을 보낸 유복한 가정 출신이 대부분이다. 그러나 개중에는 간혹 중국 정부로부터 유학 자금을 지원받고 고국에 도움이 되는 일을 할 것으로 예상되는 인물들도 있다. BBC는 〈제인스 컨트리 리스크〉의 아시아 편집자 크리스티앙 르 미에르의 말을 다음과 같이 인용했다. "중국 회사나 정보기관들이 이런 학생들에게 접근해서 상업적 또는 군사적으로 이득이 되는 정보를 수집하게 하는 것은 아주 쉽다. 유학생 중에는 상당히 국수적인 인물도 더러 있다."

2009년 4월, 오스트레일리아는 중국 해커들이 자주 공격하는 정치인 명단에 다른 고위 관료들과 함께 신임 총리 케빈 러드가 포함되어 있다는 언론 보도에 당황했다. 다양한 정부 소식통을 비롯해 익명의 소식통들은 중국 정부가 이런 사이버 스파이 행위를 지원하고 있다고 전했다. 일간지 〈오스트레일리안〉에 따르면, 케빈 러드 총리가 2008년 8월에 중국을 방문하는 동안 해커들이 통신 내용을 염탐하려 했다고 한다. 오스트레일리아 대표단이 사용하는 모든 노트북과 핸드폰이 해커들의 공격을 받았다.

〈오스트레일리안〉은 중국 정부와 정보기관 내부에서 나온 익명의 소식통들의 말을 인용했다. 이들은 중국 정부의 후원 하에 전자기기를 염탐하는 스파이 행위가 실제로 일어나고 있으며, 지난 몇 년 사이에 정도가 더 심해졌다고 인정했다.

2008년 12월, 오스트레일리아 의회에서 국가안보 문제를 언급하면서 케빈 러드는 이렇게 말했다. "오스트레일리아의 군사기관과 정보기관, 그리고 정책 방향과 능력은 첩보 활동을 하는 외국 나라들의 목표물이 되기 쉽습니다. […] 오스트레일리아 정부와 사회가 통합적인 정보기술에 점점 더 의존하게 됨에 따라 전자 기기를 통한 스파이 행위에 특히 더 취약해질 것입니다. […] 대중의 눈에는 보이지 않지만 산업체와 정부에서 주도하는 스파이 행위는 이제 피할 수 없는 사안입니다. 그리고 당연히 중국은 오스트레일리아의 방대한 광물 자원에 관심을 기울이고 있으며, 이것이 남반구 정치 및 방위 체제에 어떤 역할을 할지 예의 주시하고 있습니다."

중국어가 유창하고 베이징 주재 오스트레일리아 대사관에서 근무한 경력이 있는 케빈 러드는 중국 문화에 호의적인 것으로 알려져 있다. 그가 총리에 취임해서 오스트레일리아 내 아시아 사회와 백인 사회 사이에서 가교 역할을 한 것도 부인할 수 없는 사실이다. 케빈 러드는 오스트레일리아 원주민에게 백 년 넘게 차별과 굴욕을 견디게 했던 점을 공식적으로 사과한 최초의 총리이기도 했다. 그러므로 그가 의회 앞에서 한 보고는 케빈 러드 본인에게도 오스트레일리아 인종 화합에도 심각한 해를 끼치는 것이었다. 〈로이터〉는 2009년 4월 3일에 이렇게 보도했다. "중국어를 구사하는 총리를 두고 중국 고위급 인사들과 지나치게 가깝다거나 중국의 '순회 대사'라고 비난하는 야당 의원들을 중심으로 오스트레일리아에 반중국 정서가 구축되고 있다."

2009년 4월 G20 런던 정상회담에 참석한 케빈 러드는 특별한 공격에 대해 충고를 받은 적은 없지만, 정부에서는 전자 기기를 이용한 스파이 행위를 경계했다고 말했다. 2008년 12월에 했던 말에 대해서도 언급했지만 사이버 공격이라 주장했던 내용에 대해서는 구체적으로 밝히지 않았다. 그렇지만 오스트레일리아에서 중국 기업들이 정부 승인이 필요한 광물 거래 협상을 진행할 때 사이버 공격이 일어났을 거라는 것쯤은 쉽게 짐작할 수 있다.

아시아·태평양 지역(그리고 모든 지역) 우익 집단들은 중국이 서구 국가들의 관용적인 태도와 개방성을 이용하도록 내버려뒀다가 언젠가 크게 후회할 거라고 경고하고 있다. 중국은 산업 및 상업 분야에서 정당한 경쟁을 겁내는 편협한 마음에서 이런 말들이 나오는 것이라며 스파이 혐의에 대해 펄쩍 뛰며 부인했다.

근처 뉴질랜드에서도 일간지 〈도미니언 포스트〉가 2005년 6월

12일 이렇게 보도했다. "중국 정부에게 탄압받는 사람들을 위해 싸우는 뉴질랜드 두 단체는 중국인 스파이들이 여기에서도 활발하게 활동하고 있다며 그들의 활동에 대한 정보를 수집 중이라고 주장했다. 오클랜드대학교 정보 보안 전문가 폴 뷰캐넌도 '중국같이 최근에 부상한 초강대국이 지역 경쟁 국가인 오스트레일리아와 뉴질랜드를 상대로 스파이 활동을 하는 것은 당연한 일이다'라며 이들의 주장을 지지했다. 그러나 스파이 행위를 입증할 증거를 찾는 건 거의 불가능하다. 정부는 스파이 활동을 감지하려고 애를 쓰겠지만, 스파이 혐의에 대해 중국 대사관에 이의를 제기하지는 않을 것이라고 시사했다."

2007년 9월, 뉴질랜드 정부는 외국 스파이들이 정부 컴퓨터를 해킹했다고 주장했다. 해커들의 국적은 언급하지 않았지만, 언론과 대중들은 중국을 의심했다. 오스트레일리아에서처럼 뉴질랜드에서도 늘어나는 아시아 인구에 대한 반발이 있다. 뉴질랜드는 오스트레일리아처럼 광물 자원을 보유하고 있지는 않지만, 전략적으로 중요한 태평양 지역에서 영향력을 행사하려면 절대로 간과할 수 없는 중요한 나라다. 이 때문에 중국도 뉴질랜드에 있는 중국 반체제 인사들과 민주화 운동가들, 파룬궁 회원들에 대해 우려하고 있을 것이다.

태평양의 다른 한쪽에서도 1997년에 캐나다 왕립기마경찰과 캐나다 보안정보부의 의뢰를 받고 극비 연구를 진행했다. 캐나다에서 활동하는 중국 정보기관과 사업가, 범죄 조직이 맺고 있다는 협정에 대해 상세히 조사하는 것이었다. '사이드와인더'라는 이름의 이 보고서는 나중에 수정되었고 '프로젝트 에코'라는 새 이름을 얻었다. 캐나다 언론은 정부가 중국과의 관계를 감안하여 중국의 과오가 여실히 드러난 보고서에 물타기를 시도했다고 비난했다. 보고서 원본에는 중국 최대의 증권회사 중국국제투자신탁회사라는 이름이 분명히 명시되어 있었다. 사이드와인더 보고서에 스파이망의 일원으로 언급된 다른 중국 회사들 중에는 무기 제조업체 북방공업공사와 폴리 테크놀로지도 있었다. 그리고 삼합회 신이안의 핵심 조직원들과 정기적으로 연락을 주고받는 영화 제작사들처럼 더 작은 회사들에도 주의를 기울여야 한다고 강조했다.

사이드와인더 보고서는 엄청난 논란을 불러일으켰고, 중국에 편견을 가진 사람들과 인종차별주의자들의 모략이라는 비판도 많았다. 그러나 미국 FBI가 2001년 5월에 뉴저지에 있는 거대 통신기업 루슨트 테크놀로지스와 하청 회사에서 중국 태생의 과학자 세 명을 체포하면서 초기 보고서에 나온 내용들이 한층 신빙성을 얻었다. 산업 스파이 혐의로 기소된 세 사람은 뉴욕 주 연방 판사 앞에서 수갑을 찼고 보석 없이 구금되었다. 전해진 바에 따르면 이들은 베이징에 있는 한 회사와 손을 잡고 미국 시스코 시스템스에 맞먹는 합작 회사를 차리려고 루슨트 테크놀로지스에서 음성 및 데이터 소프트웨어를 훔쳤다고 한다.

미국 제임스타운 파운데이션에서 활동하는 중국 전문가이자, 1998년 중국 기술이전 사건 조사 기간에 하원 공화당정책위원회에서 일했던 인물인 릭 피셔는 이 사건이 미국 정부가 미국 땅에서 중국 정부를 위해 일하는 사람들을 색출하는 노력을 배가해야 한다는 걸 보여주는 신호라고 설명했다.

태평양에 떠 있는 위엔왕 추적유도함부터 캐나다와 미국 재계에 이르기까지 아시아·태평양 지역에서 벌이는 중국의 첩보 활동은 한층 정교해졌다. 2005년 5월 31일, 미국 헤리티지 파운데이션의 선임연구원 피터 브룩스는 중국 춘추전국시대 전략가 손자(孫子)의 말을 인용하여 이렇게 썼다. "손자는 전쟁에서 이기려면 정보가 가장 중요하다고 말했다. 이 말은 정치 전쟁과 경제 전쟁에도 그대로 적용된다. 그런 이유로 중국은 자신의 지정학적 포부에 맞게 스파이 행위에도 엄청난 투자를 하고 있다."

쿡제도에서 활동하는 뉴질랜드 태생의 태평양 전문가 론 크로콤베는 《태평양 도서국의 아시아: 서양을 대체하다(Asia in the Pacific Islands: Replacing the West)》에서 이렇게 썼다. "아시아 국가들의 스파이 활동은 미국과 비교하면 아직 미미한 수준이다. 미국은 잠수함과 전기 통신, 육지 정찰 시스템을 이용해 세계에서 가장 넓은 지역을 감시하고 있으며 괌에는 무인 정찰기까지 띄우고 있다. 그러나 중국이 이 부분에서 빠르게 성장하고 있는 것만은 틀림없는 사실이다."

인도와 중국의 충돌

중국은 인도양에 있는 버마 해군기지에서 정보를 수집하려고 접근함으로써 이 지역에서 중국과 경쟁 구도를 형성하고 있는 인도를 자극했다. 아시아의 두 거물 사이에 불꽃이 튀었다. 1998년, 인도 정보기관은 벵골 만 코코 섬에 있는 버마 기지를 정탐하려고 버마 반군을 설득했다. 버마 반군은 다름 아닌 중국의 지원을 받아 전력을 보강한 이들이다. 인도는 당시 중국인들이 버마군을 도와 코코 섬에 있는 신호·정보 장비를 가동하고 인도를 상대로 첩보 활동을 벌이고 있다고 의심했다.

인도의 제의를 받아들인 카렌족과 아라칸족 출신 반군들은 무기와 탄약을 보관하고, 첩보 임무를 마치고 몸을 숨길 피난처로 안다만제도 랜드폴 섬을 사용하도록 허락받았다. 그러나 버마 정부에 매수된 인도 군사정보부 대령 때문에 작전을 완전히 망치고 말았다. 버마 반군 지도자 여러 명이 죽임을 당했고, 34명이 안다만제도의 중심 도시 포트블레어에 수감되었다. 인도 언론은 그들을 해적과 총기 밀반입자로 묘사했지만, 인도 인권변호사 난디타 학사르는 대중이 그들의 이야기에 귀를 기울이게 하려고 애썼다. 난디타 학사르는 2009년에 출간한《루주 에이전트: 인도 군사정보부는 어떻게 버마 반군을 배신했나(Rouge Agent: How India's Military Intelligence Betrayed the Burmese Resistance)》에서 버마에서 온 반군들이 인도 정보당국과 맺은 협정의 내용과 어떻게 일이 틀어졌는지를 상세히 서술했다.

작전에 실패한 인도 관리들은 2005년에 버마에 중국 기지가 있었다는 사실을 부인하고 코코 섬에 중국에 속한 비밀 정보수집 기지나 레이더, 정찰 기지는 없다고 발표했다. 그러나 이 말은 버마 해안과 코코 섬에 있는 군사 기지와 신호 정찰 기지가 중국이 소유하거나 운영하는 것이 아니라는 뜻으로 핵심을 비껴간 주장이었다. 그 기지들은 중국으로부터 도움을 받긴 했지만, 어디까지나 '버마' 기지였고 지금도 '버마' 기지이기 때문이다. 버마와 중국이 정보 공유 협정을 맺었다는 점도 간과할 수 없는 문제다. 그러면 중국은 왜 중동에서 공급하는 대부분의 석유를 운송하는 해상 교통로는 감시하지 않는 것일까? 중국이 그렇게 치명적인 구명 밧줄을 잘 지켜보지 않았다면, 직무 태만이라 해도 전혀 과장이 아닐 것이다.

인도가 공개적으로 버마 반군에게 등을 돌린 것은 필시 버마 군사정부의 심기를 건드리고 싶지 않아서였을 것이다. 인도 정부는 그동안 버마를 꼬드겨 중국의 손에서 벗어나게 하려고 애썼다. 이 사건은 버마에서 '뉴 그레이트 게임'이 어떻게 진행되고 있는지를 보여주는 또 하나의 실례다. 버마에서 중국과 인도는 서로 정치적 영향력을 확대하려고 다투는 한편 버마의 풍부한 천연자원을 이용하려고 경쟁하고 있다. 그러므로 정치적 경제적 경쟁자인 인도가 중국의 버마 내 활동을 감시하지 않는 것은 어리석은 일일 것이다. 그러나 카렌족과 아라칸족 반군을 첩보요원으로 선택한 것은 결코 최선의 선택이 아니었다.

이렇게 인도양과 태평양에서는 스파이 게임이 계속되고 있다. 그리고 어디에서나 중국은 빠르게 세력을 확장하고 있다. 중국을 막을 수 있는 자가 나타나기는 어려워 보인다.

8장

누가 **태평양 시대의** **주인이** 될 것인가

중국에 대한 세계인의 시각

2차 세계대전이 끝난 뒤 전 세계 많은 사람들이 20세기는 미국의 세기가 될 것이라고 예상했다. 서구 민주주의가 권위주의를 대표하는 아돌프 히틀러의 나치 독일과 베니토 무솔리니의 파시스트 이탈리아, 도조 히데키의 군주주의 일본을 무찌르고 승리했다. 소련도 승전국의 편에 서 있긴 했지만, 공산주의자들을 추종하는 일부 사람들을 제외하면 롤 모델이 되기에는 역부족이었다. 블루스, 재즈, 로큰롤 등 미국 대중문화가 세계를 휩쓸었다. 모든 대륙에 사는 대다수의 사람들이 자유, 민주주의, 젊고 새로운 생활방식 등 미국이 대표하는 이미지를 좋아했다.

그런데 1963년 11월 22일에는 다시 많은 이들이 미국의 세기가 끝났다고 단언했다. 그날 미국 대통령 존 F. 케네디가 텍사스 주 댈러스에서 총을 든 한 남자의 손에 암살당했다. 케네디 대통령의 뒤를 이은 린든 존슨 대통령은 베트남에서 전쟁을 확대시켰고, 전 세계에서 수백만 명이 거리에 나와 미 제국주의에 반대하는 시위를 벌였다. 간신히 기력을 유지하던 미국의 세기는 1975년 4월 30일에 영원히 땅속에 묻혔다. 북베트남군의 탱크가 사이공에 있는 대통령궁을 함락하고 베트남전쟁을 종식시킨 날이다. 미국이라는 초강대국은 그렇게 작지만 완강한 농민의 나라 베트남에 패하고 말았다.

그리고 2001년 9월 11일 뉴욕과 워싱턴이 테러 공격을 당했다. 미국은 참담하기 그지없는 테러와의 전쟁을 시작했고, 이 모습은 마치 세계에서 가장 강한 민주주의 국가가 이라크와 아프가니스탄, 그리고 쿠바 관타나모 기지에 고문실을 운영하는 것처럼 보였다. 이라크와 아프가니스탄에서 민간인 수만 명이 죽임을 당했다. 미국이 테러리스트들의 근거지라 의심하고 공격을 퍼부은 탓이었다. 전 세계에서 반미 감정이 치솟자 어부지리로 중국은 미국보다 확실히 유리한 입장에 서게 되었다. 더구나 1989년에 소련이 몰락한 뒤 중국은 미국의 가장 큰 적수로 떠오르지 않았던가.

중국에서 자행되는 인권 유린 실태를 고발하는 문서가 속속 나오는데도 불구하고, 1990년대부터 2000년대 초반까지 중국인 인구는 아시아·태평양 지역에서뿐 아니라 전 세계에서 증가세를 보였다. 게다가 수십 년간 미국의 동맹국에 가까웠던 나라들조차 중국이 미국보다 순하다는 인상을 갖게 되었다. 그 와중에 오스트레일리아 시드니에 있는 싱크탱크 로위 연구소가 2005년에 실시한 여론조사는 미국을 충격에 빠뜨리기에 충분했다. 오스트레일리아에서 설문에 참여한 응답자 중 미국에 긍정적인 감정을 품고 있는 사람이 절반이 채 안 되었다. 중국의 부상을 연구해온 미국인 저자 조슈아 쿨란트치크는 《대중의 마음 사로잡기: 중국의 연성 권력은 어떻게 세계를 바꾸고 있는가(Charm Offensive: How China's Soft Power Is Transforming the World)》라는 책에 이렇게 썼다. "더 심각한 것은 오스트레일리아인의 57퍼센트가 미국 외교정책이 잠재적인 위협을 담보하고 있다고 생각한다는 점이다. 그리고 역시 오스트레일리아인의 57퍼센트가 이슬람 근본주의 세력이 부상하는 것을 우려했다. 2002년 인도네시아 발리에서 과격파 이슬람교도가 설치한 것으로 추정되는 대형 폭탄으로 2백 명이 넘는 사람이 죽었고, 그중 대부분이 오스트레일리아인이었는데도 이슬람 세력을 우려하는 것과 똑같이 미국 외교정책을 우려한다는 것은 가히 충격적이다."

한편 로위 연구소 여론조사 결과 오스트레일리아인의 70퍼센트 가까이가 중국을 긍정적으로 생각하는 것으로 나타났다. 조슈아 쿨란트치크의 말을 들어보자. "여론조사가 잘못되었다고 생각하는 사람들이 있겠지만, 다른 연구 조사도 같은 결과를 보여준다. 오스트레일리아인 50퍼센트 이상이 중국과의 자유무역 협정을 지지하는 반면, 미국과의 자유무역 협정을 지지하는 사람은 34퍼센트에 불과하다." 위협적인 존재였던 중국이 지금은 하나의 기회로 다가오고 있다. 이렇듯 중국은 위험한 존재에서 이득이 되는 존재로 그동안 이미지를 쇄신해왔다.

조슈아 쿨란트치크는 중국이 연성 권력, 즉 본을 보임으로써 사람들을 이끌고 내가 원하는 바를 상대방이 하도록 마음을 사로잡는 능력으로 이미지 쇄신에 성공했다고 주장한다. 중국은 일본을 대신해 아시아·태평양 지역에서 경제적, 정치적 초강대국으로 부상하고 있다. 일본이 중국에 밀려난 주된 이유는 연성 권력을 기르는 데 실패했기 때문이다. 일본은 원조와 투자만으로 충분히 영향력을 끼칠 수 있다고 믿는 것 같지만, 중국은 좀 더 주도적인 외교 정책을 구사하고 있다. 더구나 개발도상국에 나가 있는 해외 동포가 많지 않은 일본은 이들을 지원하고 활용할 수도 없었다. 그러나 중국은 기존 화교 사회는 물론이고 새로 형성된 화교 사회를 지원하여 다양한 활동을 할 수 있다.

1970년대에 중국은 태국에서 벌어진 공산주의자들의 반란을 지원하며 태국 정부에게 등을 돌리는 듯했다. 상황이 그러하니 중국계 태국 사업가들은 자신들의 중국계 혈통을 드러내려 하지 않았다. 태국 사람들에게 중국 정부에 헌신하는 제5열이라는 인상을 주고 싶지 않았기 때문이다. 하지만 요즘에는 "태국 정치인들까지 자신의 중국계 혈통을 대놓고 이야기할 정도다. 대중들이 중국을 멋지고 부유하고 매력적인 나라라 여기기 때문이다"라고 조슈아 쿨란트치크는 말한다. 요즘에는 중국계 혈통을 지닌 수백만 명의 태국 사업가들이 대만이 아니라 중국을 자신의 모국이라 여긴다.

1997년 아시아 금융위기 때도 중국은 아시아 국가들로부터 찬사를 받았다. 자국 통화가치를 절하하는 조치를 자제함으로써 이 지역 경제를 안정시키는 데 이바지했기 때문이다. 또한 중국은 동남아국가연합과 동아시아정상회의 등 동남아시아 국가들이 참여하는 다자간 기구에서 점점 더 적극적인 역할을 하고 있다. 동아시아정상회의에는 중국, 일본, 한국, 인도, 오스트레일리아, 뉴질랜드가 참여한다. 동남아시아 지역에 대한 중국의 원조는 증가하고 있으며, 적어도 금융위기 전까지는 중국 관광산업도 꾸준히 발전했었다. 캄보디아, 라오스, 버마에 대한 투자도 속도가 조금 줄긴 했지만 여전히 상당한 수준이다. 2005년 7월, 미국 국회 청문회에서 한 패널은 중국이 동남아시아에서 미국을 대체하려 한다고 결론을 내렸다. 그는 "'대테러 활동을 빼면 동남아시아 정책이라 할 만한 것이 아무것도 없다'는 인식이 미국과 동남아시아의 유대 관계를 흔들고 있다"고 단호하게 말했다.

중국(그리고 중국인 이민자)의 부상은 버마, 라오스, 캄보디아 등 동남아시아 일부 지역과 러시아 극동 지역, 태평양 도서국에서 경제적 균형을 깨뜨리고 인구 구성을 바꿀 가능성도 있다. 이런 변화를 멈추는 것은 사실상 불가능하다. 중국 내 인구압이 높기 때문이기도 하고, 이민을 장려하는 중국 정부의 정책 때문이기도 하다. 초강대국이 되고픈 야심을 이루려면 새로운 화교들의 역할이 아주 중요하다. 그러나 장기적으로 이런 정책은 중국이 지향하는 연성 권력과는 전혀 성질이 다른 문제를 불러올 수 있다. 머지않아 러시아는 극동 연방관구를 명목상이 아니라 실제로도 잃게 될 가능성이 있다.

중국이 아시아·태평양 지역에서 향후 수십 년 안에 경제 강국으로서 일본을 앞지르게 되면, 미국은 태평양에서 이해관계를 놓고 중국과 충돌하는 것을 피할 수 없다. 이 지역에 밀려드는 중국인 이민의 성격과 화교의 역할에 대해서는 세심한 연구가 필요하다. 이 문제를 단순히 중국 정부가 치밀하게 제5열을 배치하는 것으로만 파악해서는 안 된다. 헝가리 중국학자 니이리 팔이 지적한 대로 "중국인 이민은 기정사실이며, 중국 정부는 이것을 기회로 활용하는 것뿐"임을 알아야 한다.

그러나 판세가 뒤집힐 가능성도 있다. 2008년 11월 대선에서 버락 오바마가 승리하자 미국의 대외 이미지가 다시 한 번 바뀌었다. 미국 정부의 관점에서 보면 아주 긍정적인 방향으로의 변화다. 선거 결과가 발표되었을 때 나는 캄보디아의 수도 프놈펜에 있었는데, 프놈펜 거리까지 승리감에 취할 정도로 오바마의 당선을 반기는 분위기였다. 조지 W. 부시가 백악관에 앉아 있을 때만 해도 미국에 우호적인 인구가 10퍼센트에 불과했던 인도네시아에서도 버락 오바마의 인기는 대단했다. 오바마는 1967년부터 1971년까지 어머니, 새아버지와 함께 유년기를 인도네시아에서 보냈고 자카르타에 있는 학교에 다녔다. 케냐에서는 오바마 부친의 고향 마을에서 사람들이 춤을 추고 북을 치고 미국 국기를 흔들었다. 오바마는 존 F. 케네디 이후 유럽인들 사이에서 가장 인기 있는 미국 대통령이기도 하다.

오바마 행정부는 전임자인 조지 W. 부시 행정부처럼 다른 국가들을 향해 명령을 내리는 대신 그들의 목소리에 더 귀를 기울이려 애쓰고 있다. 심지어 외교정책에서도 연성 권력을 활용하기 시작했다. 오바마는 이란처럼 오래 대치해온 숙적들에게도 관심을 보였고, 쿠바에 대한 경제제재도 완화했고, 버마 군사정부에도 대표자를 파견해 대화를 나눴다. 2009년 3월 24일에는 국무부 동남아시아 담당 국장 스티븐 블레이크가 새 수도 네피도를 방문하고 버마 외무장관 난 윈과 회담을 가졌다. 오바마 행정부는 버마 군부의 인권 유린에 대해서만큼은 부시 행정부보다 더 강경한 태도를 취하겠지만, 그간의 대버마 정책이 버마를 중국 품으로 떠미는 역할밖에 하지 못했다는 것을 잘 아는 것 같다.

중국이 세계 곳곳에서 더 강하게 세력을 떨치고 영향력을 확장함에 따라 지금까지 비교적 긍정적이었던 중국에 대한 인식도 바뀔 가능성이 있다. 솔로몬제도와 통가에서 벌어진 반중국 폭동은 앞으로 다른 나라에서도 비슷한 일이 벌어질 수 있음을 암시한다. 중국의 영향력이 두 나라에서와 비슷한 한계점에 다다르면 아시아·태평양 지역의 다른 국가들에서도 충분히 일어날 수 있는 일이다. 1977~88년 경제위기가 최고조에 달했을 때 인도네시아의 수도 자카르타에서도 심각한 반중국 폭동이 있었다. 새로 온 중국인 이민자들이 아니라 이미 오래 전에 터를 잡고 살던 중국인 상인 계층이 주요 목표물이긴 했지만 말이다.

2007년 12월 미국의 퓨리서치센터가 조사한 바에 따르면, 중국을 바라보는 다른 나라들의 시선이 최근 몇 년 사이에 안 좋아진 것으로 나타났다. 물론 아직은 중국을 긍정적으로 보는 이들이 많고, 전 세계에 널리 퍼진 반미 정서에 비견할 정도로 나빠지지는 않았다. 그렇지만 15개국 중 9개국에서 지난 2년 사이에 중국에 대한 호감도가 떨어진 것으로 나타났다. 가장 큰 하락세를 보인 곳은 아시아 이웃 나라인 일본, 한국, 인도였지만, 영국, 프랑스, 독일, 스페인 등 서유럽 국가에서도 호감도가 꽤 떨어졌다.

동아시아 중국인 이민

아시아·태평양 지역의 몇몇 국가에서는 세계로 뻗어나가는 중국의 추악한 면, 즉 밀입국 알선 사업과 조직범죄 등이 중국에 대해 부정적인 인식을 갖게 했다. 비단 태평양 도서국 일부에서만 이런 인식을 갖게 된 것이 아니다. 일본도 그중 하나다. 화교들은 대대로 요코하마와 고베, 그 밖의 항구도시에서 작은 공동체를 형성하고 살았다. 일본에 정착한 1세대 중국인은 19세기에 온 영세 상인들로서 대부분 광둥어를 썼다. 요코하마에 차이나타운이 생긴 것은 1873년이다. 차이나타운에는 중국 음식점과 학교, 사원이 하나씩 있었다. 고베 화교 사회는 대부분 장쑤 성과 저장 성에서 온 이민자들로 이루어졌다. 그런데 20세기 초중반 일본이 전쟁을 치르면서 일본에 사는 중국인의 숫자가 급격히 줄어들었다. 하지만 결국 2차 세계대전으로 이어진 일본의 세력 확장 기간과 2차 세계대전 기간에는 일본에 정착하는 중국인 숫자가 오히려 늘었다.

대부분은 대만에서 온 사람들이었다. 1895년부터 2차 세계대전이 끝날 때까지 대만이 일본의 식민지였던 탓이 크다. 전쟁이 끝나고 대만은 다시 중국에 복귀되었다가 나중에 국민당이 지배하는 중화민국이 되었다. 1940년에 나온 공식 통계에 따르면 일본에 사는 중국인 22,499명 중 20,284명이 대만에서 온 것으로 나타났다. 1949년에 공산주의자들이 중국 본토에서 정권을 잡고, 대만과 몇몇 작은 섬들이 중화민국의 손에 남겨졌을 때도 많은 대만 사람이 고국으로 돌아가지 않고 일본에 남는 쪽을 선택했다. 식민지 경험으로 말미암아 반일본 정서가 몹시 강한 한국인들과 달리 대만 사람들은 친일본 정서가 훨씬 강했다. 섬에 남은 사람이나 일본에 정착한 사람이나 마찬가지였다.

한국은 20세기 초에 일본의 손에 점령당하고 흡수되었던 고대 왕국이었다. 반면에 대만은 무법 상태로 방치된 중국의 한 지방에 불과했다. 1895년에 대만을 접수한 일본인들은 이 섬을 현대화하고 사회기반시설을 개선하고 학교와 병원을 지었다. 1895년 이래 중국 본토가 대만을 통치한 기간은 2차 세계대전이 끝나고 대만이 중국 본토에 재통합된 1945년부터 공산주의자들이 본토에서 정권을 잡고 국민당 정부가 대만으로 후퇴한 1949년까지 딱 4년뿐이다. 이 시기는 대만이 독립된 국가라는 정서를 형성했을 뿐 아니라 세계 어디에서든 끈끈한 형제애를 보이는 여느 중국인과 달리 대만인들이 중국 본토에 충성심을 가질 필요가 없다는 생각을 갖게 하는 데 이바지했다.

1980년대 전까지는 1949년에 대만으로 퇴각하여 대만 원주민을 통치했던, 푸퉁화를 구사하는 본토 사람들과 민난어 사투리를 구사하는 사람들 사이가 좋지 않았다. 국민당 지도부는 중화민국이라는 기치 아래 본토 재탈환을 꿈꾸는 반면, 대만 사람들에게는 그런 열망이 없었다. 그리고 1980년대 후반부터 1990년대 초반까지 대만이 민주화되면서는 국민당 사람들도 본토보다는 대만 문제에 집중하기 시작했다. 오늘날 중화민국에는 대만이 홍콩과 마카오의 뒤를 좇아 중화인민공화국의 특별행정구가 되길 바라는 사람은 거의 없다. 일본이 중화민국을 인정하고 있기는 하지만, 이런 특별한 관계는 일본과 대만 사이에 늘 있었다. 1988년에 대만 출신 최초의 총통과 국민당 주석이 되어 2000년까지 자리를 지킨 리덩후이는 일본에서 수학했으며 일본어가 유창했다. 반면 중국 본토에서는 살아본 적이 없는 인물이다.

그러나 1980년대에 중국인 이민자들의 새로운 물결이 일본에 밀려들기 시작했다. 1979년에 중국 정부가 중국 시민들의 해외여행을 승인하고, 당시 일본 총리였던 나카소네 야스히로가 거의 동시에 일본 대학에서 수학하는 유학생 숫자를 10만 명까지 늘릴 방안을 발표하자 많은 중국인이 지원을 했다. 사실상 유학 비자를 받은 이들의 30퍼센트 이상이 중국 출신이었다. 공식 통계에 따르면 일본에서 수학하는 중국인 유학생 숫자는 1978년에 23명이었다가 1998년에 22,810명으로 증가했다. 그들 중 몇 명이나 진짜 학생이었는지는 확인하기 어렵지만, 어쨌거나 그 덕분에 일본에서 화교사회가 급속히 팽창했다. 1998년에는 합법적으로 일본에 거주하는 중국인이 23만 명인 것으로 추정되었다. 비자가 만료된 관광객과 학생, 밀입국한 이민자를 포함한 불법 체류자 수는 최소 7만 명에 달했다. 2002년에는 합법적인 방법으로 일본에 들어온 중국인이 모두 52만 7천 명이었다. 한편 밀입국 알선업자들도 밀항선과 다른 수단을 통해 정확한 숫자는 알 수 없지만 꽤 많은 인원을 계속해서 밀입국시켰다. 새로 들어온 범죄 조직 조직원들에 의한 절도, 강탈, 강도, 유괴, 살인 사건이 그전까지 평화롭기만 했던 일본 화교사회의 고질병이 되었다.

베이징과 푸젠 성, 상하이 출신 폭력배들 간에 경쟁이 심해 도쿄

유흥가와 신주쿠 가부키초를 비롯한 여러 지역에서 총격전이 벌어지기도 했다. 총기류는 동해를 통해 중국과 러시아에서 밀반입한 것이었다. 요즘 가부키초에서는 러시아, 우크라이나, 벨로루시에서 온 금발의 접대부 사진을 내건 클럽을 여럿 볼 수 있다. 그런데 출입구를 지키는 기도들은 대부분 중국인이다. 〈뉴욕타임스〉 특파원 니콜라스 크리스토프는 가부키초를 방문하는 동안 일본의 전통 범죄 조직인 야쿠자 조직원을 만났다. 그는 니콜라스 크리스토프에게 이렇게 말했다. "요즘 가장 큰 문제는 중국 마피아가 기세를 떨친다는 겁니다. 중국계 범죄 조직들이 야쿠자로부터 성매매, 도박, 장물 거래 할 것 없이 모든 사업을 인수하고 있거든요." 일본 범죄 조직들이 최근 몇 년 사이에 더 난폭해진 것도 사실이지만, 중국계 범죄 조직들은 훨씬 더 무자비하다. 이 때문에 평범한 일본인들 사이에 반중국 정서가 강하게 나타나고 있다.

퓨리서치센터가 조사한 바에 따르면, 일본인 응답자 중 중국에 호감을 가지고 있는 사람이 2002년에 55퍼센트였다가 2007년에는 29퍼센트로 하락했다. 일본처럼 가파른 하락세는 아니지만 한국에서도 중국에 대한 호감도가 하락했다. 2002년에는 66퍼센트가 중국을 호의적으로 바라보았는데 2007년에는 52퍼센트로 떨어졌다. 한국인 응답자의 89퍼센트가 중국의 군사력이 증가하는 것에 위협을 느낀다고 응답했다. 중국이 공산주의자들이 지배하는 북한과 가까운 동맹국이며 한국의 라이벌이자 오랜 숙적이라는 점을 감안하면 놀랄 일은 아니다.

한국은 동아시아에서 인종적 동질성이 가장 두드러지는 나라로 묘사되곤 하지만, 중국인 소수가 이들과 섞여 살고 있다. 서울 도심 지역인 명동에는 여러 중국 음식점과 한약방, 그리고 중국인 학교가 하나 있는 오래된 차이나타운이 자리 잡고 있다. 고대에 한국은 엄밀한 독립 왕국이었지만, 중국 황제에게 조공을 바쳐야 했다. 그러나 청일전쟁 이후 1895년에 체결된 시모노세키조약으로 중국은 대만을 일본에 할양했을 뿐 아니라 조선이 완전한 자주독립국임을 인정해야 했다. 더 이상 중국 황제에게 조공을 바칠 필요가 없어졌으며, 조선은 동아시아에서 빠르게 세력을 확장하고 있던 일본의 세력권 아래 들어가게 되었다.

아마도 중국인의 한국 이민은 일찍이 13세기에 시작되었을 것이다. 하지만 1880년대 전까지는 대규모 이동이 시작되지 않았다. 청나라는 조선에 병사 3천 명을 보냈고, 이 때 중국 상인 40명이 그들을 따라 한국에 왔다. 그리고 1882년에 청나라와 조선은 중국 땅에서 온 상인들이 조선에서 다양한 사업에 종사할 수 있도록 허락하는 무역 조약을 맺었다. 성균관대학교 박경태 교수에 따르면, 19세기 말에 산둥 지방에 몇 차례 자연재해가 있었고 이 지역 주민들이 대거 한국으로 이주했다고 한다.

한국은 1910년에 공식적으로 일본에 점령되었다. 당시 많은 중국인이 서울과 여러 항구도시에 정착해 살고 있었다. 인천도 그중 하나인데 인천에서 중국인들은 식당과 잡화점, 약방, 그리고 전통 중국식 지하 은행을 운영했다. 일본의 식민 지배가 시작되고 처음 10년간은 한국으로 이주하는 중국인 숫자가 증가했다. 일본의 단속으로 제한을 받긴 했지만, 많은 중국인 근로자와 상인들이 격변에 휘말린 중국을 빠져나와 한국으로 이주했다. 군벌들이 나라를 쪼개어 무법천지가 된 중국 대륙에 비하면 일본에 점령당한 한국은 그나마 안전한 편이었다.

그 결과 한국 내 중국인 인구가 1910년에 1만 명에서 1930년대 초에는 거의 7만 명으로 늘어났다. 그러던 중 한국 내 중국인 숫자가 줄어들게 된 사건이 발생했다. 1931년 7월, 조선 농민들이 수로 공사를 하고 있던 만보산 지역에서 분쟁이 발생했다. 당시 일본은 만주를 차지할 궁리에 여념이 없었고, 1932년에는 중국의 마지막 황제 푸이를 앞세워 만주국이라는 괴뢰 국가를 세웠다. 사실상 일본의 식민지에 불과한 나라였다. 그러던 어느 날 중국 농민들과 경찰이 만보산에서 수로 공사를 하던 조선 농민들을 공격하고 부상을 입혔다는 보고가 있었다. 사실은 일본인이 소유한 신문들이 의도적으로 사실을 왜곡했는데, 당시 조선인들은 그 사실을 알지 못했다고 학자들은 말한다. 그 때문에 인천과 평양, 서울에서 조선인 수천 명이 거리로 나와 "중국인을 죽여라!"라고 소리를 질렀다.

한국 근대사에 처음 기록된 인종 폭동이었다. 이 사건으로 중국인 142명이 죽고 546명이 중상을 입었으며 중국인 상점과 부동산 수백 채가 불에 타고 약탈당했다. 최소 1천 명의 중국인이 인천에서 배를 타고 중국으로 도망쳤고 1만 6천8백 명은 서울 주재 중국 영사관에 몸을 피했다. 이 사건 후 1937년에 중일전쟁이 발발하자 한국 내 중국인 숫자는 다시 크게 감소했다. 2차 세계대전이 끝나자 중국으로 돌아가는 숫자는 더 늘어났다. 그 결과 1950년대 후반에는 남북으로 나뉜 한반도 북쪽에 남은 중국인 숫자가 1만 5천 명에 불과했다. 대부분은 채소를 재배해서 시장에 내다파는 일로 생계를 유지했다. 남쪽에는 약 2만 2천 명의 중국인이 있었다. 그리고 1948년부터 1979년까지 이승만 정권과 박정희 정권 아래서 갖은 차별에 시달리다 많은 중국인이 미국과 캐나다, 오스트레일리아, 브라질로 다시 이민을 떠났다.

그러나 몇천 명은 명동에 남았다. 중국 영사관으로 쓰던 건물도 명동에 있었다. 1992년 8월까지 중화민국 대사관이었던 그곳이 중화인민공화국 대사관이 되었다. 국민당 지역 본부도 명동에 있다. 한때 대만이 관리하던 옛 대사관에서 불과 몇백 미터 안 떨어져 있다. 예전에는 대만과 한국 정부가 가까웠고 든든한 반공산주의 동맹국이었으니 그리 놀랄 일도 아니다. 그렇게 수년간 중화인민공화국 대사관과 국민당 본부가 나란히 있었다. 이제 중국인들은 서울의 다른 지역에 있는 더 현대적인 건물로 이주했다.

많은 중국인이 중국의 관습과 가풍을 지키고, 가정에서는 아직도 중국어를 사용한다. 하지만 다른 아시아 지역에서처럼 자기 의견을 강경하게 내세우지도 않고 눈에 띄는 집단행동도 하지 않는다. 한국인과 중국인 사이에 결혼도 이뤄졌다. 1990년대에는 서울 연희동에 있는 중국인 학교에 다니는 학생 1천1백 명 중에 3백 명이 한국인 어머니 밑에서 태어난 아이들이었다. 한국에서 중국인들은 꽤 잘 동화되고 있다. 젊은 세대 화교들은 음식점과 상점을 운영하는 대신 의사나 공학자, 건축가, 또는 연예인이 되었다.

1980년대와 1990년대에 한국은 경제가 성장함에 따라 미숙련

노동자들이 많이 필요했다. 그래서 외국인 노동자들이 한국에 들어오기 시작했다. 2000년에 한국에서 일하는 외국인 노동자는 26만 명이나 되었다. 그들 중 16만 5천 명이 불법 체류자였다. 조선족을 포함한 중국인이 가장 많았다. 그리고 방글라데시인, 몽골인, 필리핀인, 태국인, 파키스탄인, 우즈베키스탄인이 그 뒤를 이었다. 서울 구로디지털단지 근처에는 차이나타운이 새로 생겼고, 중국 문화를 간직한 중국인 거주지로 빠르게 자리를 잡았다. 상점들과 슈퍼마켓들에는 한자로 쓴 간판과 광고판이 걸렸다. 남성들은 대부분 건설 노동자나 직공으로 일하는 반면, 여성들은 음식점에서 종업원으로 일한다.

인천에서는 완전히 다른 이유로 옛 차이나타운을 부활시키려 했다. 일제강점기에 인천의 화교 인구는 1만 명이 넘었고, 수백 개의 중국 음식점과 한약방, 그리고 교회까지 있을 정도였다. 2차 세계대전이 끝나고 중국 본토에 공산주의 정권이 들어서는 바람에 중국과의 무역에 제한 조치가 내려진 뒤에도 많은 화교가 인천에 그대로 남았다. 박정희가 추진한 초국가주의 정책은 화교가 서구 국가로 이주할 수밖에 없도록 등을 떠밀었다. 그 결과 1970년대 후반까지 대부분의 화교가 한국을 떠났다. 그러나 인천 지하철역 근처에는 옛 차이나타운 입구를 표시하는 11미터 높이의 독특한 문이 그대로 남아 있었다. 한때 상업 활동이 활발했던 곳이다. 2002년에 중국 본토에서 엄청난 인파가 한국을 방문하자 이를 기회로 삼아 인천 시의회는 620만 달러를 들여 차이나타운을 되살린다는 계획을 세웠다. 그대로 실행되지는 않았지만, 인천 차이나타운은 변함

없는 관광명소다. 물론 중국인 이민자들이 정착해서 사는 거주지와는 거리가 멀다.

무게중심이 베이징으로 이동한 것을 모르는 사람은 없다

중국이 경제권을 장악한 아프리카에서도 경제 붕괴 이후 태도가 바뀌기 시작했다. 리디아 폴그린은 2009년 3월 26일 〈뉴욕타임스〉에 이렇게 썼다. "수년간 서구 국가들과 국제 원조 기구들은 원조를 하기 전에 까다로운 조건을 달고 구조조정을 요구했다. 그런데도 결과가 신통치 않을 때가 더러 있었다. 이런 상황에서 중국은 조건도 달지 않고 위험도 기꺼이 감수하려는 태도로 서구 국가들을 대체할 완벽한 경제적, 정치적 대안을 제시하는 듯했다. 우방과 자원을 찾아다니는 중국이 백지수표를 남발하는 것처럼 보였다."

리디아 폴그린은 계속해서 이렇게 썼다. "요즘에도 물자에 대한 갈증은 여전하지만, 중국 국영 기업들은 잠비아와 라이베리아 같이 더 안정적인 곳에서 구리와 철을 싸게 살 방법을 찾고 있다. […] 중국 회사들은 지금 흥정을 더 세게 밀어붙이는 한편 아프리카에서도 특히 정세가 불안한 곳은 피하고 있다. 수년간 중국은 아프리카에서 상당히 많은 목재를 수입해왔지만, 그 양이 서서히 줄어들었다. 야생동물 서식지가 심각하게 파괴되고 있다고 목소리를 높여온 환경운동가들로서는 환영할 만한 일이다. 덕분에 침팬지와 고릴라 들이 목숨을 건지게 되었으니 말이다."

그러나 최근 몇 년 사이에 몇 차례 일이 틀어지거나 상황이 나빠지긴 했어도, 중국은 여전히 다른 나라들이 무시할 수 없는 경제 대국이고 앞으로도 그럴 것이다. 2009년 4월에 베이징을 방문한 베네수엘라 대통령 우고 차베스는 중국 국가주석에게 이렇게 말했다. "무게중심이 베이징으로 이동했다는 것을 모르는 사람은 아무도 없습니다. 금융 위기 동안 중국은 세계를 향해 아주 모범적인 행동을 보여주었습니다. 현재 중국은 국제 자본주의가 처한 위기 한복판에서 세계를 움직이는 가장 큰 엔진입니다."

우고 차베스는 반미주의자로 유명한 인물이고, 무엇보다 베이징에서 베네수엘라 석유를 중국에 더 많이 수출할 방안을 협상하고 있었다는 점을 감안하고 들어야 한다고 비판하는 이들도 있을 것이다. 그러나 미국이 소련과 맞붙었던 냉전이 끝난 뒤 미국과 중국을 중심으로 돌아가는 양극체제가 새롭게 떠오르고 있는 건 부인할 수 없는 사실이다. 공식적인 자리에서는 우애와 협력을 이야기하지만, 대표적인 초강대국이자 라이벌로서 두 나라가 맞서고 있는 것은 분명하다. 게다가 중국은 일부 지역에서 계속 부상할 것이다. 이미 러시아 극동 지역에서 중국을 대적할 이는 아무도 없다. 동남아시아에서도 중국은 적어도 미국 못지않게 영향력이 강해졌다. 버마와 라오스, 캄보디아에 정착한 중국인 이민자들은 이 나라의 인구 구성을 바꿀 가능성이 크다. 중국인 이민자뿐 아니라 중국의 정치적·경제적 영향력이 아시아·태평양 지역의 사회와 삶을 바꾸고 말 것이다. 홍콩과 대만뿐 아니라 중국 본토의 음악과 영화가 아시아 여러 나라에서 인기를 얻음에 따라 중국의 문화적 영향력도 증가하고 있다. 무엇보다 많은 아시아인이 아직도 거리감을 느끼고 지역의 가치와 관습과 전통을 위협하는 세력으로 인식하는 미국과 달리 중국은 아시아 국가다.

이미 여러 세기 전에 시작된 중국의 남진은 21세기에 접어들면서 탄력이 붙었다. 금융위기도 중국의 기세를 멈추거나 뒤집을 수 없었다. 중국인의 이민과 화교들을 잇는 세계적인 연결망은 세계지도를 바꾸고 말 것이다. 동남아시아에서 중국의 영향력은 최근에 이주한 중국인들이 아니라 몇백 년 된 '화교 네트워크'에 기반을 두고 있기에 아주 견고하다. 화교들은 동남아시아 전역에서 결속력이 강하고 경제적으로 힘 있는 공동체를 일구었다. 중국이 사회주의에서 자본주의로 이행하면서부터는 동남아시아에 거주하는 중국인 기업가들이 이 지역에서 중국이 새로운 경제 강국으로 부상할 수 있도록 이바지했다.

태국, 말레이시아, 인도네시아, 싱가포르, 필리핀에 있는 화교 사회는 중국과 이어져 있는 지역 금융기관이나 다름없다. 태국에서 가장 큰 중국계 기업 중 하나인 샤오엔 폭판드의 대표는 대중국 관계와 관련해 태국 정부에 조언했으며, 중국 정부가 태국과 다른 나라에 로비 활동을 하는 데도 힘을 보탰다. 중국이 위대한 황금 반도의 정치경제 전반에 영향력을 확대하고 중국인 이민자가 늘어남에 따라 버마 북부와 라오스, 캄보디아는 더욱 더 중요한 중국의 일부가 되었다.

지금 미국은 동남아시아를 중국의 세력권 안으로 넘겨주게 된 듯하다. 조지타운대학교 아시아학과 객원교수 로버트 서터는 2005년

2월에 이렇게 썼다. "미국은 중국에 압력을 가하는 견제 정책을 회복할 능력을 조금은 잃은 것 같다. 과거에 아시아 국가들은 중국이 공격적인 행동을 할 것을 우려하여 중국을 거스르며 미국 편에 서려 하지 않았다. 이제 아시아 정부들은 중국으로부터 받은 혜택이 줄어들까 두려워 그렇게 행동하는 것을 꺼린다. 어떠한 경우든 결국 미국의 대중국 견제 정책이 아시아에서 폭넓은 지지를 얻지 못할 거라는 건 이미 오래전에 확인된 사실이다. 아시아 국가들은 미국과 중국 중 하나를 선택하는 것을 오랫동안 주저했다. 그러므로 아시아에서 영향력을 놓고 직접적으로 경쟁함으로써 중국의 세력 확장에 대응하려는 미국 정책은 어리석기 짝이 없다."

미국과 중국이 경쟁을 벌이는 핵심 지역은 안보 이익을 중시하는 두 나라 사이에서 완충제 역할을 하는 태평양 지역이다. 따라서 자칫하면 두 나라의 경쟁이 분쟁으로 이어질 수도 있다. 규모가 작은 태평양 도서국들은 곧 자신들의 전략적 위상을 한층 높이는 훨씬 더 큰 게임에 휘말리고 말 것이다. 통가, 쿡제도, 사모아, 바누아투, 파푸아뉴기니, 미크로네시아연방공화국은 이미 중국의 세력권 안에 있다. 문제는 대만과 특히 미국이 되돌릴 수 없을 것 같은 이런 변화에 맞서려 할 것이라는 점이다. 넉넉한 차관과 원조의 대가로 중국이 점점 더 강하게 압박을 해오면 다른 태평양 국가들도 곧 이들의 전례를 따를 것이다. 21세기는 미국의 세기가 아니라 태평양의 세기가 될 가능성이 크다. 문제는 과연 누가 태평양 세기의 주인이 될 것인가뿐이다.

참고문헌

단행본 및 개별 연구서

Arnaud Leveau(ed.), *Investigating the Grey Areas of the Chinese Communities in Southeast Asia*, Bangkok: Research Institute of Contemporary Southeast Asia, 2007, p. 168. 버마, 태국, 말레이시아에서 활동하는 중국 비밀결사에 관한 논문이다.

Bessie Kumlin Ali Ng, *Chinese in Fiji*, Suva, Fiji: University of the South Pacific, 2002, p. 286. 피지계 중국인이 피지 화교 사회의 역사에 관해 쓴 책이다.

Chin Ko-lin, *Smuggled Chinese: Clandestine Immigration to the United States*, Philadelphia: Temple University Press, 1999, p. 221. 인터뷰를 바탕으로 중국인들의 미국 불법 이민 문제를 분석한 연구서다.

Choi, C.Y. *Chinese Migration and Settlement in Australia*, Sydney: Sydney University Press, 1975. 오스트레일리아에 정착한 중국인의 역사를 연구한 책이다.

Eric Rolls, *Sojourners: The Epic Story of China's Centuries-old Relationship with Australia*, Brisbane: University of Queensland Press, 1993, p. 531. 중국과 오스트레일리아의 관계를 역사적 관점에서 포괄적으로 다룬 책이다.

Featuna'i Ben Liuaana, *Samoa Tula'i: Ecclesiastical and Political Face of Samoa's Independence, 1900-1962*, Apia, Samoa: Malua Printing Press, 2004, p. 368. 일찍이 사모아에 정착한 중국인에 관한 정보를 담고 있는 현대 사모아의 역사를 다룬 책이다.

Grant Evans, Christopher Hutton and Kuah Khun Eng(eds.), *Where China Meets Southeast Asia: Social and Cultural Change in the Border Regions*, New York and Singapore: St. Martin's Press and the Institute of Southeast Asian Studies, 2000, p. 346. 중국과 동남아시아 국경 지대의 문화 교류에 관한 책이다.

John J Stephan, *The Russian Far East: A History*, Stanford, California: Stanford University Press, 1994, p. 481. 러시아의 극동 지방 정복의 역사를 다룬 탁월한 책이다.

John Murray, *The Minnows of Triton: Policing, Politics, Crime and Corruption in the South Pacific Islands*, Self-publishing, Australia, 2006, p. 299. 오스트레일리아 연방경찰관이 남태평양에서 벌어지는 범죄에 관해 쓴 책이다.

Joshua Kurlantzick, *Charm Offensive: How China's Soft Power is Transforming the World*, New Haven and London: Yale University Press, 2007, p. 305. 중국 외교의 연성 권력에 관한 연구서다.

Leksiri Jayasuriya and Kee Pookong, *The Asianisation of Australia? Some Facts about the Myths*, Melbourne: Melbourne University Press, 1999, p. 114. 아시아인의 오스트레일리아 이민에 관한 객관적인 설명이 담겨 있다.

Leo Suryadinata(ed.), *Southeast Asia's Chinese Businesses in the Era of Globalization: Coping With the Rise of China*, Singapore: the Institute of Southeast Asian Studies, 2006, p. 374. 국제무대에서 중국의 부상과 이것이 동남아시아 경제 및 상업에 미치는 영향을 설명한 책이다.

Lynn Pan, *Sons of the Yellow Emperor: A History of the Chinese Diaspora*, Boston: Little, Brown and Company, 1990. 해외 화교 사회를 다룬 베스트셀러다.

Lynn Pan(ed.), *The Encyclopedia of the Chinese Overseas*, Singapore: Archipelago Press and the Chinese Heritage Centre, 1998, p. 399. 러시아 극동 지역, 남태평양, 동남아시아를 포함하여 세계 전역에 있는 화교 사회에 관한 내용을 담고 있다.

신문 및 잡지 기사

Anastasia Kapetas, "Aimed at China?" *The Diplomat*, Sept/Oct 2007.

Andre Boucaud and Louis Boucaud, "Burma : a 24th Province of China," *Le Monde Diplomatique*, English edition, November 2006.

Anthony Davis, "Document Forgery Operations in Thailand," *Jane's Intelligence Review*, February 2005.

Ben Bohane, "America's Pacific Build-Up," *The Diplomat*, Sept/Oct 2007.

Benjamin Reilly and John Hendersonm, "Dragon in Paradise : China's Rising Star in Oceania," *The National Interest*, No. 72, Summer 2003.

Bertil Lintner, "A How-to Guide for Fleeing China," *Asia Times Online*, April 19, 2007.

Bertil Lintner, "A New Battle for the Pacific," *Far Eastern Economic Review*, August 5, 2004.

Bertil Lintner, "A New Breed of Immigrants Fan Out," *Asia Times Online*, April 17, 2007.

Bertil Lintner, "America's China Worries : Growing Chinese Presence in the Pacific Islands Unsettles Locals and Poses Questions for the US," *Yale Global Online*, February 13, 2007.

Bertil Lintner, "Bangkok-Taipei-Peking : the Unsettling Triangle," *Far Eastern Economic Review*, January 24, 1985.

Bertil Lintner, "Chinese Fill Void in South Pacific Exodus," *Hankyoreh*, November 29, 2006.

Bertil Lintner, "Rocks and a Hard Place," *Far Eastern Economic Review*, September 9, 1993.

Bertil Lintner, "Spreading Tentacles/Flying Money," *Far Eastern Economic Review*, October 2, 2003.

Bertil Lintner, "The Chinese are Coming…… to Russia," *Asia Times*

Online, May 27, 2006.

Bertil Lintner, "The Sinicizing of the South Pacific," *Asia Times Online*, April 18, 2007.

Bertil Lintner, "The Third Wave," *Far Eastern Economic Review*, June 24, 1999.

Bertil Lintner, "Triads Tighten Grip on Russia's Far East," *Jane's Intelligence Review*, September 2003.

Bertil Lintner, "World Wide Web," *Far Eastern Economic Review*, May 14, 1998.

Bertil Lintner, "Yunnan-Burma: Enter the Dreams/Cutting Edge/A Piece of the Action," *Far Eastern Economic Review*, December 22, 1994.

David Flicking, "Raskol Gangs Rule the World's City," *Guardian*, September 22, 2004.

Elizabeth Feizkhah, "Making Friends: Beijing is Courting the Island Nations in the Pacific," *Asiaweek*, June 15, 2001.

Jane's Intelligence Digest, "Chinese Organised Crime in Russia," Posted February 11, 2009.

Julio Jeldres, "China's Growing Influence in Cambodia," Africana, 2002:7-11.

Michael Field, "Power Struggle," *The Dominion*, May 31, 2005.

Robert Keith-Reid and Samisoni Pareti, "Chopstick Diplomacy: China's Pacific Games," *Islands Business*, March 2006.

자료 출처에 관한 주석

들어가는 말

1995년 상하이 신 이민자 연구 프로젝트에서 발췌한 내용을 포함하여 니이리 팔과 이고르 사벨리에프의 말은 다음 자료에서 인용했다. Nyiri Pal and Igor Savielev, *Globalizing Chinese Migration: Trends in Europe and Asia* (Aldershot: Ashgate Publishing, 2002). 이 책에는 내가 2000년 5월 26-27일 부다페스트에서 열린 중국인 이민에 관한 학술회의에 참석해서 제출한 다음 논문도 들어 있다. Bertil Lintner, "Illegal Aliens Smuggling to and through Southeast Asia's Golden Triangle." 윌리엄 메이어스의 말은 그가 쓴 다음 책에서 인용했다. William H. Myers, "Of Qinqing, Qinshu, Guanxi, and Shetou: The Dynamic Elements of Chinese Irregular Population Movement" in Paul J. Smith, *Human Smuggling: Chinese Migrant Trafficking and the Challenge to America's Immigration Tradition* (Washington: the Centre for Strategic & International Studies, 1997). 이 장 나머지 내용은 개인적인 연구를 토대로 집필했다. 다음과 같은 논문이 토대가 되었다. Bertil Lintner, "Diasporas in China's Security Strategy" in Robert G. Wirsing and Rouben Azizian (eds.) *Ethnic Diasporas & Great Power Strategies in Asia* (Honolulu, Hawaii and New Delhi: India Research Press and the Asia-Pacific Center for Security Studies, 2007). 나는 2004년 10월 12-14일에 호놀룰루에서 열린 학술회의에도 참석했다.

1장 러시아, 그러나 모스크바보다 베이징이 가깝다

2006년 4월, 5월, 6월에 러시아 극동 지역에서 블라디보스토크에 있는 〈이타르타스통신〉의 겐나디 이바노비치 시스킨(Gennady Ivanovich Shishkin)을 인터뷰했다. 이 밖에 극동 지역에서 인터뷰한 사람들은 다음과 같다. 블라디보스토크에 있는 극동주립대학교 법학대학원 조직범죄연구소의 알렉산더 수카렌코(Alexander Sukharenko)와 비탈리 노모코노프(Vitaly Nomokonov), 블라디보스토크 경제학 서비스학 주립대학교의 류드밀라 에로히나(Lyudmila Erokhina), 동북아시아 이민정책재단 이사장 세르게이 푸시카레프(Sergei G. Pushkarev), 러시아 과학아카데미 블라디보스토크 극동 지부의 빅토르 라린(Viktor Larin)과 리우드밀라 이바노브나 갈리아모파(Luidmila Ivanovna Gallyamova), 익명을 요구한 하바롭스크 이민국 관리 '예브게니이', 블라고베셴스크 아무르주립대학교의 안드레이 자비야코(Andrey Zabiyako). 유리 우핌체프(Yuri Ufimtsev)가 쓴 책(KGB v KHP: Skvoz Bambukovyi Zanaves, or "KGB in China: A Peek Through the Bamboo Curtain")과 예브게니이 벨렌키(Evgeniyi Belenky)가 번역한 러시아 문서를 인용했다. 나는 하바롭스크에 있는 음식점 샹강을 찾아가 식당 손님들과 식당 주인 나타샤(Natasha)와 이야기를 나눴고, 하바롭스크와 블라고베셴스크에 있는 중국 시장에서 활동하는 중국 상인들과도 이야기를 나눴다. 다음 책에 나온 정보도 활용했다. Viktor Dyatlov (ed.) *A Bridge Across the Amur River: International Migration and Migrants in Siberia and the Far East* (in Russian and English, The Natalis Publishing House, Irkutsk). 다음 자료들도 참고했다. "Economic Security and Chinese Migration to the Russian Far East" by Elizabeth Wishnick; "Chinese Migration to Russia: Road to Conflict or Harmony?" by Vladimir Portyakov; "Managing the Ethno-Strategic Security Implications of Russia's Demographic Crisis" by Graeme P. Herd; "Diasporas in Russia's Security Strategy" by Igor Zevelev in "Diasporas in China's Security Strategy" in Robert G. Wirsing and Rouben Azizian (eds.) *Ethnic Diasporas & Great Power Strategies in Asia* (Honolulu, Hawaii and New Delhi: India Research Press and the Asia-Pacific Center for Security Studies, 2007). 미하일 알렉셰예프는 다음 논문에서 러시아 극동 지역으로 이주하는 중국인 이민에

대해 좀 더 조심스럽게 접근하고 있다. Mikhail Alexseev, "The Chinese are Coming: Public Opinion and Threat Perception in the Russian Far East" (Ponars Policy Memo 184, San Diego State University, January 2001). 러시아의 극동 지역 정복의 역사에 관해서는 다음 자료를 참고하라. John J. Stephan, *The Russian Far East: A History*, Stanford, California: Stanford University Press, 1994.

2장 통 큰 원조, 그러나 중국은 손해 보는 거래는 하지 않는다

상하이 출신의 린 판이 태평양 도서국의 화교 사회를 개관한 다음 책을 참고하라. Lynn Pan, (ed.) *The Encyclopedia of the Chinese Overseas* (Singapore: Archipelago Press and the Chinese Heritage Centre, 1998, p. 292-303). 이번 장의 배경은 론 크로콤베가 쓴 다음 책을 참고했다. Ron Crocombe, *Asia in the Pacific Islands: Replacing the West*, (Suva, Fiji: University of the South Pacific, 2007). 중국인 이민을 포함한 태평양 도서국에 관한 배경 지식은 론 크로콤베가 쓴 또 다른 책에서 확인할 수 있다. Ron Crocombe, *The South Pacific* (Suva, Fiji: University of the South Pacific, 2001). 오스트레일리아방송공사의 스티브 마셜(Steve Marshall)은 내게 포트모르즈비를 구경시켜주고 배경 지식을 나누어주었다. 제리 신기록(Jerry Singirok)과 타시 엘리(Tarcy Eli)가 한 말은 이들이 모아둔 신문 스크랩을 참조한 것이다. 파푸아뉴기니에서의 중국 채굴 사업에 관한 부가 정보는 제프리 요크가 쓴 다음 기사를 참고했다. Geoffrey York, "Papua New Guinea and China's New Empire" in *The Globe and Mail*, (January 2, 2009). 바누아투에 사는 오스트레일리아인 기자 벤 보헨은 다음과 같은 기사를 통해 파푸아뉴기니의 악명 높은 '라스콜스'에 관해 널리 보도했다. Ben Bohane, "Rascals: They Rape, Murder and Steal. They're PNG's Bandits and They're Destroying Our Nearest Neighbour" (The Bulletin, June 27, 1995). 남태평양을 중점 취재하는 또 다른 오스트레일리아인 기자 크레이그 스케한(Craig Skehan)은 파푸아뉴기니로의 불법 이민과 여권 위조에 관한 경찰 내부 문서를 내게 건네주었다. 솔로몬제도에서 뉴질랜드 학자 안나 포울스는 내게 호니아라 차이나타운을

보여주고 솔로몬제도에 대해 알고 있는 세세한 지식을 나눠주었다. 솔로몬제도에서 있었던 벌목 활동과 아동 학대에 관한 크리스천케어센터 보고서는 다음 웹사이트에서 확인할 수 있다. www.melanesiangeo.org/resources/Solomons%20Child%20Explotation.pdf. 피진 영어에 대해 알고 싶은 사람은 다음 교재를 참고하라. *Evry samting yu wantem save long Bislama be yu freat tumas blong askem* Darrell Tryon("Everything you wanted to know about Bislama but were afraid to ask"), (Singapore: Media Masters, 1997). 비슬라마어는 바누아투에서 쓰는 피진어의 일종이며, 비슬라마라는 명칭은 해삼을 뜻하는 프랑스어에서 나왔다. 바누아투(당시는 뉴헤브리데스제도였다)에 온 최초의 유럽 상인은 해삼을 잡으러 온 사람들이었다. 이들이 쓰던 혼합어를 현지 일꾼들과 영어나 프랑스어를 쓰는 작업 감독들까지 사용하게 되었다.

3장 돈으로 쌓은, 중국의 신(新) 만리장성

폴리네시아 지역의 다양한 화교 사회를 개관한 자료는 다음을 참조하라. Lynn Pan's (ed.) *The Encyclopedia of the Chinese Overseas* (Singapore: Archipelago Press and the Chinese Heritage Centre, 1998), Ron Crocombe, *Asia in the Pacific Islands: Replacing the West*, (Suva, Fiji: University of the South Pacific, 2007), The South Pacific (Suva, Fiji: University of the South Pacific, 2001). 수바 〈피지 타임스〉가 매년 발간하는 《태평양 도서국 연감 *The Pacific Islands Yearbook*》에도 화교 사회를 비롯하여 이 지역에 관한 유용한 자료가 들어 있다. 선조가 중국 광둥 성 출신인 베시에 니그 쿰린 알리는 다음 책에서 피지 화교 사회의 역사를 상세히 기록했다. Bessie Ng Kumlin Ali, *Chinese in Fiji*(Suva: University of the South Pacific, 2002). 사모아 토박이가 쓴 다음 책에는 사모아에 온 중국인 이민자에 관한 이야기가 실려 있다. Ben Liuaana, *Featuna'i's Samoa Tula'i: Ecclesiastical and Political Face of Samoa's Independence* 1900-1962(Apia, Samoa: Malua Printing Press, 2004). 이 책에는 1986년에 낸시 탐이 출간한 다음 책이 인용되어 있다. Nancy W.Y. Tom, *The Chinese in Western Samoa, 1875-1985: the Dragon Came From*

Afar. 사모아 나치에 관한 이야기는 다음 자료를 참고했다. Michael Field, *Mau : Samoa's Struggle Against New Zealand Oppression* (Wellington : Reed, 1984, p.217-219). 유명한 콘티키 탐험에 노르웨이 인류학자 토르 헤위에르달(Thor Heyerdahl)과 동행했던 스웨덴 민속학자 벵트 다니엘손은 남태평양의 성생활에 관한 책을 썼다. Bengt Danielsson, *Love in the South Seas* (New York : Reynal & Company, 1956). 통가에서 있었던 셜리 베이커의 모험담은 다음 책에 나와 있다. Noel Rutherford, *Shirley Baker and the King of Tonga* (Honolulu : University of Hawaii Press, 1996). 피지 인도인 사회의 역사에 관해서는 Rajendra Prasad, *Tears in Paradise* (Auckland : Glade Publishers, 2004)를 참고하라. 라젠드라 프라사드는 피지에서 태어난 인도인이다. 다음 책도 참고하라. Bessie Ng Kumlin Ali, Chinese in Fiji (Suva, Fiji : University of the South Pacific, 2002). 수바에서 〈아일랜드 비즈니스〉의 창간자이자 편집자였던 고(故) 로버트 키스레이드는 내게 피지 섬을 보여주고 사람들을 소개해주고 피지와 다른 태평양 도서국에 관한 해박한 지식을 나누어주었다. 아피아에서 사모아 태생의 독일인 미하엘 폰 라이헤(Michael von Reiche) 비치로드에 있는 세일스라는 음식점에서 사모아에 온 독일인의 역사에 대해 들려주었다. 쿡제도에서 나는 태평양 연구 권위자이자 〈쿡 아일랜드 타임스〉와 〈쿡 아일랜드 뉴스〉의 현지 기자인 론 크로콤베를 만났다. 프랑스령폴리네시아에서는 전설적인 민속학자 뱅트 다니엘손이 1997년에 세상을 떠나기 전에 다행히 그를 만났다. 그리고 독립운동 지도자이자 당시 야당 총수였던 오스카 테마루도 인터뷰했다. 2008년 3월에 두 번째로 프랑스령폴리네시아에 갔을 때에는 파페이테에 있는 국민당 회관을 방문했다.

4장 중국인 이민의 새로운 물결

피지 이민과 조직범죄에 대한 더 자세한 내용은 다음 책을 참고하라. Bertil Lintner, *Bloodbrothers : Crime, Business and Politics in Asia* (Sydney : Allen & Unwin, 2002). 나는 중화인민공화국 샤먼과 중화민국 진먼 두 곳 다 방문했다. 중국인들의 유럽 이민에 관해서는 다음 책을 참고하라. Pal

Nyiri, *New Chinese Migrants in Europe: The Case of the Chinese Community in Hungary* (Aldershot, Brookfield, Singapore and Sydney: Ashgate, 1999). 다음 책도 참고하라. Paul J. Smith (ed.), *Human Smuggling: Chinese Migrant Trafficking and the Challenge to America's Immigration Tradition* (Washington DC: The Centre for Strategic and International Studies, 1997), David Kyle and Rey Koslowski (eds.) *Global Human Smuggling: Comparative Perspectives* (Baltimore and London: The Johns Hopkins University Press, 2001), Chin Ko-lin, *Smuggled Chinese: Clandestine Immigration to the United States* (Philadelphia: Temple University Press, 1999). 중국인의 세 번째 이민 행렬에 대해서는 다음 책을 참고하라. Nyiri Pal and Igor Saveliev (eds.), *Globalising Chinese Migration: Trends in Europe and Asia* (Aldershot: Ashgate Publishing, 2002). 골든벤처 호 항해 이야기는 이 배에 승선했던 선원들과 인터뷰하면서 들은 이야기다. 국토안보부 출입국 관리원은 내게 이민자들이 어떻게 나리타 공항을 통해 미국에 들어오는지 알려주었다. 그는 이 책에서 언급된 명명 신청자들을 인터뷰했던 인물이다. 피터 스완슨 사건은 2006년과 2007년에 지역 신문 〈바누아투 트레이딩 포스트〉에서 실렸다. 다음 웹사이트에 나와 있는 자료도 참고하라. "Digested Reports of the Vanuatu Office of the Ombudsman"(http://www.paclii.org/vu/ombudsmanreports/Vanuatu/Digest/digest_96-01.html) 통가 여권 스캔들에 관한 자세한 설명과 궁정광대의 역할에 대해서는 다음 자료를 참고하라. Kalafi Moala, *Island Kingdom Strikes Back: The Story of an Independent Island Newspaper Taimi O Tonga* (Auckland: Pacmedia Publishers, 2002, pp. 113-117). 마셜제도 마주로에서 나는 〈마셜 아일랜드 저널〉의 지프 존슨과 중화민국 외교관들을 만나서 인터뷰했다. 바누아투 여권 사건은 바누아투 포트빌라를 두 번 방문하는 동안 행정감찰관 마리노엘 페릭스 패터슨에게 들었다. 아마렌드라 나트 고시의 라오스 방문은 2001년 2월 20-22일에 "라오스, 바누아투와의 관계를 굳건히 하다"라는 제목으로 〈비엔티안 타임스〉 첫 페이지에 실렸다. 중국인의 태평양 이민이 갖는 전략적 의미는 다음 자료를 참고하라. John Henderson and Benjamin Reilly, "Dragon in Paradise: China's Rising Star in Oceania," *The National Interest*(Summer 2003); Susan Windybank, "The China Syndrome Policy," (Vol. 21, No. 2,

Winter 2005).

5장 중국과 동남아시아, 경제공동체로 묶이다

나는 1990년대 중반 보텐을 방문했다. 당시는 자동차 밀수 작전이 한창 진행 중이었다. 보텐에 관한 더 자세한 내용은 다음 책을 참고하라. Bertil Lintner and Michael Black, *Merchants of Madness: The Methamphetamine Explosion in the Golden Triangle*, (Chiang Mai: Silkworm Books, 2009, p. 113-115). 라오스에서 중국의 영향력이 커지는 문제에 관해서는 다음 자료를 참고하라. Denis Gray, "Laos Fears China's Footprint," *Associated Press*(April 6, 2008), and Nga Pham, "China Moves Into Laid-Back Laos," *BBC News*(April 8, 2008). 캄보디아에서 중국의 영향력 증가에 관해서는 다음 기사를 참고하라. Julio Jeldres in Africana(2002:7-11), David Fullbrook in Asia Times Online(October 6, 2006). 캄보디아 화교 사회에 관해 종합적으로 연구한 다음 책을 참고하라. William M. Willmott, The Chinese in Cambodia (Vancouver, Canada: University of British Columbia, 1967). 중국과 인도의 대(對) 버마 정책을 개관한 다음 기사를 참고하라. Bertil Lintner, "China and South Asia's East," *Himal South Asia Magazine*(October 2002). 국경지역에 관한 글은 다음 책을 참고하라. Grant Evans, Christopher Hutton and Kuah Khun Eng (eds), *Where China Meets Southeast Asia Social & Cultural Change in the Border Regions* (New York and Singapore: St. Martins Press and the Institute of Southeast Asian Studies, 2000). 버마 인도인 사회의 역사에 대해서는 다음 책을 참고하라. Nalini Ranian Chakravarti, *The Indian Minority in Burma: The Rise and Decline of an Immigrant Community* (London: Oxford University Press, 1971). 나는 라오스와 캄보디아, 윈난 성을 두로 둘러보았고, 태국 북부에 있는 치앙마이에서 살고 있다. 몇 년에 걸쳐서 이들 지역에서 수많은 정보원을 만나서 인터뷰했다. 중국과 버마공산당의 역사적 관계에 대해서는 다음 책을 참고하라. Bertil Lintner, *The Rise and Fall of the Communist Party of Burma* (Ithaca: Cornell University, 1990). 동남아시아 화교 사회에 관한 개요는 다음 자료를 참고하

라. Martin Smith, *The Chinese of Southeast Asia* (London: Minority Rights Group, 1992).

6장 중국 정부의 오른팔, 삼합회

삼합회와 화교 사회에 관한 개요는 다음 책을 참고하라. Lynn Pan, *Sons of the Yellow Emperor: A History of the Chinese Diaspora* (Boston: Little, Brown and Company, 1990). 다음 책도 참고하라. Bertil Lintner, *Bloodbrothers: Crime, Business and Politics in Asia* (Sydney: Allen & Unwin, 2002). 앞의 책에 인용한 덩샤오핑과 웡만퐁의 말은 다음 홍콩 신문에 처음 실렸다. Bertil Lintner, "A Social Contract with the Territory's Underworld," *South China Morning Post* (May 14, 1997). 홍콩 연구자가 쓴 다음 책도 참고하라. Yiu Kong Chu, *The Triads as Business* (London and New York: Routledge, 2000). 삼합회 입단식은 다음 책에 자세히 나와 있다. W. P. Morgan, *Triad Societies in Hong Kong* (Hong Kong: Government Press, 1989). 1984년 헨리 류 살인사건과 죽련방을 다룬 다음 책을 참고하라. David Kaplan, *Fires of the Dragon: Politics, Murder, and the Kuomintang* (New York: Atheneum, 1992). 삼합회의 초기 역사에 관해서는 다음 책을 참고하라. Dian Murray, *The Origins of the Tiandihui: The Chinese Triads in Legend and History* (Stanford, California: Stanford University Press, 1994). 1930년대 상하이에서 활약한 두웨성에 관해서는 다음 자료를 참고하라. Pan Ling, *Old Shanghai: Gangsters in Paradise* (Singapore: Heinemann Asia, 1993), Brian G. Martin, *The Shanghai Green Gang: Politics and Organised Crime, 1919-1937* (Berkeley, California: University of California Press, 1996). 태평양 지역에서 일어난 범죄에 관해서는 다음 자료를 참고하라. John Murray, *The Minnows of Triton: Policing, Politics, Crime and Corruption in the South Pacific Islands* (Self-publishing, Australia, 2006). 나는 2005년 5월 피지 수바에서 경찰관들을 만나 인터뷰했다. 바누아투에서는 행정감찰관 마리노엘 페릭스 패터슨이 이 나라 은행과 사기꾼에 관한 정보를 나눠주었다. 1989년 버마공산당 반란 이후 버마에서 벌어진 사건들에 관해서는 다음 책을 참고하라. Bertil

Lintner and Michael Black, *Merchants of Madness: The Methamphetamine Explosion in the Golden Triangle* (Chiang Mai: Silkworm Books, 2009), Bertil Lintner, *The Rise and Fall of the Communist Party of Burma* (Ithaca: Cornell University, 1990).

7장 스파이 게임, 태평양에서 맞붙다

키리바시가 중국에 등을 돌리고 대만을 인정한 일에 관해서는 피지 월간지에서 보도했다. 여기에는 키리바시 신임 대통령 아노테 통의 인터뷰도 실려 있다. "Taiwan's Tacky Tactics in Tarawa," *Islands Business* (February 2004). 키리바시 2002년 선거에 대한 자세한 보도는 다음 신문에 실렸다. Gady A. Epstein, "Taiwan's Pacific Power Play. Kiribati: Struggling for World Respect, the 'Republic of China' Uses Dollar Diplomacy, Gets Recognition from Remote Pacific Island Nation," *Baltimore Sun* (February 15, 2004). 대만 관영 신문에도 첫 페이지에 실렸다. "Republic of China, Kiribati Forge Ties," *Taiwan Journal* (November 14, 2003). 태평양에서의 중국과 대만의 경쟁 관계는 다음 기사에서 잘 분석했다. Nicholas Zaminska and Jason Dean, "Islands of Discord in the Pacific", *The Wall Street Journal* (May 9, 2006). 위엔왕 추적유도함에 대한 자세한 내용은 다음 웹사이트에서 확인할 수 있다. http://www.globalsecurity.org/military/world/china/yuan-wang.htm. 마셜제도 내 미국의 활동에 대해서는 다음 책을 참고하라. Giff Johnson, *Marshall Islands is Collision Course at Kwajalein: Marshall Islanders in the Shadow of the Bomb* (Pacific Resource Centre, Honolulu, 1984). 나는 2004년 5월에 마셜제도를 방문하는 동안 지프 존슨 외에도 롱겔라프 시장 제임스 마타요시도 인터뷰했다. 핵실험 낙진으로 인한 보상을 요구하는 마셜제도에 관해서는 다음 웹사이트를 참고하라. http://www.nuclearclaim stribunal.com/. 태평양 안보 문제를 바라보는 미국 정부의 시각에 대해서는 다음 자료를 참고하라. Thomas Lum and Bruce Vaughn, *The Southwest Pacific: US Interests and China's Growing Influence* (Washington: Congressional Research Service, July 6, 2007). 사이판 섬에서

티베트 게릴라를 훈련한 이야기는 다음 자료를 참고하라. John Kenneth Knaus, *Orphans of the Cold War: America and the Tibetan Struggle for Survival* (New York: Public Affairs, 1999, p. 140, 146, 148 and 218.) Ben Bohane, "America's Pacific Build-up," *The Diplomat* (August 22, 2007). 중국 해커들이 케빈 러드의 컴퓨터와 핸드폰을 해킹한 사건은 다음을 참고하라. Vivian Wai-yin Kwok, "Chinese 'Spying' Rattles Australia," http://www.forbes.com/2009/04/03/china-spies-scare-markets-equity-rio.html. 캐나다 사이드와인더 보고서는 다음 웹사이트에 인용되어 있다. http://www.canadafreepress.com/index.php/article/5424. 최종 보고서는 다음 웹사이트에서 확인할 수 있다. http://www.primetimecrime.com/Articles/RobertRead/Sidewinder% 20page%201.htm.

8장 누가 태평양 시대의 주인이 될 것인가

중국의 애정 공세에 관해서는 다음 책을 참고하라. Joshua Kurlantzick, *Charm Offensive: How China's Soft Power is Transforming the World* (New Haven and London: Yale University Press/A New Republic Book, 2007). 미국 의회조사국이 출간한 다음 자료를 참고하라. The United States Congressional Research Service, *CRS Report for Congress: China's Soft Power in Southeast Asia* (Washington: Congressional Research Service, January 4, 2008). 새로운 중국에 관한 다음 책을 참고하라. Mette Thun (ed.), *Beyond Chinatown: New Chinese Migration and the Global Expansion of China* (Copenhagen: Nordic Institute of Asian Studies Press, 2007). 다음 책도 참고하라. Leo Suriyadinata (ed.), *Southeast Asia's Chinese Businesses in an Era of Globalization* (Singapore: Institute of Southeast Asian Studies, 2006), Murray Weiderbaum and Samuel Hughes, *The Bamboo Network: How Expatriate Chinese Entrepreneurs are Creating a New Economic Superpower in Asia* (New York: The Free Press, 1996). 좀 더 비판적인 시각은 다음 책을 참고하라. Michael Backman, *Asian Eclipse: Exposing the Dark Side of Business in Asia* (Singapore, New York: John Wiley & Sons [Asia], 1999) and Alan Dupont, *East Asia*

Imperilled: Transnational Challenges to Security (Cambridge, UK: Cambridge University Press, 2001). 러시아 극동 지역을 포함하여 동북아시아 이민에 관한 탁월한 연구서인 다음 책을 참고하라. Tsuneo Akaha and Anna Vassilieva (eds.), *Crossing National Borders: Human Migration Issues in Northeast Asia* (Tokyo, New York, Paris: United Nations University Press, 2005). 한국 화교 사회의 종합적인 역사에 관해서는 다음 책에서 심재훈이 쓴 부분을 참고하라. Lynn Pan (ed.), *The Encyclopedia of the Chinese Overseas* (Singapore: Archipelago Press and the Chinese Heritage Centre, 1998, p. 341-343). 같은 책에 스쿠신 교가 쓴 일본 화교 사회에 관한 부분(p. 332-339)을 참고하라. 다음 논문도 참고하라. Roberty Sutter, "China's Rise in AsiaPromises, Prospects and Implications for the United States," (Honolulu, Hawaii: Asia-Pacific Centre for Security Studies, February 2005). 다음은 세계 전역으로 퍼져나간 중국인 이민을 다룬 책이다. Mette Thuno(ed.), *Beyond Chinatown: New Chinese Migration and the Global Expansion of China*(Copenhagen: the Nordic Institute of Asian Studies Press, 2007, p. 281). 사모아 화교 사회의 기원에 관한 정보는 다음 책을 참조하라. Michael Field, *Mau: Samoa's Struggle Against New Zealand Oppression*(Wellington: Reed, 1984, p. 261). 동남아시아에서 중국의 경제적 영향력이 확장되는 과정은 다음 책을 참조했다. Murray Weidenbaum and Samuel Hughes, *The Bamboo Network: How Expatriate Chinese Entrepreneurs are Creating a New Economic Super-power in Asia*(New York: The Free Press, 1996, p. 264). 다음은 2000년 5월 26-27일에 부다페스트에서 열린 중국인 이민에 관한 학술회의에서 발표된 논문이다. Pal Nyiri and Igor Saveliev(eds.), *Globalizing Chinese Migration*(Aldershot: Ashgate Publishing, 2002, p. 343). 다음은 2004년 10월 12-14일에 호놀룰루에서 개최된 아시아 · 태평양 지역 이민에 관한 학술회의에서 발표한 논문이다. Robert G. Wirsing and Rouben Azizian(eds.), *Ethnic Diasporas & Great Power Strategies in Asia*, Honolulu (Hawaii and New Delhi: India Research Press and the Asia-Pacific Center for Security Studies, 2007, p. 355). 다음은 식민지 시대 시드니에서 가장 매력적인 민물 중 하나가 된 한 중국인 이민자에 관한 이야기다. Robert Travers, *Australian Mandarin:*

the Life and Times of Quong Tart(Kenrhurst: Kangaroo Press, 1981). 중국과 다른 아시아 국가들이 태평양에서 어떻게 서구 국가들을 대신하여 영향력을 어떻게 확장했는가는 다음 책을 참조하라. Ron Crocombe, *Asia in the Pacific Islands: Replacing the West*(Suva, Fiji: University of the South Pacific, 2007, p. 622). 다음 책은 러시아 극동 지역으로 이주한 중국인, 일본에 사는 중국인과 한국인, 러시아인, 중국에 거주하는 북한 주민, 한국과 몽골에서의 이민 문제를 다루었다. Tsuneo Akaha and Anna Vassilieva(eds.), *Crossing National Borders: Human Migration Issues in Northeast Asia*(Tokyo, New York and Paris: United Nations University Press, 2005, p. 254). 다음 논문은 이르쿠츠크에서 열린 "시베리아와 러시아 극동 지역으로의 이민"에 관한 워크숍에서 2004년에 발표되었다. Viktor Dyatlov(ed.), *A Bridge Across the Amur River: International Migration and Migrants in Siberia and the Far East*(Moscow and Irkutsk: The Natalis Publishing House, 2004, p. 430). 다음은 토착 인구와의 통합 수준과 같이 동시대의 문제에 초점을 맞춰 중국인 이민의 역사를 살펴본 책이다. Wang Gungwu, *China and the Chinese Overseas* (Singapore: Times Academic Press, 1992, p.312). 캄보디아 화교 사회의 역사는 다음 책을 참조하라. William Willmott, *The Chinese in Cambodia*(Vancouver: University of British Columbia, 1967, p. 131).

옮긴이 이은진

전북대학교 정치외교학과를 졸업하고 경희대학교 평화복지대학원에서 국제 및 공공정책학을 전공했다. 미국 워싱턴 D.C.에 있는 비정부기구 APPA(Action for Peace by Prayer and Aid) 인턴으로 일하며, 워싱턴 D.C. 시정부 아시아태평양 담당관실에서 번역 업무를 담당했다. 현재 전문 번역가로 활동 중이다. 옮긴 책으로《아직도 끝나지 않은 여행》《콜디스트 윈터》(공역)《슈퍼 브랜드의 불편한 진실》《이그노벨상 이야기》《위 제너레이션》《섹스, 폭탄 그리고 햄버거》 등이 있다.

차이나 브라더스

첫판 1쇄 펴낸날 2012년 4월 13일

지은이 버틸 린트너 **옮긴이** 이은진
발행인 김혜경
편집인 김수진
책임편집 백도라지
기획편집부 이재현 김미정 김교석 이다희 윤진아
디자인팀 서채홍 나윤영 김명선
마케팅팀 김용환 문창운 조한나
홍보팀 윤혜원 김혜경 강신은
경영지원팀 임옥희 양여진

펴낸곳 (주)도서출판 푸른숲
출판등록 2002년 7월 5일 제 406-2003-032호
주소 경기도 파주시 회동길 57-9, 우편번호 413-120
전화 031)955-1400(마케팅부), 031)955-1410(편집부)
팩스 031)955-1406(마케팅부), 031)955-1424(편집부)
www.prunsoop.co.kr

ISBN 978-89-7184-877-7(03340)

* 잘못된 책은 구입하신 서점에서 바꾸어 드립니다.
* 본서의 반품 기한은 2017년 4월 30일까지 입니다.

이 도서의 국립중앙도서관 출판시도서목록(CIP)은 e-CIP 홈페이지(http://www.nl.go.kr/cip.php)에서 이용하실 수 있습니다. (CIP2012001265)